Rolf Socher

# Theoretische Grundlagen der Informatik

# Informatik interaktiv

**Herausgegeben von**
**Prof. Dr. Michael Lutz und Prof. Dr. Christian Märtin**
**Fachhochschule Augsburg, Fachbereich Informatik**

## Zu dieser Buchreihe

Die Werke dieser Reihe bieten einen gezielten Einstieg in grundlegende oder besonders gefragte Themenbereiche der Informatik und benachbarter Disziplinen. Alle Autoren verfügen über langjährige Erfahrung in Lehre und Forschung zu den jeweils behandelten Themengebieten und gewährleisten Praxisnähe und Aktualität.

Die Verknüpfung zeitgemäßer und attraktiver Lehrbücher mit darauf abgestimmten multimedialen Lernsoftware-CDs berücksichtigt individuelle Lerngewohnheiten und lockert den Lernprozess auf. Eine interaktive Auseinandersetzung mit den Themen kann den Lernerfolg verstärken und das Interesse am Lehrstoff vertiefen. Besonderer Wert wurde auf reichhaltiges Übungsmaterial gelegt, das über die CDs einfach zugänglich ist und am PC rasch nachvollziehbar wird. Ergänzende Informationen befinden sich ebenfalls auf der CD oder können über Web-Links abgerufen werden. Als besonderen Bonus enthalten die CDs teils kommerzielle, teils prototypische Software-Werkzeuge, die zur weiterführenden Beschäftigung mit dem Lehrstoff geeignet sind.

Die Bände der Reihe können vorlesungsbegleitend oder zum Selbststudium eingesetzt werden. Sie lassen sich teilweise modular kombinieren. Wegen ihrer Kompaktheit sind sie gut geeignet, bestehende Lehrveranstaltungen zu ergänzen und zu aktualisieren.

**Titel in dieser Reihe:**

- **Bernd Breutmann, Data and Algorithms, An introductory Course**
- **Peter Forbrig, Objektorientierte Softwareentwicklung mit UML**
- **Peter Forbrig, Introduction to Programming by Abstract Data Types**
- **Fritz Jobst, Einführung in Java**
- **Wolfgang Kowarschick, Multimedia-Programmierung**
- **Rainer Kelch, Rechnergrundlagen, Von der Binärlogik zum Schaltwerk**
- **Rainer Kelch, Rechnergrundlagen, Vom Rechenwerk zum Univeralrechner**
- **Christian Märtin, Einführung in die Rechnerarchitektur**
- **Henning Mittelbach, Einführung in C**
- **Henning Mittelbach, Einführung in C++**
- **Rainer Oechsle, Parallele Programmierung mit Java Threads**
- **Wolfgang Riggert, Rechnernetze, Technologien - Komponenten – Trends**
- **Wolfgang Riggert, Netzwerktechnologien**
- **Christian Wagenknecht, Algorithmen und Komplexität**

# Theoretische Grundlagen der Informatik

von Prof. Dr. Rolf Socher

mit 26 Bildern, 16 Tabellen, 26 Beispielen und einer CD-ROM

**Fachbuchverlag Leipzig**
im Carl Hanser Verlag

Alle in diesem Buch enthaltenen Programme, Verfahren und elektronischen Schaltungen wurden nach bestem Wissen erstellt und mit Sorgfalt getestet. Dennoch sind Fehler nicht ganz auszuschließen. Aus diesem Grund ist das im vorliegenden Buch enthaltene Programm-Material mit keiner Verpflichtung oder Garantie irgendeiner Art verbunden. Autor und Verlag übernehmen infolgedessen keine Verantwortung und werden keine daraus folgende oder sonstige Haftung übernehmen, die auf irgendeine Art aus der Benutzung dieses Programm-Materials oder Teilen davon entsteht.

Die Wiedergabe von Gebrauchsnamen, Handelsnamen, Warenbezeichnungen usw. in diesem Werk berechtigt auch ohne besondere Kennzeichnung nicht zu der Annahme, dass solche Namen im Sinne der Warenzeichen- und Markenschutz-Gesetzgebung als frei zu betrachten wären und daher von jedermann benutzt werden dürften.

Bibliografische Information Der Deutschen Bibliothek
Die Deutsche Bibliothek verzeichnet diese Publikation in der Deutschen Nationalbibliografie; detaillierte bibliografische Daten sind im Internet über <http://dnb.ddb.de> abrufbar.

ISBN 3-446-22177-8



Fachbuchverlag Leipzig
im Carl Hanser Verlag


http://www.fachbuch-leipzig.hanser.de

Innenlayout: RICHTER-DESIGN – Susanne Winkler, Leipzig
Druck und Bindung: Druckhaus „Thomas Müntzer“ GmbH, Bad Langensalza
Printed in Germany

# Vorwort

Aus meiner eigenen Studienzeit erinnere ich mich an die Turing-Maschine als höchst abstraktes mathematisches Gebilde, dessen Funktionsweise nur sehr schwer zu verstehen war. In der Vorlesung wurden damals viele Tafeln mit langwierigen Berechnungsabläufen vollgeschrieben, was trotzdem wenig zum Verständnis beitrug.
Heute gibt es dagegen sehr viele und zum Teil auch sehr anspruchsvolle Simulationen von Turing-Maschinen und anderen Konzepten der theoretischen Informatik, die man meist aus dem Internet herunterladen kann. Mit Hilfe einer solchen Visualisierung lässt sich die Arbeitsweise einer Turing-Maschine fast schon mit einem Blick begreifen.
Es ist das Ziel dieses Buches und des Visualisierungssystemes „Machines“ auf der beiliegenden CD, die formale mathematische Strenge des Lehrbuchs mit der Anschaulichkeit des direkten Ausprobierens einer virtuellen Maschine zu verbinden. Dabei sind unter der einheitlichen Benutzungsoberfläche von „Machines“ alle klassischen Konzepte der theoretischen Informatik als Visualisierung verfügbar: endliche Automaten, reguläre Ausdrücke, Kellerautomaten, Grammatiken und Turing-Maschinen.
Das Buch richtet sich an Studierende der Informatik an Fachhochschulen und Universitäten und eignet sich sowohl zum Selbststudium als auch zur vorlesungsbegleitenden Lektüre. Das „Machines“-System bietet neben der Möglichkeit des Ausprobierens auch eine hervorragende Grundlage für ein vorlesungsbegleitendes Praktikum, in dem die vielfältigen Transformationen zwischen den verschiedenen Automatentypen, den Grammatiken und regulären Ausdrücken implementiert werden können. In den Aufgabenteilen der einzelnen Kapitel dieses Buches finden sich Vorschläge für Aufgabenstellungen für ein solches Praktikum. Für das bloße Ausprobieren der Automaten, Grammatiken und Turing-Maschinen sind keinerlei Vorkennnisse erforderlich. Zur Implementierung von Transformationen werden Grundkenntnisse der Programmiersprache Java erwartet.
Für die sorgfältige Implementierung des „Machines“-Systems möchte ich mich besonders herzlich bei Cord Buhlert, Björn „Finne“ Mahn, Ralf Schmidt und Bodo Wenker bedanken. Andrea Baldas, Cord Buhlert, Thorsten Dunz, Ralf Schmidt und Elisabeth Wolf haben das Manuskript sehr gründlich korrekturgelesen und das „Machines“-System ausgiebig getestet.
Christian Märtin als Mitherausgeber der Reihe „Informatik interaktiv“ hat sehr hilfreiche inhaltliche und formale Korrekturvorschläge beigesteuert. Mein besonderer Dank gilt Erika Hotho von der Programmplanung des Fachbuchverlags Leipzig für ihren unermüdlichen Einsatz.

Emden, im Juli 2003 Rolf Socher

# Inhaltsverzeichnis

# 1 Einleitung

### Grenzen der Berechenbarkeit

Viele Menschen nehmen an, dass mit Hilfe der Technik, insbesondere mit dem Einsatz von Computern, prinzipiell alle Probleme gelöst werden können. Für den Einsatz dieses Werkzeugs scheinen dabei weder technische noch ethische Grenzen gesetzt zu sein. Umso wichtiger ist es für diejenigen, die sich mit der Informatik als Wissenschaft beschäftigen, die Möglichkeiten und die Grenzen des Einsatzes von Computern genau zu kennen und der Gesellschaft zu vermitteln. Jedes Werkzeug, also auch der Rechner, kann nur dann sinnvoll eingesetzt werden, wenn man sich sowohl über dessen Funktionalität als auch über dessen Einsatzbereiche und Verwendungszweck im Klaren ist.

Zu den moralischen und ethischen Vorbehalten gegen den Einsatz von Rechnern ist in den siebziger Jahren des vergangenen Jahrhunderts viel gesagt worden. Weizenbaums 1977 erschienenes Buch *Über die Macht der Computer und die Ohnmacht der menschlichen Vernunft* /14/ ist in dieser Hinsicht heute noch genauso aktuell wie zur Zeit seiner Publikation.

Die Grenzen dessen, was Computer prinzipiell leisten können, wurden von Alan M. Turing erstmals im Jahre 1936, also einige Jahre vor der Entwicklung der ersten elektronischen Rechner, aufgezeigt. In seiner Arbeit *On Computable Numbers with an Application to the Entscheidungsproblem* /10/ bewies er, dass das so genannte **Halteproblem** von Rechnern (siehe Abschnitt 6.3) prinzipiell nicht lösbar ist. Dieses Resultat besagt, dass es kein Computerprogramm geben kann, das ein beliebiges Programm daraufhin prüft, ob es bei einer bestimmten Eingabe in eine Endlosschleife gerät. Jeder, der schon einmal programmiert hat, kennt das Problem, dass das Programm aufgrund fehlerhafter Programmierung in eine Endlosschleife gerät, und hat sich daher ein Test-Werkzeug gewünscht, das solche Fehler vorab, also bei der Compilierung des Programms, entdeckt und vielleicht sogar ausmerzt. In der Tat könnte man mit einem solchen Programm sicher viel Geld verdienen. In gewisser Hinsicht ähnelt die Situation dem fundamentalen Gesetz der Thermodynamik, das die Existenz eines *perpetuum mobile* für unmöglich erklärt. Seit dieses Gesetz bekannt ist, ist jegliche Anstrengung, ein solches Gerät zu bauen, sinnlos geworden.

Für die Beschreibung der Unlösbarkeit des Halteproblems bezog sich Alan Turing nicht auf einen bestimmten Computer oder ein bestimmtes Rechnermodell, denn diese gab es zur damaligen Zeit noch gar nicht. Turing bezog sich allgemein auf den in der Informatik grundlegenden Begriff des **Algorithmus** und präzisierte diesen in der Form der so genannten **Turing-Maschine** (siehe Abschnitt 5.1), die heute allgemein als grundlegendes Modell des Algorithmus beziehungsweise der Berechenbarkeit angesehen wird. Die Klärung der grundlegenden Begriffe und Methoden der Informatik ist eine wesentliche Aufgabe der theoretischen Informatik. Mit der Klärung des Algorithmenbegriffs legte Turing somit eine der wichtigsten Grundlagen der Informatik als Wissenschaft.

Die Turing-Maschine ist ein theoretisches Konstrukt, eine „Papier-Maschine", und niemand würde auf die Idee kommen, konkrete Probleme mit Hilfe einer Turing-Maschine zu lösen. Moderne Programmiersprachen wie Pascal, Java oder Prolog sind viel geeigneter zur Modellierung konkreter Aufgabenstellungen. Jedoch lässt sich jedes Problem, das in einer höheren Programmiersprache lösbar ist, prinzipiell auch mit einer Turing-Maschine lösen. Dabei spielt die Methode der **Transformation**, auch Übersetzung oder Compilierung genannt, eine wesentliche Rolle. Durch die Angabe einer konkreten Transformation zwischen zwei verschiedenen Modellen der Berechenbarkeit zeigt man deren Äquivalenz. Transformationen spielen also eine ganz entscheidende Rolle in der theoretischen Informatik und werden uns in diesem Buch an vielen Stellen begegnen.

**Effizienz und Komplexität**

Die Unlösbarkeit des Halteproblems stellt eine prinzipielle Grenze der Leistungsfähigkeit von Computern dar. Darüber hinaus gibt es jedoch auch Grenzen dafür, was sie in angemessener oder erträglicher Zeit leisten können. Garey und Johnson erzählen in ihrem Buch *Computers and Intractability* /4/ die Geschichte eines Angestellten einer Softwarefirma, der den Auftrag erhält, ein Programm zur Lösung einer bestimmten Aufgabe zu schreiben. Er ist zwar in der Lage, ein solches Programm zu schreiben, doch trotz aller Bemühungen gelingt es ihm nicht, seinen Chef zufriedenzustellen. Ihm erscheint die Zeit, die das Programm zur Lösung der Aufgabe benötigt, zu lang. Für die berufliche Zukunft des Programmieres in seiner Firma ist sicherlich günstiger, wenn er den Grund nicht seiner eigenen Unfähigkeit zuschreiben muss, sondern darauf verweisen kann, dass die Aufgabe prinzipiell nicht in akzeptabler Zeit gelöst werden kann.
Allgemein gesprochen geht es dabei um die Klärung des Begriffes der **Effizienz** einer Berechnung, also um die Frage, welche Ressourcen an Speicherplatz und Rechenzeit ein Programm in Abhängigkeit von der Größe seiner Eingabe benötigt. Auch in diesem Zusammenhang spielt die Turing-Maschine eine fundamentale Rolle als Modell des Algorithmus. Aufgrund der einfachen Struktur der Turing-Maschine lässt sich sehr leicht ein Maß für den Speicherplatz und die Rechenzeit definieren, die eine konkrete Maschine zur Lösung eines bestimmten Problems benötigt.
Die Bestimmung von Eigenschaften wie der Zeit- oder Speicherplatzkomplexität bestimmter Algorithmen ist Gegenstand der **Algorithmik**, während sich die **Komplexitätstheorie** als Teilgebiet der theoretischen Informatik mit den Eigenschaften von Problemen oder Problemklassen beschäftigt. Beispielsweise kann mit Hilfe eines konkreten Algorithmus gezeigt werden, dass sich die Suche nach einem bestimmten Objekt in einem Array in einer Zeit durchführen lässt, die linear mit der Größe des Arrays wächst. Eine komplexitätstheoretische Überlegung zeigt, dass diese Aufgabe andererseits auch nicht schneller als in linearer Zeit gelöst werden kann. Die Bestimmung solcher unterer Schranken für die Komplexität bestimmter Probleme ist eine der Hauptaufgaben der Komplexitätstheorie. Man unterscheidet dabei verschiedene Komplexitätsklassen, von denen die **polynomielle**, die **nichtdeterministisch polynomielle** und die **exponentielle** die wichtigsten sind (siehe Abschnitt 7.3). Die Grenze der praktischen Berechenbarkeit wird dabei im Allgemeinen zwischen der polynomiellen und der exponentiellen Klasse gezogen. Probleme, die sich nur durch exponentielle, aber nicht durch polynomiale Algorithmen lösen lassen, werden als nicht effizient lösbar angesehen. Viele praktisch wichtige Probleme wie etwa das Problem des Handlungsreisenden gehören zur Klasse der nichtdeterministisch polynomiellen Probleme. Der Status dieser Klasse ist noch nicht geklärt, das heißt, es ist noch nicht bekannt, ob es für diese Probleme deterministische Algorithmen von polynomieller Laufzeit gibt oder nicht. Diese Frage, bekannt geworden als das **P-NP-Problem**, ist eine der wichtigsten ungelösten Fragen der theoretischen Informatik. Auch in diesem Bereich fällt der Methode der Transformationen beziehungsweise Reduktionen eine wichtige Rolle zu. Reduktionen dienen dazu, die Komplexität von Problemen durch Rückführung auf bekannte Probleme zu bestimmen.

## Formale Sprachen und Automaten

Ein weiteres Teilgebiet der theoretischen Informatik ist die Theorie der **formalen Sprachen** und **endlichen Automaten**. Eine formale Sprache – etwa eine Programmiersprache wie Pascal oder Java – wird ebenso wie eine natürliche Sprache durch eine Grammatik definiert. Eine Grammatik beschreibt, wie die Wörter einer bestimmten Sprache gebildet werden. Im Kontext der Compilierung von Programmen ist es wichtig zu erkennen, ob ein vorliegendes Programm syntaktisch korrekt ist, also den Spezifikationen der Grammatik entspricht. Als Ergänzung zum Konzept der Grammatik, das zur Erzeugung von Wörtern einer Sprache dient, benötigt man also ein Konzept, das einen gegebenen Satz oder ein Wort auf syntaktische Korrektheit prüft, also entscheidet, ob es sich um ein Wort der durch die Grammatik definierten Sprache $L$ handelt. Man nennt dieses Problem das **Wortproblem** für die Sprache $L$. Endliche Automaten stellen ein solches Konzept dar.

Ein endlicher Automat ist eine Einschränkung des Modells der Turing-Maschine, die vor allem zur Lösung des Wortproblems gewisser einfacher Sprachen dient. Endliche Automaten stellen ein sehr einfaches Algorithmenmodell dar, das zwar nur für eine bestimmte Klasse von Aufgaben anwendbar ist, diese jedoch mit großer Effizienz löst.

Nach der Art der definierenden Grammatik lassen sich im wesentlichen vier verschiedene Sprachklassen, die Klassen der **Chomsky-Hierarchie**, unterscheiden. Die einfachste Klasse – die der so genannten regulären Sprachen – lässt sich von endlichen Automaten erkennen, die nächste Klasse der so genannten kontextfreien Sprachen von Kellerautomaten, die dritte von linear beschränkten Turing-Maschinen. Für die vierte Klasse dagegen ist das Wortproblem unentscheidbar.

Die Klärung der vielfältigen Beziehungen zwischen Automatentypen, regulären Ausdrücken und Grammatiken ist Gegenstand der Theorie der Automaten und formalen Sprachen. Dabei kommt der Methode der Transformationen wieder eine entscheidende Bedeutung zu. Transformationen dienen dazu, die Äquivalenz verschiedener Automatenkonzepte oder die Äquivalenz zwischen Automaten und bestimmten Grammatiken nachzuweisen. Diese Äquivalenz hat jedoch nicht nur theoretischen Wert, sondern kann auch praktisch zur automatischen Compilergenerierung verwendet werden, um etwa aus einer Sprachspezifikation durch einen regulären Ausdruck einen Automaten zu erzeugen, der einen Algorithmus zur Prüfung auf syntaktische Korrektheit darstellt.

Die Transformationen zwischen den verschiedenen Konzepten stellen für Lernende ein wichtiges Mittel zum besseren Verständnis der grundlegenden Begriffe dar. Es ist eine bekannte Tatsache, dass man einen Algorithmus erst dann wirklich verstanden hat, wenn man ihn selbst implementiert hat. Viele der in diesem Buch beschriebenen Transformationen lassen sich ohne großen Programmieraufwand direkt implementieren. Die diesem Buch beigefügte CD enthält das Programmsystem „Machines", mit dessen Hilfe Studierende und Lehrende in einer komfortablen graphischen Oberfläche endliche Automaten, Kellerautomaten, Grammatiken und Turing-Maschinen konstruieren und ihre Funktionalität testen können. Darüber hinaus können im Rahmen von praktischen Übungen die meisten der oben genannten Transformationen als Java-Programme implementiert werden und auf einfache Weise in das Machines-System eingebunden werden, sodass ihre Wirkung direkt in der graphischen Umgebung getestet werden kann. Im Aufgabenteil des Buchs finden sich viele Aufgabenvorschläge sowohl zur Modellierung von Automaten, Grammatiken und Turing-Maschinen als auch zu den verschiedenen Transformationen.

Viele der in diesem Buch behandelten Konzepte wie endliche Automaten, Grammatiken und Turing-Maschinen lassen sich auf einfache Weise in der Programmiersprache Prolog modellieren. Der Vorteil dieser Programmiersprache ist ihr deklaratives Konzept und ihr inhärenter Nichtdeterminismus, mit dem sich nichtdeterministische Automaten und Turing-Maschinen sehr elegant und kompakt darstellen lassen. Im Buch und auf der CD finden sich einige Prolog-Programme zur Implementierung dieser grundlegenden Konzepte sowie Vorschläge für weiter gehende Programmierprojekte. Diese Programme konzentrieren sich ganz auf den eigentlichen Kern der Darstellung von Konzepten und ihrer Funktionalität und verzichten dabei auf eine graphische Oberfläche.

**Aufbau des Buches**

Im folgenden *zweiten Kapitel* dieses Buches werden die grundlegenden Begriffe der formalen Sprachen und endlichen Automaten eingeführt und die verschiedenen Automatenkonzepte, wie deterministische, nichtdeterministische und nichtdeterministische Automaten mit ε-Übergängen, erläutert. Ferner werden die Transformationen zwischen diesen Typen und die Minimierung von Automaten vorgestellt. Alle diese Automatentypen definieren die Klasse der regulären Sprachen.

Das *dritte Kapitel* beschäftigt sich mit regulären Ausdrücken, die ein weiteres Mittel zur Darstellung regulärer Sprachen darstellen, sowie mit der Frage, wie man erkennen kann, ob eine gegebene Sprache nicht regulär ist.

Im *vierten Kapitel* wird der Begriff der Grammatik mit ihren vier Ausprägungen reguläre, kontextfreie, kontextsensitive und Typ-0-Grammatik eingeführt und gezeigt, wie sich aus Grammatiken die Wörter der durch sie definierten Sprache herleiten lassen. Im Mittelpunkt dieses Kapitels steht die Klärung der Beziehungen zwischen regulären Grammatiken und endlichen Automaten sowie die zwischen kontextfreien Grammatiken und Kellerautomaten. Schließlich werden einige wichtige Fragen der Entscheidbarkeit sowie Abschlusseigenschaften der regulären und kontextfreien Sprachklassen behandelt.

Das *fünfte Kapitel* behandelt die Turing-Maschine als elementares Modell des Algorithmus. Die Programmierung von Turing-Maschinen zur Erkennung von Sprachen vom Typ 0 oder 1 führt direkt zur Definition der Begriffe der rekursiven und rekursiv aufzählbaren Sprachen. In diesem Kapitel werden auch Fragen der Entscheidbarkeit sowie Abschlußeigenschaften der beiden genannten Sprachklassen behandelt. Der Begriff der Berechenbarkeit wird auch unter dem Aspekt mehr programmiersprachlich orientierter Formalismen wie Loop, While und Goto Programme erörtert. Dabei stellt sich heraus, dass die Konzepte der While und Goto Programme äquivalent zur Turing-Maschine sind.

Das *sechste Kapitel* gibt eine Einführung in die Begriffe der Entscheidbarkeit und Semi-Entscheidbarkeit definiert und ihre Beziehung zu den Konzepten der rekursiven und rekursiv aufzählbaren Mengen. Nach der Darstellung des speziellen und das allgemeine Halteproblem als grundlegende unentscheidbare Probleme folgen weitere unentscheidbare Probleme wie das Postsche Korrespondenzproblem und ein Parkettierungsproblem. Die Technik der Reduktion, mit der Unentscheidbarkeitsbeweise geführt werden können, wird exemplarisch dargestellt.

Das *siebte Kapitel* gibt eine Einführung in die Grundlagen der Komplexitätstheorie. Nach der Darstellung der verschiedenen Möglichkeiten der Definition von Speicherplatzbedarf und Laufzeit von Algorithmen folgt die Darstellung der wichtigsten Komplexitätsklassen anhand von einfachen Beispielen. Schließlich werden die Klassen P und NP formal durch Rückgriff auf das Konzept der Turing-Maschine definiert und der Begriff der NP-Vollständigkeit eingeführt. Einige wichtige NP-vollständige Probleme werden vorgestellt und die Technik der polynomialen Reduktion zum Führen von NP-Vollständigkeitsbeweisen wird exemplarisch vorgeführt.

Im *achten Kapitel* finden sich die für dieses Buch notwendigen mathematischen Grundlagen aus dem Bereich der Mengenlehre, der Relationen und der Graphentheorie.

# 2 Endliche Automaten

## 2.1 Einführung

Viele Dinge des täglichen Lebens lassen sich als Automaten auffassen, die verschiedene Zustände einnehmen können. Betrachten wir etwa eine U-Bahn-Eintrittskontrolle mit drei stählernen Armen. Wir können bei diesem Gerät zwei Zustände „verriegelt“ und „entriegelt“ unterscheiden. Im verriegelten Zustand lassen sich die Arme nicht drehen. Wirft man nun einen Chip ein, so gibt ein Mechanismus die Arme frei. Die Eingabe eines Chips bewirkt also den Übergang vom verriegelten in den entriegelten Zustand. Durch Drehung der Arme geht das Gerät in den verriegelten Zustand zurück. Die beiden möglichen Aktionen sind das Einwerfen eines Chips und das Drehen der Arme.
Das Verhalten des Gerätes hängt offenbar sowohl von der Aktion (Chip einwerfen oder Arme drehen) als auch von seinem jeweiligen Zustand ab. Bild 2.1 zeigt die möglichen Zustandsübergänge: Im verriegelten Zustand bewirkt das Drehen der Arme nichts, während das Einwerfen eines Chips die Sperre entriegelt. Werden im entriegelten Zustand die Arme gedreht, so geht das Gerät in den verriegelten Zustand über. Im entriegelten Zustand ist das Einwerfen eines weiteren Chips dagegen sinnlos, die Sperre bleibt entriegelt.

2.1 BILD **Der U-Bahn-Automat**

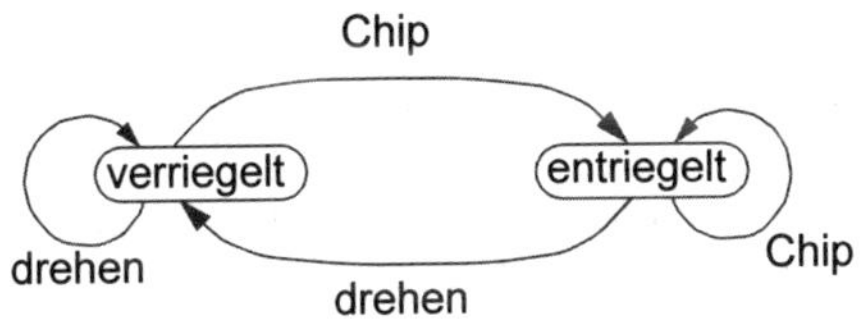


Man bezeichnet ein solches Gerät, das in Abhängigkeit vom aktuellen Zustand und von der jeweiligen Aktion bzw. Eingabe in einen anderen Zustand übergeht, als Automaten. Das „klassische“ Beispiel für Automaten sind Getränke- oder Zigarettenautomaten, also Geräte, die bei Einwurf eines bestimmten Betrags eine Ware ausgeben.
In der Informatik werden Automaten oft verwendet, um Zeichenfolgen auf ihre Plausibilität zu prüfen. Der in Bild 2.2 gezeigte Automat $A_P$ kann zur Paritätsprüfung verwendet werden. Die Eingabe besteht aus einer Reihe von Binärziffern. Der Automat prüft, ob diese eine gerade oder ungerade Anzahl von Einsen enthält. Der Ablauf beginnt im Zustand „gerade“, weil am Anfang noch keine Einsen gelesen wurden und 0 eine gerade Zahl ist. Dies wird durch den Pfeil mit der Beschriftung „start“ angedeutet. Liest der Automat eine Null, so bleibt er im jeweiligen Zustand („gerade“ bzw. „ungerade“), liest er eine Eins, so wechselt er von „gerade“ nach „ungerade“ bzw. von „ungerade“ nach „gerade“.

2.2 BILD **Der Automat $A_P$ zur Paritätsprüfung**

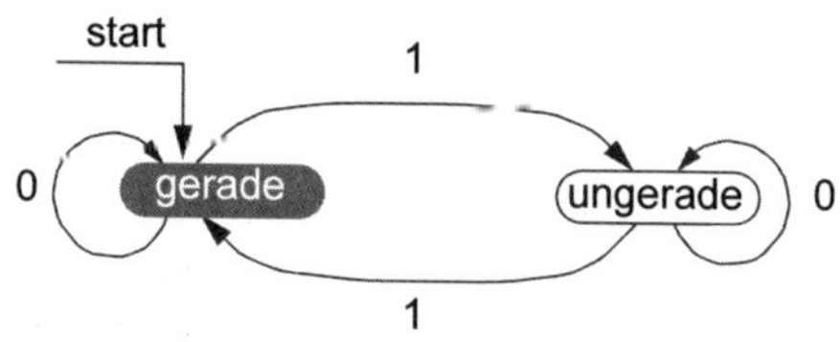


Hat der Automat das Eingabewort vollständig gelesen, so gibt der Zustand, in dem er sich befindet an, ob das Eingabewort gerade oder ungerade Parität hat.
Im Allgemeinen prüft man mit Hilfe eines Automaten, ob die Eingabe einer bestimmten Bedingung genügt (beispielsweise die Bedingung gerader Parität). Zu diesem Zweck führt man so genannte *akzeptierende Zustände* (auch *Endezustände* genannt) ein, in unserem Beispiel den Zustand „gerade". In der graphischen Darstellung werden akzeptierende Zustände mit schwarz gefärbten Knoten gekennzeichnet. Befindet sich der Automat nach der Verarbeitung der Eingabe in einem akzeptierenden Zustand, so bedeutet dies, dass die Eingabe akzeptiert wird.
In den beiden genannten Beispielen kann die Eingabe als ein Wort, also als Folge von Zeichen aufgefasst werden. Im folgenden Abschnitt sollen zunächst die daraus resultierenden Grundbegriffe wie Zeichen, Wörter und Sprachen definiert werden.

## 2.2 Grundlegende Begriffe

Ein *Alphabet* ist eine endliche, nicht leere Menge, deren Elemente Zeichen genannt werden. Ein Zeichen ist eine formale Einheit, die nicht näher definiert wird. Üblicherweise sind dies Ziffern, Buchstaben oder Sonderzeichen.
Die Einschränkung, dass ein Alphabet nicht leer sein darf, wird getroffen, um von vornherein Sonderfälle, die sich aus einem leeren Alphabet ergeben könnten, auszuschließen. Alphabete werden grundsätzlich mit dem Buchstaben $\Sigma$ bezeichnet.
Ein Wort (über einem Alphabet $\Sigma$) ist eine endliche Folge von Zeichen aus $\Sigma$. Sind zum Beispiel a, b, c Zeichen, so kann man daraus Wörter wie cba oder aaab bilden. Das leere Wort wird mit $\varepsilon$ bezeichnet. Die Menge aller Wörter, die mit Zeichen aus $\Sigma$ gebildet werden können, wird mit $\Sigma^*$ bezeichnet. Ferner definieren wir $\Sigma^+ = \Sigma^* - \{\varepsilon\}$.
Die Länge eines Wortes ist die Anzahl der in ihm vorkommenden Zeichen. Die Länge des Wortes $w$ wird mit $|w|$ bezeichnet. Ist etwa $w$ = aabac, so ist $|w| = 5$. Formal lässt sich die Länge eines Wortes rekursiv definieren durch die Vorschrift:

$$|\varepsilon| = 0$$

$$|aw| = 1 + |w|, \text{ falls } a \in \Sigma, w \in \Sigma^*.$$

Diese rekursive Definition zeigt beispielhaft das allgemeine Muster der rekursiven Definition einer Funktion $f$, die auf der Menge $\Sigma^*$ aller Wörter definiert ist. Die erste Zeile der Definition legt den Funktionswert $f(\varepsilon)$ fest. Die zweite Zeile definiert den Funktionswert für ein

Wort $aw$, dessen erstes Zeichen $a$ ist. In der Definition dieses Funktionswertes dürfen sowohl $a$ und $w$ als auch der Wert $f(w)$ *rekursiv* verwendet werden.
Ist $w$ ein Wort über dem Alphabet $\Sigma$ und $a$ ein Zeichen aus $\Sigma$, so bezeichnet $|w|_a$ die Anzahl der Vorkommen des Zeichens $a$ in $w$. Ist etwa $w$ = `element`, so ist $|w|_\mathrm{e} = 3$, $|w|_\mathrm{m} = 1$ und $|w|_\mathrm{x} = 0$.
Die *Konkatenation* zweier Wörter ist das Wort, das sich ergibt, wenn man die beiden Wörter direkt hintereinander schreibt. So ergibt die Konkatenation der Wörter `Auto` und `mat` das Wort `Automat`. Manchmal benutzt man zur Verdeutlichung einen expliziten Konkatenationsoperator in Form eines Malpunktes. Man kann also auch $v \cdot w$ statt $vw$ schreiben. Das leere Wort ist das neutrale Element der Konkatenation, es gilt also $\varepsilon w = w\varepsilon = w$ für jedes Wort $w$.
Ähnlich wie bei Zahlen verwendet man eine Potenzschreibweise für das mehrfache Konkatenieren von Wörtern. So schreibt man etwa vereinfachend $\mathtt{a}^4$ für das Wort `aaaa` oder $(\mathtt{ab})^3$ für das Wort `ababab`. Allgemein definiert man für ein beliebiges Wort $w$:

$$w^0 = \varepsilon$$

$$w^n = w \cdot w^{n-1}, \text{ falls } n > 0.$$

Ist $w$ ein Wort über einem Alphabet $\Sigma$, so bezeichnen wir mit $w^\mathrm{T}$ die Spiegelung von $w$. Ist etwa $w$ = `automat`, so ist $w^\mathrm{T}$ = `tamotua`.
Eine *Sprache* über einem Alphabet $\Sigma$ ist eine Menge von Wörtern über $\Sigma$. Sprachen werden grundsätzlich mit dem Buchstaben $L$ (engl. *language*), gegebenenfalls mit Indizes, bezeichnet. Spezielle Sprachen sind die leere Menge, die Menge $\Sigma^*$ sowie die Menge $\{\varepsilon\}$, die nur das leere Wort enthält.

**2.1 BEISPIEL**

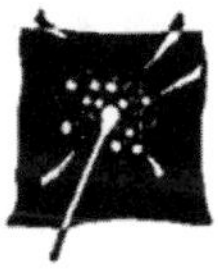

a) Beim U-Bahn-Automaten wird das Alphabet
   $\Sigma$ = {„Chip“, „drehen“}.
   verwendet. Man beachte, dass das ganze Wort „Chip“ als Eingabezeichen definiert ist und nicht die einzelnen Zeichen C, h, i und p. Ein Zeichen stellt somit die kleinste unabhängige und unteilbare Einheit der Eingabe dar.
   Mögliche Wörter über $\Sigma$ sind „Chip“„Chip“ oder „drehen“„Chip“.
b) Der Automat $A_\mathrm{P}$ zur Paritätsprüfung verwendet das Alphabet
   $\Sigma = \{0, 1\}$.
   Sprachen über $\Sigma$ sind etwa die Mengen $\{0, 10, 0011\}$ oder $\{\varepsilon, 01, 0011, 000111, \ldots\} = \{0^n1^n \mid n \geq 0\}$.

---

Da Sprachen Mengen sind, sind auf ihnen die Mengenoperationen $\cup$, $\cap$ usw. definiert. Darüber hinaus wird die Konkatenation zweier Sprachen $L_1$ und $L_2$ folgendermaßen definiert:

$$L_1 L_2 = \{vw \mid v \in L_1, w \in L_2\}.$$

Ist etwa $\Sigma = \{0, 1\}$, $L_1 = \{0, 00\}$ und $L_2 = \{1, 11\}$, so ist $L_1L_2 = \{01, 011, 001, 0011\}$.
Ist $L$ eine Sprache, so ist $L^n$ definiert als die $n$-fache Konkatenation von $L$ mit sich selbst, also

$$L^0 = \{\varepsilon\}$$

$$L^n = L \cdot L^{n-1}, \text{ falls } n > 0.$$

Die Kleenesche Hülle $L^*$ der Sprache $L$ ist folgendermaßen definiert (siehe auch Abschnitt 8.2):

$$L^* = \bigcup_{n \geq 0} L^n$$

## 2.3 Deterministische endliche Automaten

### Definition des DEA

Der U-Bahn-Automat und der Automat zur Paritätsprüfung lassen sich jeweils auch in Tabellenform darstellen.

**2.1 TABELLE** **Automat zur Paritätsprüfung**

| δ | 0 | 1 |
|---|---|---|
| gerade | gerade | ungerade |
| ungerade | ungerade | gerade |

Tabelle 2.1 zeigt, dass der Automat vom Zustand „gerade" bei Eingabe einer 1 in den Zustand „ungerade" übergeht. Die Tabelle lässt sich auch durch eine Funktion $\delta$ beschreiben, die einem Zustand und einem Zeichen jeweils einen Folgezustand zuordnet, also $\delta(\text{gerade}, 1) = \text{ungerade}$ usw.
Ein *deterministischer endlicher Automat* (im Folgenden schreiben wir meist kurz „Automat" statt „deterministischer endlicher Automat") besteht also aus einem Alphabet $\Sigma$, das die zulässigen Eingabezeichen auflistet, einer endlichen Menge $Z$ von Zuständen und einer Vorschrift $\delta$, die die Zustandsübergänge beschreibt.
Zusätzlich verfügt ein Automat über einen speziellen Startzustand sowie einen oder mehrere akzeptierende Zustände (auch Endezustände genannt).
Formal definiert man nun einen Automaten folgendermaßen:

2.1 DEFINITION

### Deterministischer endlicher Automat, DEA

Ein deterministischer endlicher Automat besteht aus den fünf Komponenten $Z, \Sigma, \delta, z_0, E$.

- $Z$ ist eine endliche Menge von *Zuständen*.
- $\Sigma$ ist ein Alphabet, das sog. *Eingabealphabet*.
- $\delta : Z \times \Sigma \rightarrow Z$ ist die *Übergangsfunktion*.
- $z_0 \in Z$ ist der *Startzustand*.
- $E \subseteq Z$ ist die Menge der *Endezustände*.

Im Folgenden werden die Endezustände in der graphischen Darstellung weiß, die anderen Zustände schwarz dargestellt.

2.2 BEISPIEL

### Ein Automat zur lexikalischen Analyse

Der Automat $A_{LA} = (Z, \Sigma, \delta, z_0, E)$ prüft, ob das Eingabewort eine nach der Konvention der Programmiersprache Pascal korrekt geschriebene ganze Zahl ohne führende Nullen darstellt. Als gültige Eingabezeichen kommen die Ziffern 0 bis 9 sowie das Vorzeichen – in Frage, also

$$\Sigma = \{-, 0, 1, 2, 3, 4, 5, 6, 7, 8, 9\}.$$

Die folgende Abbildung zeigt die graphische Darstellung des Automaten.

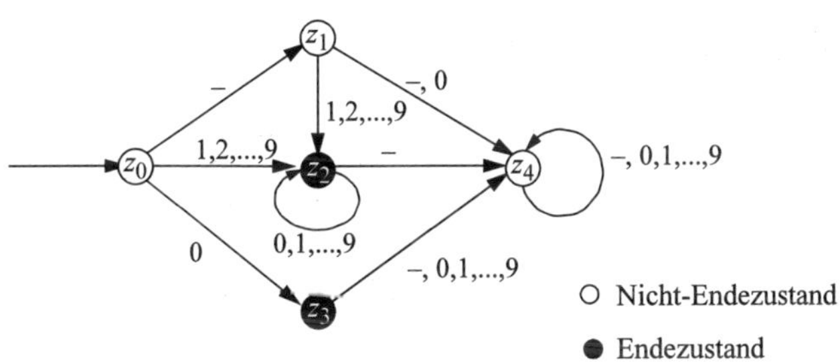


Zu Beginn (das heißt im Startzustand $z_0$) können wir je nach erstem Eingabezeichen drei Fälle unterscheiden:

a) Das erste Zeichen ist eine Null. Der Automat springt in einen Nachfolgezustand $z_3$, der auch ein akzeptierender Zustand ist. Anschließend darf überhaupt kein weiteres Zeichen kommen.

b) Das erste Zeichen ist eine Ziffer ungleich 0. Der Automat springt in einen Nachfolgezustand $z_2$, der auch ein akzeptierender Zustand ist. Anschließend dürfen beliebig viele Ziffern, jedoch kein Vorzeichen kommen.

c) Das erste Zeichen ist das Vorzeichen. Der Automat springt in einen Nachfolgezustand $z_1$. Kommt nun eine weitere Ziffer ungleich 0, so springt der Automat in den Zustand $z_2$.

---

Ein Eingabewort für einen endlichen Automaten $A$ ist ein Wort über dem Alphabet $\Sigma$. Kommen in einem Wort also Zeichen vor, die nicht dem Eingabealphabet angehören, so kann der Automat dieses Wort nicht verarbeiten.
In Anlehnung an die Pfeile in der graphischen Darstellung schreiben wir auch $z \rightarrow_a z'$, falls $z' = \delta(z, a)$ gilt, sowie $z \rightarrow_\Sigma z'$, falls es ein Zeichen $a \in \Sigma$ gibt mit $z \rightarrow_a z'$.

## Verarbeitung eines Eingabewortes

Die Verarbeitung eines Eingabewortes lässt sich mit Hilfe so genannter Konfigurationen beschreiben.
Betrachten wir als Beispiel den Automaten $A_{LA}$ zur lexikalischen Analyse (siehe Beispiel 2.2). Das Eingabewort sei $w = -304$. Zu Beginn der Verarbeitung befindet sich der Automat im Zustand $z_0$, und das Eingabewort ist $-304$. Aktueller Zustand und verbleibendes Eingabewort bilden zusammen die wesentliche Information, die zur Verarbeitung einer Eingabe nötig ist. Im ersten Schritt wird das Minuszeichen gelesen und der Automat geht in den Zustand $z_1$ über. Das aktuelle Eingabewort ist nun 304. Dies wird durch den folgenden Übergang beschrieben:

$$(z_0, -304) \rightarrow (z_1, 304).$$

2.2 DEFINITION **Konfiguration**

a) Eine Konfiguration eines endlichen Automaten $A$ ist ein Paar $(z, w)$ mit $z \in Z$, $w \in \Sigma^*$. Dabei bezeichnet $z$ den aktuellen Zustand, in dem sich der Automat zu einem Zeitpunkt der Berechnung befindet, und $w$ das verbleibende Eingabewort.
b) Die Übergangsrelation $\rightarrow$ auf der Menge der Konfigurationen von $A$ ist definiert durch

$$(z, aw) \rightarrow (z', w), \textit{falls } z \rightarrow_a z'.$$

Betrachten wir nun die weitere Verarbeitung im obigen Beispiel.
Die komplette Verarbeitung des Wortes $w = -304$ lässt sich beschreiben durch die Folge

$$(z_0, -304) \rightarrow (z_1, 304) \rightarrow (z_2, 04) \rightarrow (z_2, 4) \rightarrow (z_2, \varepsilon).$$

Dies lässt sich unter Verwendung der transitiven, reflexiven Hülle $\rightarrow^*$ der Relation $\rightarrow$ (siehe Abschnitt 8.2) auch folgendermaßen beschreiben:

$(z_0, -304) \rightarrow^* (z_2, \varepsilon).$

Das Eingabewort –304 ist eine korrekt geschriebene ganze Zahl. Dem entspricht die Tatsache, dass sich der Automat zum Ende der Verarbeitung in einem akzeptierenden Zustand befindet.
Die Verarbeitung des Wortes $w = -3-0$, welches keine korrekte ganze Zahl darstellt, lässt sich beschreiben durch die Folge

$$(z_0, -3-0) \rightarrow (z_1, 3-0) \rightarrow (z_2, -0) \rightarrow (z_4, 0) \rightarrow (z_4, \varepsilon)$$

bzw. in Kurzform:

$$(z_0, -3-0) \rightarrow^* (z_4, \varepsilon).$$

Der Zustand $z_4$ ist kein akzeptierender Zustand, also wird das Eingabewort –3–0 nicht akzeptiert.

## Reguläre Sprachen

Die Menge aller Eingabewörter, die vom Automaten $A$ akzeptiert werden, heißt die von $A$ akzeptierte Sprache:

2.3 DEFINITION **Akzeptierung durch einen DEA, reguläre Sprache**

Der DEA $A$ *akzeptiert* das Eingabewort $w$ genau dann, wenn es ein $z_e \in E$ gibt mit

$$(z_0, w) \rightarrow^* (z_e, \varepsilon).$$

Die vom Automaten $A$ *akzeptierte Sprache* $\mathcal{L}(A)$ ist definiert durch:

$$\mathcal{L}(A) = \{w \in \Sigma^* \mid A \text{ akzeptiert } w\}.$$

Eine Sprache $L$ heißt *regulär*, falls es einen DEA $A$ gibt, der $L$ akzeptiert, das heißt, wenn $L = \mathcal{L}(A)$ gilt.

Die Sprache des Automaten $A_P$ zur Paritätsprüfung ist die Menge aller Binärwörter mit gerader Parität:

$$\mathcal{L}(A_P) = \{w \in \Sigma^* \mid |w|_1 \text{ ist gerade}\}.$$

Die Sprache des Automaten $A_{LA}$ zur lexikalischen Analyse ist die Menge aller korrekt geschriebener Ganzzahlen. Diese beiden Sprachen sind also regulär.

**2.3 BILD** **Zwei äquivalente Automaten**

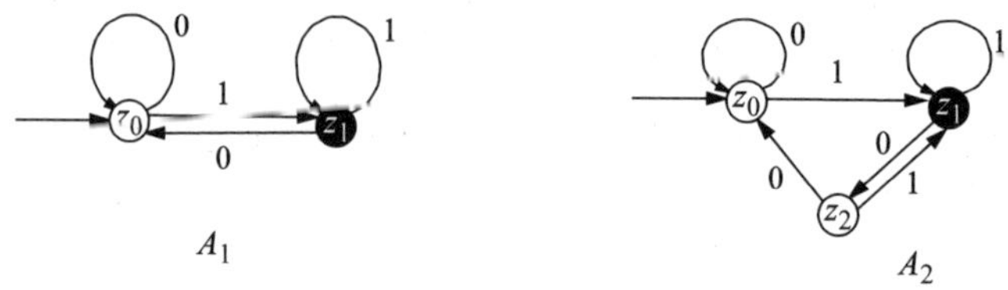


Die beiden in Bild 2.3 dargestellten Automaten $A_1$ und $A_2$ akzeptieren offenbar beide die Sprache, bestehend aus allen Binärwörtern, die mit einer Eins enden:

$$\mathcal{L}(A_1) = \mathcal{L}(A_2) = \{w1 \mid w \in \Sigma^*\}.$$

Da die Funktion eines Automaten ausschießlich im Akzeptieren von Wörtern besteht, können Automaten, die dieselbe Sprache akzeptieren, als äquivalent angesehen werden.

**2.4 DEFINITION** **Äquivalenz von Automaten**

Zwei Automaten $A_1$ und $A_2$ heißen *äquivalent*, geschrieben $A_1 \equiv A_2$, wenn sie dieselbe Sprache akzeptieren, das heißt, wenn $\mathcal{L}(A_1) = \mathcal{L}(A_2)$ gilt.
Die Relation $\equiv$ ist eine Äquivalenzrelation (siehe Abschnitt 8.2).

Befindet sich der Automat zur Syntaxprüfung während der Verarbeitung eines Eingabewortes im Zustand $z_4$, so bleibt er anschließend in diesem Zustand, insbesondere kann er nie mehr einen akzeptierenden Zustand erreichen. Einen solchen Zustand, von dem aus kein akzeptierender Zustand erreichbar ist, nennt man einen *Fehlerzustand*.

**2.5 DEFINITION** **Erreichbarkeit, Fehlerzustand**

a) Der Zustand $z'$ heißt *erreichbar* vom Zustand $z$, falls es ein Wort $w$ gibt, so dass $(z, w) \to^* (z', \varepsilon)$ gilt. $[z]^*$ bezeichnet die Menge aller von $z$ erreichbaren Zustände.
b) Ein *Fehlerzustand* eines Automaten $A$ ist ein Zustand, von dem aus kein Endezustand erreichbar ist, also ein Zustand $z$, für den $[z]^* \cap E = \varnothing$ gilt.

Der Automat $A_{\text{LA}}$ zur lexikalischen Analyse (siehe Beispiel 2.2) befindet sich nach Eingabe eines Minuszeichens im Zustand $z_1$. Anschließend darf noch eine beliebige korrekt geschriebene ganze Zahl *ohne Vorzeichen* kommen. Wir sagen, der Automat *akzeptiert im Zustand* $z_1$ jede beliebige korrekt geschriebene ganze Zahl ohne Vorzeichen.

2.6 DEFINITION **Akzeptierung im Zustand $z$**

a) Der Automat $A$ *akzeptiert* das Eingabewort $w$ *im Zustand* $z$ wenn es ein $z_e \in E$ gibt mit

$$(z, w) \to^* (z_e, \varepsilon).$$

b) Die von $A$ *im Zustand* $z$ *akzeptierte Sprache* $\mathcal{L}(A, z)$ ist definiert durch:

$$\mathcal{L}(A, z) = \{w \in \Sigma^* \mid A \text{ akzeptiert } w \text{ im Zustand } z\}.$$

Es gilt: $z \in E$ genau dann, wenn $\varepsilon \in \mathcal{L}(A, z)$.

Wird im Startzustand eine Null eingegeben, so kann anschließend keine weitere Zeichenfolge eine gültige ganze Zahl ohne führende Nullen ergeben. Da allerdings das Zeichen Null selbst eine gültige Zahl darstellt, ist in diesem Fall $\mathcal{L}(A_{LA}, z_1)$ nicht leer, sondern es gilt $\mathcal{L}(A_{LA}, z_1) = \{\varepsilon\}$.
Für den Fehlerzustand $z_4$ dagegen gilt $\mathcal{L}(A_{LA}, z_4) = \emptyset$. Offensichtlich ist ein Zustand $z$ eines DEA $A$ genau dann ein Fehlerzustand, wenn $\mathcal{L}(A, z) = \emptyset$ gilt (siehe Aufgabe 2.11).

## 2.4 Minimierung endlicher Automaten

### Der Minimalautomat

Die beiden in Bild 2.3 aus Abschnitt 2.3 dargestellten Automaten $A_1$ und $A_2$ zeigen, dass es im Allgemeinen für eine Sprache $L$ mehrere Automaten mit unterschiedlich vielen Zuständen gibt, die $L$ akzeptieren. Für die Implementierung eines endlichen Automaten, der eine Sprache $L$ erkennen soll, ist es sicherlich sinnvoll, die Anzahl der erforderlichen Zustände zu minimieren.

2.7 DEFINITION **Minimalautomat**

Sei $L$ eine reguläre Sprache über dem Alphabet $\Sigma$ und sei $A$ ein Automat, der $L$ akzeptiert, das heißt $L = \mathcal{L}(A)$.
$A$ heißt *Minimalautomat* für $L$, falls es keinen Automaten $A'$ gibt, der $L$ akzeptiert und weniger Zustände als $A$ hat.

## Isomorphie endlicher Automaten

Der Minimalautomat für $L$ ist sogar eindeutig bestimmt, das heißt, sind $A_1$ und $A_2$ zwei Minimalautomaten für $L$, so unterscheiden sie sich lediglich in der Benennung der Zustände. Die beiden in der folgenden Abbildung gezeigten Automaten $A_1$ und $A_2$ sind offenbar strukturgleich, sie haben dasselbe Eingabealphabet, gleich viele Zustände, gleich viele Endezustände und auch die Verbindungsstruktur ist die gleiche. Man kann $A_1$ aus $A_2$ erhalten, indem man die Zustände folgendermaßen umbenennt: $z_0 \rightarrow w_0$, $z_1 \rightarrow w_2$, $z_2 \rightarrow w_3$, $z_3 \rightarrow w_4$, $z_4 \rightarrow w_1$.

2.2 TABELLE **Zwei isomorphe Automaten**

| $A_1$ | 0 | 1 |
|---|---|---|
| $z_0$ | $z_1$ | $z_3$ |
| $z_1$ | $z_0$ | $z_4$ |
| $z_2$/E | $z_4$ | $z_2$ |
| $z_3$/E | $z_4$ | $z_3$ |
| $z_4$ | $z_2$ | $z_4$ |

| $A_2$ | 0 | 1 |
|---|---|---|
| $w_0$ | $w_2$ | $w_4$ |
| $w_2$ | $w_0$ | $w_1$ |
| $w_3$/E | $w_1$ | $w_3$ |
| $w_4$/E | $w_1$ | $w_4$ |
| $w_1$ | $w_3$ | $w_1$ |

Formal wird die Strukturgleichheit von Automaten in folgender Definition formuliert:

2.8 DEFINITION **Isomorphie von Automaten**

Die beiden Automaten $A_1 = (Z_1, \Sigma, \delta_1, z_{01}, E_1)$ und $A_2 = (Z_2, \Sigma, \delta_2, z_{02}, E_2)$ heißen isomorph, wenn es eine bijektive Abbildung $f: Z_1 \rightarrow Z_2$ gibt mit:

$$f(z_{01}) = z_{02}$$
$$f(E_1) = E_2$$
$$z \rightarrow_a z' \text{ genau dann, wenn } f(z) \rightarrow_a f(z').$$

Im Folgenden soll ein algorithmisches Verfahren entwickelt werden, um einen gegebenen DEA $A$ zu minimieren. Ziel der Minimierung ist es, einen DEA $\overline{A}$ mit folgenden Eigenschaften zu konstruieren:

- $\overline{A}$ ist äquivalent zu $A$ und
- es gibt keinen Automaten $A' \equiv A$, der weniger Zustände als $\overline{A}$ hat.

## Entfernen nicht erreichbarer Zustände

**2.3 BEISPIEL** **Minimierung eines DEA**

Als Beispiel betrachten wir den folgenden Automaten $A$.

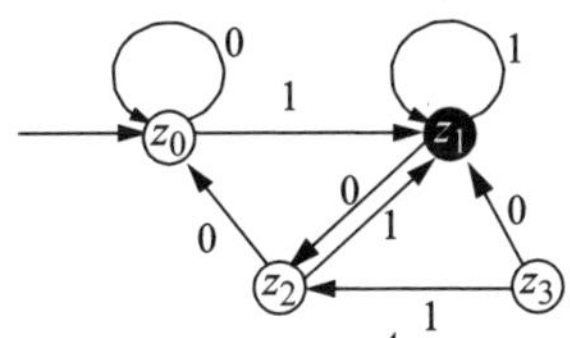


$A$

Wir können feststellen, dass der Zustand $z_3$ überflüssig ist, da er vom Startzustand $z_0$ aus niemals erreicht werden kann, das heißt, es gilt $z_3 \notin [z_0]^*$. Man kann also einen Automaten $A'$ konstruieren, indem aus $A$ der Zustand $z_3$ entfernt wird. Dieser Automat $A'$ ist sicherlich äquivalent zu $A$, denn ist $w \in \mathcal{L}(A)$, so gibt es eine Ableitung $(z_0, w) \to_A^* (z_1, \varepsilon)$. In dieser Ableitung kommt der Zustand $z_3$ nicht vor, da er vom Startzustand aus nicht erreicht werden kann. Also gilt auch $(z_0, w) \to_{A'}^* (z_1, \varepsilon)$. Dies bedeutet, dass jedes Wort, das von $A$ akzeptiert wird, auch von $A'$ akzeptiert wird und umgekehrt, also sind die beiden Automaten äquivalent.

---

Allgemein gilt:

> Sei $A$ ein DEA. Entsteht der Automat $A'$ aus $A$ durch Entfernen aller Zustände, die nicht in $[z_0]^*$ sind, so gilt $A \equiv A'$.

Konkret sieht dies so aus, dass in der Tabelle für $A$ alle Zeilen gestrichen werden, die zu einem Zustand gehören, der nicht von $z_0$ aus erreichbar ist, also nicht in $[z_0]^*$ ist. Dazu ist jedoch noch zu beweisen, dass in allen Zellen der verbleibenden Tabelle nur noch Zustände aus $[z_0]^*$ erscheinen (siehe Aufgabe 2.9).

In Aufgabe 2.10 soll ein Algorithmus entwickelt werden, um die Menge $[z_0]^*$ der von $z_0$ aus erreichbaren Zustände zu bestimmen.

Die Löschung dieser überflüssigen Zustände reicht jedoch noch nicht aus, um einen minimalen Automaten zu erhalten. Der Automat $A'$ ist offenbar gerade der Automat $A_2$ aus Bild 2.3. Dies bedeutet, dass $A'$ auch noch nicht minimal ist, denn wir haben bereits gesehen, dass $A_2$ zum kleineren Automaten $A_1$ aus Bild 2.3 äquivalent ist.

## Zusammenlegen äquivalenter Zustände

Offensichtlich kann man den Automaten $A_1$ aus $A_2$ konstruieren, indem man die beiden Zustände $z_0$ und $z_2$ zusammenlegt. Diese Verschmelzung der beiden Zustände wird dadurch gerechtfertigt, dass $z_0$ und $z_2$ äquivalent sind, das heißt, dass $\mathcal{L}(A_2, z_0) = \mathcal{L}(A_2, z_2)$ gilt.

**2.9 DEFINITION** **Äquivalenz von Zuständen**

Zwei Zustände $z$ und $z'$ eines DEA $A$ heißen *äquivalent*, in Zeichen $z \equiv z'$, falls $\mathcal{L}(A, z) = \mathcal{L}(A, z')$ gilt.

Offenbar ist die Relation $\equiv$ eine Äquivalenzrelation auf der Menge $Z$. Zur Minimierung eines DEA $A$ muss also zunächst die Äquivalenzrelation $\equiv$ bestimmt werden. Anschließend werden äquivalente Zustände zusammengefasst.

**2.4 BEISPIEL** **Zusammenfassen äquivalenter Zustände**

Als Beispiel betrachten wir den folgenden Automaten.

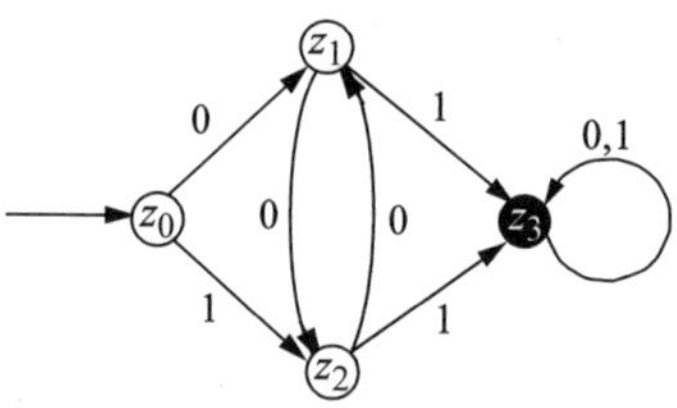


Die Zustände $z_1$ und $z_2$ sind äquivalent, denn es gilt $\mathcal{L}(A, z_1) = \mathcal{L}(A, z_2) = \{0^n 1 w \mid w \in \Sigma^*\}$. Die Äquivalenzklassen (siehe Abschnitt 8.2) von $Z$ sind

$$[z_0] = \{z_0\}$$
$$[z_1] = \{z_1, z_2\}$$
$$[z_3] = \{z_3\}.$$

Durch Zusammenfassen der Zustände $z_1$ und $z_2$ in der Äquivalenzklasse $[z_1]$ entsteht der in der folgenden Abbildung dargestellte Automat. Die Zustandsübergänge werden entsprechend angepasst. Beispielsweise wird aus dem Übergang $z_1 \rightarrow_0 z_2$ im Ausgangsautomaten der Übergang $[z_1] \rightarrow_0 [z_1]$ im Minimalautomaten.

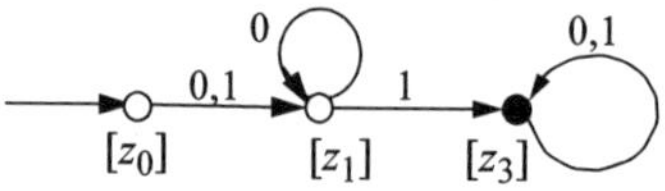

2.10 DEFINITION **Der Minimalautomat**

Sei $A = (Z, \Sigma, \delta, z_0, E)$ ein DEA. Sei $[z]$ die Äquivalenzklasse von $z$ bez. $\equiv$.
Der Automat $\overline{A} = (\overline{Z}, \Sigma, \overline{\delta}, \overline{z}_0, \overline{E})$ ist definiert durch:

$$\overline{Z} = \{[z] \mid z \in Z\},$$
$$\overline{\delta} = \{[z] \rightarrow_a [z'] \mid z \rightarrow_a z' \in \delta\},$$
$$\overline{z}_0 = [z_0],$$
$$\overline{E} = \{[z] \mid z \in E\}.$$

Dann ist $\overline{A}$ der Minimalautomat für $\mathcal{L}(A)$.

## Konstruktion der Äquivalenzrelation $\equiv$

Im Folgenden soll ein Verfahren dargestellt werden, um die Äquivalenzrelation $\equiv$ auf der Menge der Zustände zu konstruieren. Definition 2.9 ist dafür nicht geeignet, denn die Mengen $\mathcal{L}(A, z)$ sind im Allgemeinen unendlich. Anstatt Paare äquivalenter Zustände zu finden, geht der Algorithmus so vor, dass sukzessive Paare von Zuständen markiert werden, die nicht äquivalent sind. Zu diesem Zweck benutzt man eine Tabelle, deren Zeilen und Spalten mit den Zuständen von $A$ gekennzeichnet sind.
Als Beispiel dient der Automat aus Beispiel 2.4. Zunächst wird die Tabelle, in der nichtäquivalente Paare von Zuständen markiert werden sollen, erstellt. Dabei ist zu beachten, dass auf Grund der Reflexivität der Relation $\equiv$ alle Diagonalelemente mit $\equiv$ zu markieren sind. Wegen der Symmetrie der Relation $\equiv$ reicht es außerdem, nur den unterhalb der Diagonale liegenden Teil der Tabelle zu betrachten.

2.3 TABELLE **Markierung nicht äquivalenter Zustände**

| | $z_0$ | $z_1$ | $z_2$ | $z_3$ |
|---|---|---|---|---|
| $z_0$ | $\equiv$ | | | |
| $z_1$ | | $\equiv$ | | |
| $z_2$ | | | $\equiv$ | |
| $z_3$ | | | | $\equiv$ |

Im ersten Schritt werden sämtliche Paare $(z, z')$ markiert, für die entweder $z \in E$ und $z' \notin E$ oder umgekehrt gilt. Ein solches Paar von Zuständen kann nicht äquivalent sein, denn falls etwa $z \in E$ und $z' \notin E$ gilt, so gilt nach Definition $\varepsilon \in \mathcal{L}(A, z)$ und $\varepsilon \notin \mathcal{L}(A, z')$, also ist $\mathcal{L}(A, z) \neq \mathcal{L}(A, z')$. Damit erhält die Tabelle folgende Gestalt:

| | $z_0$ | $z_1$ | $z_2$ | $z_3$ |
|---|---|---|---|---|
| $z_0$ | ≡ | | | |
| $z_1$ | | ≡ | | |
| $z_2$ | | | ≡ | |
| $z_3$ | X | X | X | ≡ |

Im nächsten Schritt werden sämtliche noch nicht markierten Paare $(z, z')$ markiert, für die es ein Zeichen $a \in \Sigma$ gibt, sodass das Paar $(\delta(z, a), \delta(z', a))$ bereits (in einem vorangegangenen Schritt) markiert wurde.
Wir beginnen mit dem Paar $(z_0, z_1)$. Der entsprechende Tabellenausschnitt lautet:

| | 0 | 1 |
|---|---|---|
| $z_0$ | $z_1$ | $z_2$ |
| $z_1$ | $z_2$ | $z_3$ |

bereits markiert

Das Paar $(\delta(z_0, 1), \delta(z_1, 1)) = (z_2, z_3)$ wurde bereits im ersten Durchgang markiert, also kann im zweiten Durchgang $(z_0, z_1)$ neu markiert werden. Auf ähnliche Weise wird im zweiten Durchgang das Paar $(z_0, z_2)$ markiert. Für das Paar $(z_1, z_2)$ jedoch ergibt sich keine neue Markierung, da keines der Paare $(z_2, z_1)$ und $(z_3, z_3)$ bisher markiert wurde.
Damit ergibt sich nach dem zweiten Durchgang folgende Markierung:

| | $z_0$ | $z_1$ | $z_2$ | $z_3$ |
|---|---|---|---|---|
| $z_0$ | ≡ | | | |
| $z_1$ | X | ≡ | | |
| $z_2$ | X | | ≡ | |
| $z_3$ | X | X | X | ≡ |

Im dritten Durchgang braucht nur noch das Paar $(z_1, z_2)$ untersucht zu werden. Da dies bereits als letztes Paar der zweiten Runde untersucht wurde, kann also auch in der dritten Runde dieses Paar nicht markiert werden. Also hat sich in der dritten Runde keine neue Markierung ergeben, und damit stoppt der Algorithmus.
Nach Beendigung des Markierungsalgorithmus' gilt: Sämtliche nicht markierten Paare $(z, z')$ entsprechen äquivalenten Zuständen. Im obigen Beispiel gilt also $z_1 \equiv z_2$.
Damit nimmt der Algorithmus zur Minimierung eines DEA $A$ folgende Form an:

```
Eingabe: Ein DEA A
Ausgabe: Der Minimalautomat Ā
1.Entferne alle Zustände, die nicht in [z0]* sind.
2.Konstruieren die Äquivalenzrelation ≡.
3.Bestimme die Äquivalenzklassen von ≡.
4.Konstruiere den Minimalautomaten duch Zusammenlegen der
äquivalenten Zustände.
```

## 2.5 Nichtdeterministische endliche Automaten

### Definition des NEA

Die Konstruktion eines Automaten für eine bestimmte Anwendung lässt sich sehr vereinfachen, wenn ein Zustand für ein bestimmtes Eingabezeichen nicht genau einen, sondern mehrere oder auch gar keinen Folgezustand haben kann. Als Beispiel betrachten wir den im folgenden Bild dargestellten Automaten $A$.

2.5 BEISPIEL **Ein nichtdeterministischer Automat**

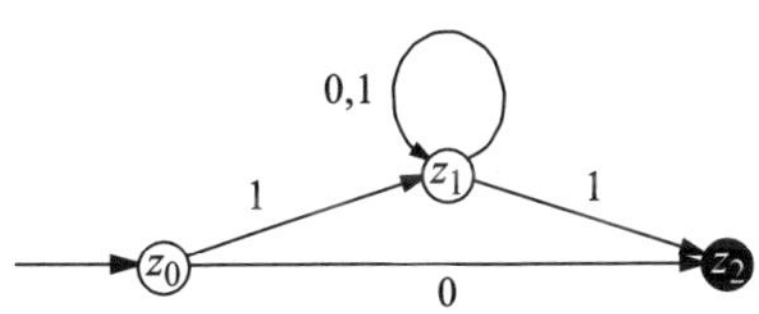


Liest der Automat im Zustand $z_0$ eine Eins, so geht er in Zustand $z_1$ über; liest er eine Null, so geht er in Zustand $z_2$ über. Liest er im Zustand $z_1$ eine Null, so bleibt er in diesem Zustand. Liest er dagegen eine Eins, so kann er sowohl im Zustand $z_1$ bleiben als auch in den Zustand $z_2$ übergehen. Ein solcher endlicher Automat wird nichtdeterministisch genannt, weil die Zustandsübergänge nicht wie beim deterministischen Automaten eindeutig durch den aktuellen Zustand und das gelesene Zeichen bestimmt sind. Vom Zustand $z_2$ aus gibt es überhaupt keinen Folgezustand. Die folgende Tabelle zeigt, dass die Einträge in den Zellen eines nichtdeterministischen Automaten nicht mehr wie beim DEA einzelne Zustände darstellen, sondern *Mengen* von Zuständen.

| | 0 | 1 |
|---|---|---|
| $z_0$ | $\{z_2\}$ | $\{z_1\}$ |
| $z_1$ | $\{z_1\}$ | $\{z_1, z_2\}$ |
| $z_2/E$ | $\varnothing$ | $\varnothing$ |

Ein nichtdeterministischer Automat ist genauso definiert wie ein deterministischer, mit dem einzigen Unterschied, dass die Einträge in den Zellen der Tabelle nicht einzelne Zustände, sondern Mengen von Zuständen sind. Wir beschreiben dies durch eine Übergangsrelation $\Delta \subseteq Z \times \Sigma \times Z$.

**2.11 DEFINITION** **Nichtdeterministischer endlicher Automat, NEA**

Ein nichtdeterministischer endlicher Automat besteht aus den fünf Komponenten $Z$, $\Sigma$, $\Delta$, $z_0$, $E$. Dabei sind $Z$, $\Sigma$, $z_0$, $E$ genauso definiert wie beim DEA (siehe Definition 2.1).

Die Übergangsrelation $\Delta$ ist definiert durch:

$$\Delta \subseteq Z \times \Sigma \times Z$$

Wir schreiben $z \rightarrow_a z'$, falls $(z, a, z') \in \Delta$ gilt, sowie $z \rightarrow_\Sigma z'$, falls es ein Zeichen $a \in \Sigma$ gibt mit $z \rightarrow_a z'$. Wir definieren ferner $\delta(z, a) = \{z' \mid (z, a, z') \in \Delta\}$.

## Verarbeitung eines Eingabewortes

Die Verarbeitung eines Eingabewortes durch einen NEA lässt sich wieder mit Hilfe von Konfigurationen beschreiben.

Betrachten wir den NEA aus Beispiel 2.5 mit dem Eingabewort $w = 10101$. Die ersten beiden Schritte der Verarbeitung verlaufen deterministisch:

$$(z_0, 10101) \rightarrow (z_1, 0101) \rightarrow (z_1, 101).$$

Im nächsten Schritt jedoch gibt es zwei Möglichkeiten:

$$(z_1, 101) \rightarrow (z_1, 01) \text{ und } (z_1, 101) \rightarrow (z_2, 01).$$

Insgesamt ergeben sich die folgenden Möglichkeiten für eine vollständige Ableitung:

$$(z_0, 10101) \rightarrow (z_1, 0101) \rightarrow (z_1, 101) \rightarrow (z_1, 01) \rightarrow (z_1, 1) \rightarrow (z_1, \varepsilon)$$

$$(z_1, 101) \searrow (z_2, 01) \qquad (z_1, 1) \searrow (z_2, \varepsilon)$$

Man beachte, dass die Konfiguration $(z_2, 01)$ keine Nachfolgekonfiguration besitzt, da $\delta(z_2, 0) = \varnothing$ gilt.

Man kann sich die nichtdeterministische Verarbeitung des Eingabewortes als Raten des erfolgreichen Weges vorstellen. Im Zusammenhang mit nichtdeterministischen Turing-Maschinen (siehe Abschnitt 7.3) benutzt man auch die Vorstellung eines Orakels, das dem NEA stets die richtige Richtung sagt, wenn er an einer Weggabelung steht und nicht weiß, welche Richtung er einschlagen soll. Wenn in unserem Beispiel auf das Orakel Verlass ist, dann endet die Verarbeitung im akzeptierenden Zustand $z_2$, und dies reicht aus, dass das Eingabewort akzeptiert wird.

Beim NEA wird für die Akzeptierung eines Eingabewortes $w$ also verlangt, dass es eine Ableitung $(z_0, w) \rightarrow^* (z_e, \varepsilon)$ gibt mit $z_e \in E$. Wie der Automat diesen richtigen Weg findet, wird dabei nicht gesagt.

2.12 DEFINITION **Akzeptierung durch einen NEA**

a) Die Übergangsrelation $\rightarrow$ auf der Menge der Konfigurationen des NEA $A$ ist definiert durch

$$(z, aw) \rightarrow (z', w), \textit{ falls } z \rightarrow_a z'$$

b) Der NEA $A$ akzeptiert *das Eingabewort* $w$, wenn es ein $z_e \in E$ gibt mit

$$(z_0, w) \rightarrow^* (z_e, \varepsilon).$$

Es lässt sich nun leicht erkennen, dass der obige NEA die Menge aller Binärwörter akzeptiert, deren erstes und letztes Zeichen eine 1 ist.
Das Orakel, das uns stets die richtige Richtung verrät, um zum Ziel zu kommen, gibt natürlich sein Geheimnis nicht preis. Die Programmiersprache Prolog bietet jedoch eine Möglichkeit, ein „scheinbares Orakel" zu programmieren.

## Modellierung des Nichtdeterminismus in Prolog

Der NEA ist definiert durch die folgenden Prolog-Prädikate:

- `startzustand(Z)`, ist wahr, wenn Z der Startzustand ist;
- `endezustand(Z)`, ist wahr, wenn Z ein Endezustand ist;
- `delta(Z,A,Z1)` beschreibt die Relation $\Delta$.

Das folgende Prolog-Programm beschreibt den Automaten aus Beispiel 2.5:

2.1 PROGRAMM **Prolog-Programm für den NEA aus Beispiel 2.5**

```
startzustand(z0).
endezustand(z2).
delta(z0,1,z1).
delta(z1,0,z1).
delta(z1,1,z1).
delta(z1,1,z2).
```

Das folgende Prolog-Programm beschreibt die Akzeptierung eines Eingabewortes durch einen NEA.

- Wörter werden durch Listen, bestehend aus Zeichen, dargestellt. Das leere Wort entspricht der leeren Liste `[]`.
- Konfigurationen werden durch Paare `(Z:W)` dargestellt.

Der NEA ist definiert durch die folgenden Prolog-Prädikate:

- akzept(W) ist wahr, wenn der Automat das Wort W akzeptiert.
- Die Infix-Prädikate ==> und ==>* beschreiben die Ableitungsrelation auf Konfigurationen und ihre reflexive transitive Hülle(siehe Prolog-Programm 8.1).

2.2 PROGRAMM **Prolog-Programm für das Akzeptieren eines Wortes**

```
akzept(W) :-                    % Akzeptieren des Wortes W
      startzustand(Z0),
      (Z0:W) ==>* (Z:[]),
      endezustand(Z).

(Z:[A|W]) ==> (Z1:W) :-         % Ableitungsrel.für Konfig.
      delta(Z,A,Z1).
```

Die Prozedur `akzept` liefert nur die Antwort „yes" oder „no". Auf der CD findet sich eine Erweiterung der Prozedur `akzept`, die im Fall der Akzeptierung ein Protokoll der gesamten Ableitung liefert.

Um die Funktionalität eines NEA in einer von Prolog verschiedenen Programmiersprache zu implementieren, müsste man sämtliche Ableitungsmöglichkeiten für ein konkretes Eingabewort untersuchen, ob eine davon in einem akzeptierenden Zustand endet. Es gibt jedoch eine einfachere Methode, nämlich die Transformation eines NEA in einen äquivalenten DEA, der sich dann leicht implementieren lässt.

Das Konzept des nichtdeterministischen endlichen Automaten erlaubt für die meisten Anwendungen einfachere Konstruktionen als die deterministische Variante. So entspricht der NEA aus Beispiel 2.5 dem in Bild 2.4 gezeigten DEA, der einen Zustand und einige Übergänge mehr enthält.

2.4 BILD **DEA entsprechend dem NEA aus Beispiel 2.5**

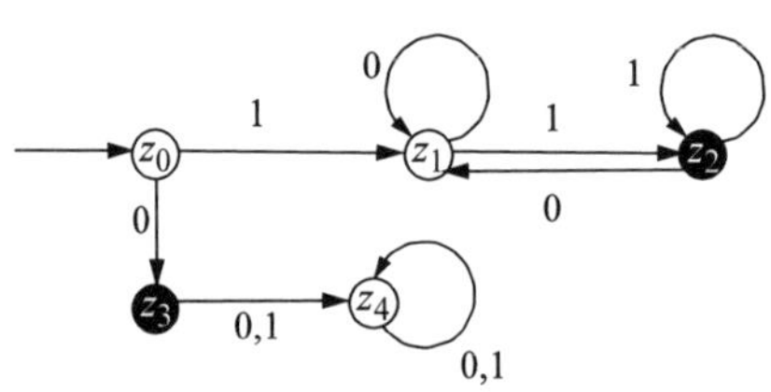

Das Suchen eines bestimmten Musters in einem längeren Text stellt ein weiteres Beispiel für die Verwendung nichtdeterministischer Automaten dar. Der in Bild 2.5 dargestellte NEA prüft das Eingabewort (dies wird im Allgemeinen ein längerer Text sein), ob es das Musterwort „nea" enthält.

2.5 BILD **Ein NEA, der das Teilwort „nea" findet**

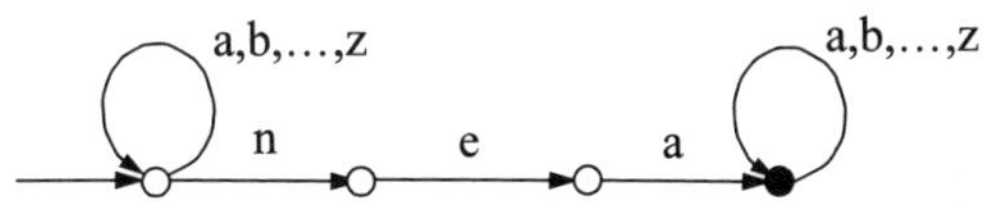


Das Verhältnis zwischen NEA und DEA ähnelt demjenigen zwischen höheren Programmiersprachen und Maschinensprachen. Höhere Programmiersprachen wie etwa Java bieten komfortablere Formulierungsmöglichkeiten als Maschinensprachen, können jedoch nicht direkt von Rechnern ausgeführt werden. Zu diesem Zweck werden sie zunächst in Maschinencode übersetzt. Eine entsprechende Übersetzung von nichtdeterministischen nach deterministischen Automaten soll im Folgenden dargestellt werden.

## Transformation in einen DEA

Die Transformation eines nichtdeterministischen in einen äquivalenten deterministischen Automaten soll an dem in Beispiel 2.5 dargestellten NEA $A = (Z, \Sigma, \Delta, z_0, E)$ verdeutlicht werden. Wir konstruieren einen Automaten $A' = (Z', \Sigma', \delta', z_0', E')$, dessen Zustände Mengen von Zuständen des NEA $A$ entsprechen. Die Zustandsmenge $Z'$ von $A'$ ist also die Potenzmenge $2^Z$. Ein Zustand von $A'$ repräsentiert alle Zustände, in denen sich der Automat $A$ befinden kann, nachdem er dieselbe Eingabe wie $A'$ gelesen hat. Die Automaten $A$ und $A'$ akzeptieren dasselbe Eingabealphabet, es gilt also $\Sigma = \Sigma'$.
Der Startzustand des Automaten $A'$ ist die Menge $\{z_0\}$, Endezustände sind alle diejenigen Mengen von Zuständen des NEA $A$, die einen Endezustand von $A$, in diesem Fall also $z_2$ enthalten. Vom Startzustand aus führt die Eingabe 1 deterministisch in den Zustand $z_1$, dies entspricht dem Übergang

$$\delta'(\{z_0\}, 1) = \{z_1\}.$$

Entsprechend erhalten wir

$$\delta'(\{z_0\}, 0) = \{z_2\}.$$

Befindet sich der Automat $A$ im Zustand $z_1$, so führt eine 0 deterministisch nach $z_1$ zurück, während eine 1 sowohl nach $z_1$ als auch nach $z_2$ führen kann. Dies entspricht den Übergängen

$$\delta'(\{z_1\}, 0) = \{z_1\} \text{ und}$$
$$\delta'(\{z_1\}, 1) = \{z_1, z_2\}.$$

Befindet sich der Automat $A'$ im Zustand $\{z_0, z_1\}$, so befindet sich $A$ entweder im Zustand $z_0$ oder im Zustand $z_1$. Die Eingabe einer 0 kann nur von $z_1$ nach $z_1$ oder von $z_0$ nach $z_2$ führen, während die Eingabe einer 1 von $z_0$ nach $z_1$, von $z_1$ nach $z_1$ oder von $z_1$ nach $z_2$ führen kann. Dies entspricht den Übergängen

$$\delta'(\{z_0, z_1\}, 0) = \{z_1, z_2\} \text{ und}$$

$$\delta'(\{z_0, z_1\}, 1) = \{z_1, z_2\}.$$

Insgesamt ergibt sich der in Bild 2.6 dargestellte DEA $A'$. Der Zustand $\varnothing$ ist offenbar ein Fehlerzustand.

2.6 BILD **Der Automat** $A'$

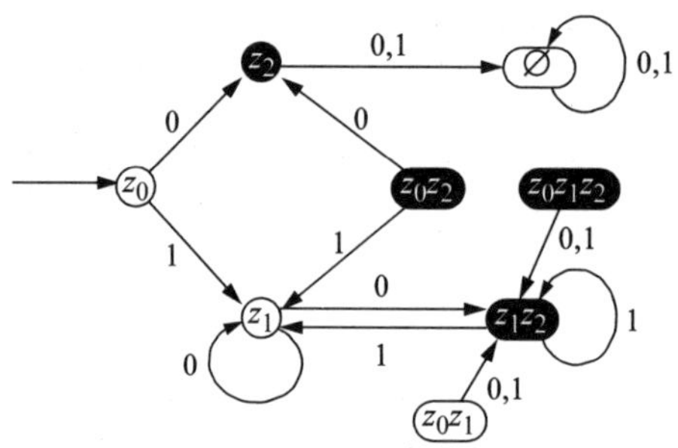


Tabelle 2.4 zeigt die Tabellendarstellung des Automaten $A'$.

2.4 TABELLE **Der DEA** $A'$

| | 0 | 1 |
|---|---|---|
| $\{z_0\}$ | $\{z_2\}$ | $\{z_1\}$ |
| $\{z_1\}$ | $\{z_1\}$ | $\{z_1, z_2\}$ |
| $\{z_2\}/E$ | $\varnothing$ | $\varnothing$ |
| $\{z_0, z_1\}$ | $\{z_1, z_2\}$ | $\{z_1, z_2\}$ |
| $\{z_0, z_2\}/E$ | $\{z_2\}$ | $\{z_1\}$ |
| $\{z_1, z_2\}/E$ | $\{z_1\}$ | $\{z_1, z_2\}$ |
| $\{z_0, z_1, z_2\}/E$ | $\{z_1, z_2\}$ | $\{z_1, z_2\}$ |
| $\varnothing$ | $\varnothing$ | $\varnothing$ |

(First three rows:) Originalzeilen aus dem NEA

Aus dieser Tabelle lässt sich erkennen, nach welchem Konstruktionsprinzip die Einträge der „zusammengesetzten“ Zustände aufgebaut sind.

| | 0 | 1 |
|---|---|---|
| $\{z_0\}$ | $\{z_2\}$ | $\{z_1\}$ |
| $\{z_1\}$ | $\{z_1\}$ | $\{z_1, z_2\}$ |
| $\{z_0, z_1\}$ | $\{z_1, z_2\}$ | $\{z_1, z_2\}$ |

Betrachten wir etwa die Zeile, die dem zusammengesetzten Zustand $\{z_0, z_1\}$ entspricht. Es zeigt sich, dass die Einträge in den Zellen aus den jeweiligen Einträgen in den Zeilen $\{z_0\}$ bzw. $\{z_1\}$ zusammengesetzt sind. So ist etwa

$$\delta'(\{z_0, z_1\}, 0) = \delta'(\{z_0\}, 0) \cup \delta'(\{z_1\}, 0) = \{z_2\} \cup \{z_1\} = \{z_1, z_2\}.$$

Ein Zustand $z$ des Automaten $A'$ ist Endezustand, falls er mindestens einen Endezustand des Automaten $A$ enthält, das heißt, falls $z \cap E \neq \emptyset$ gilt.
Allgemein ergibt sich folgende Vorschrift zur Konstruktion eines DEA aus einem NEA:

**2.13 DEFINITION** **NEA-DEA-Transformation**

Sei $A = (Z, \Sigma, \Delta, z_0, E)$ ein NEA.
Der DEA $A' = (Z', \Sigma, \delta', z_0', E')$ ist folgendermaßen definiert:

- $Z' = 2^Z$
- $\delta' : Z' \times \Sigma \to Z'$ ist definiert durch:
  $\delta'(z', a) = \bigcup_{z \in z'} \delta(z, a)$
- $z_0' = \{z_0\}$
- $E' = \{z \in Z' \mid z \cap E \neq \emptyset\}$

Dann gilt: $A'$ ist äquivalent zu $A$.

Das obige Beispiel zeigt auch, wie durch eine solche algorithmische Transformation überflüssige Zustände, die vom Startzustand aus nicht erreicht werden können, entstehen (siehe auch Abschnitt 2.4 zur Minimierung von Automaten). Im Beispiel sind dies die Zustände $\{z_0, z_1\}$, $\{z_0, z_2\}$, $\{z_0, z_1, z_2\}$. Wenn diese Zustände entfernt werden, erhält man den in Bild 2.4 gezeigten DEA.
Die Transformation eines NEA in einen DEA kann jedoch auch so gestaltet werden, dass überflüssige Zustände gar nicht erst erzeugt werden (siehe Aufgabe 2.16).
In Definition 2.13 wurde gezeigt, dass jeder NEA in einen äquivalenten DEA transformiert werden kann. Umgekehrt kann jeder DEA auch als ein spezieller NEA aufgefasst werden, mit der Eigenschaft, dass es in jeder Zelle der Automatentabelle genau einen Folgezustand gibt. Die Übergangsrelation ist also im Fall eines DEA eine Funktion. Insgesamt bedeutet dies, dass jede Sprache, die von einem NEA akzeptiert wird, auch von einem DEA akzeptiert wird und umgekehrt.

## 2.6 Automaten mit ε-Übergängen

### Definition des NEA/ε

In diesem Abschnitt wird das Konzept des nichtdeterministischen endlichen Automaten durch so genannte ε-Übergänge erweitert, das sind Zustandsübergänge, bei denen kein Eingabezeichen gelesen wird.

Das folgende Beispiel über dem Alphabet $\{0, 1, 2\}$ zeigt, dass diese Erweiterung die Konstruktion von Automaten weiter vereinfachen kann. Es stellt einen Automaten dar, der alle Zeichenfolgen der Form $0^m1^n2^k$, mit $m, n, k \geq 0$ erkennt (siehe Bild 2.7).

2.7 BILD **Ein NEA mit ε-Übergängen**

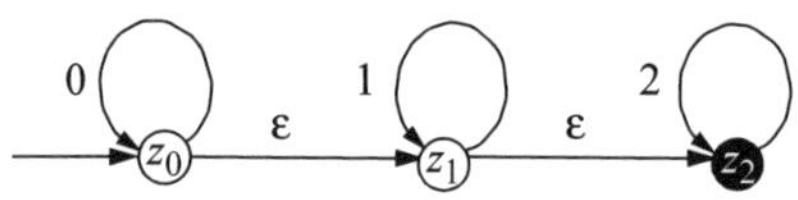


Im Startzustand $z_0$ werden beliebig viele (evtl. auch gar keine) Nullen erkannt, im Zustand $z_1$ entsprechend beliebig viele Einsen und im Zustand $z_2$ beliebig viele Zweien. Durch die ε-Übergänge kann der Automat „spontan" von $z_0$ nach $z_1$ bzw. von $z_1$ nach $z_2$ springen, ohne dabei ein Zeichen des Eingabewortes zu lesen. Damit ist auf einfache Weise gewährleistet, dass die Nullen, Einsen oder Zweien im Eingabewort auch völlig wegfallen können.

| $\delta$ | 0 | 1 | 2 | ε |
|---|---|---|---|---|
| $z_0$ | $\{z_0\}$ | $\emptyset$ | $\emptyset$ | $\{z_1\}$ |
| $z_1$ | $\emptyset$ | $\{z_1\}$ | $\emptyset$ | $\{z_2\}$ |
| $z_2/E$ | $\emptyset$ | $\emptyset$ | $\{z_2\}$ | $\emptyset$ |

Die Tabellendarstellung des NEA mit ε-Übergängen (NEA/ε) zeigt, dass zusätzlich zu den Spalten des NEA, die den Zeichen des Eingabealphabets entsprechen, eine weitere Spalte hinzukommt, die die ε-Übergänge beschreibt. Die Relation $\Delta$ wird also erweitert auf $\Delta \subseteq Z \times (\Sigma \cup \{\varepsilon\}) \times Z$. Wir schreiben auch $z \rightarrow_\varepsilon z'$, falls $(z, \varepsilon, z') \in \Delta$.

Dabei ist unbedingt zu beachten, dass ε ein Wort und kein Zeichen ist.

2.14 DEFINITION **NEA mit ε-Übergängen (NEA/ε)**

Ein nichtdeterministischer endlicher Automat *mit ε-Übergängen* (NEA/ε) besteht aus den fünf Komponenten $Z, \Sigma, \Delta, z_0, E$. Dabei sind $Z, \Sigma, z_0, E$ genauso definiert wie beim DEA (siehe Definition 2.1).

Die Übergangsrelation $\Delta$ ist definiert durch:

$$\Delta \subseteq Z \times (\Sigma \cup \{\varepsilon\}) \times Z.$$

## Verarbeitung eines Eingabewortes

Die Verarbeitung eines Eingabewortes durch einen NEA/ε lässt sich wieder mit Hilfe von Konfigurationen beschreiben.

**2.6 BEISPIEL** **Verarbeitung eines Eingabewortes**

Als Beispiel betrachten wir den obigen NEA/ε und das Eingabewort $w = 002$. Die Verarbeitung verläuft folgendermaßen:

$$(z_0, 002) \to (z_0, 02) \to (z_0, 2) \to (z_1, 2) \to (z_2, 2) \to (z_2, \varepsilon).$$

---

Die Übergänge $(z_0, 2) \to (z_1, 2) \to (z_2, 2)$ sind ε-Übergänge. Die Übergangsrelation wird also erweitert, um diese ε-Übergänge zu berücksichtigen.

**2.15 DEFINITION** **Akzeptierung durch einen NEA/ε**

Sei $A$ ein NEA/ε.

a) Die Übergangsrelation → ist definiert durch

$$(z, aw) \to (z', w), \textit{ falls } z \to_a z'$$

$$(z, w) \to (z', w), \textit{ falls } z \to_\varepsilon z'$$

b) Der Automat $A$ akzeptiert *das Eingabewort* $w$ genau dann, wenn es ein $z_e \in E$ gibt mit

$$(z_0, w) \to^* (z_e, \varepsilon)$$

Man beachte, dass auch von einer Konfiguration $(z, \varepsilon)$ aus noch ε-Übergänge möglich sind, was beim NEA oder DEA nicht der Fall ist.

## Transformation in einen NEA

In Abschnitt 2.5 wurde gezeigt, dass jede Sprache, die von einem NEA akzeptiert wird, auch von einem DEA akzeptiert wird und umgekehrt. Entsprechendes gilt für den NEA mit ε-Übergängen. Im Folgenden wird ein Algorithmus vorgestellt, um einen beliebigen NEA/ε in einen NEA zu transformieren. Damit ist gezeigt, dass alle drei Automatenkonzepte, nämlich DEA, NEA und NEA/ε gleichwertig sind, in dem Sinne, dass sie dieselbe Sprachklasse, nämlich die der *regulären Sprachen*, definieren.

Die Transformation soll am Beispiel des Automaten aus Bild 2.7 mit dem Eingabewort $w = 0^m1^n2^k$ dargestellt werden. Ziel der Transformation ist es, die beiden ε-Übergänge zu eliminieren. Wir betrachten zunächst den Übergang von $z_1$ nach $z_2$. Angenommen, der Automat hat bereits das Anfangswort $0^m1^n$ gelesen und befindet sich im Zustand $z_1$. Ist nun $k$

> 0, so folgt im Eingabewort mindestens eine 2, und der ε-Übergang kann durch einen 2er-Übergang ersetzt werden. Ist dagegen $k = 0$, so ist das Eingabewort schon beendet, also muss der Zustand $z_1$ auch zu einem Endezustand werden.

2.8 BILD **Erster Teil der Transformation in einen NEA**

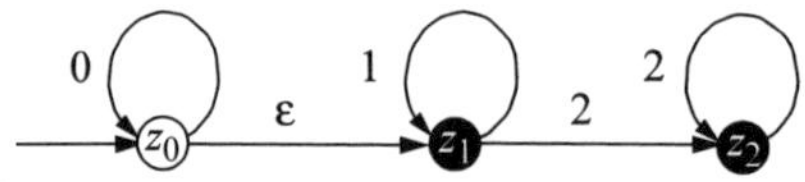


Wir betrachten nun den Übergang von $z_0$ nach $z_1$. Angenommen, der Automat hat bereits das Anfangswort $0^m$ gelesen und befindet sich noch im Zustand $z_0$. Ist nun $n > 0$, so folgt im Eingabewort mindestens eine 1, und der ε-Übergang kann durch einen 1er-Übergang ersetzt werden. Ist dagegen $n = 0$, so treten zwei Fälle auf: Ist auch $k = 0$, so ist das Eingabewort schon beendet, also muss der Zustand $z_0$ auch zu einem Endezustand werden. Ist dagegen $k > 0$, so folgt im Eingabewort mindestens eine 2, also muss noch ein 2er-Übergang von $z_0$ nach $z_2$ eingefügt werden.

2.9 BILD **Zweiter Teil der Transformation in einen NEA**

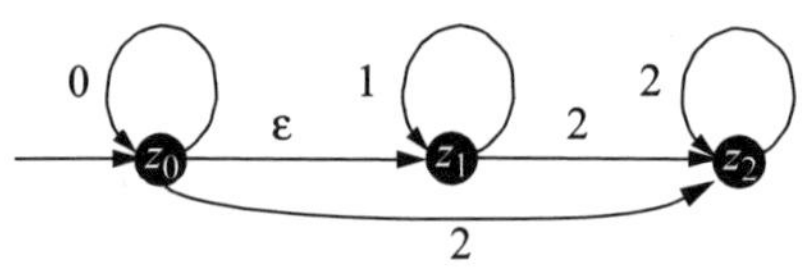


Tabelle 2.5 zeigt, auf welche Weise der NEA entsteht: Wir betrachten zunächst die erste, zum Zustand $z_0$ gehörige Zeile. Von $z_0$ aus sind sowohl $z_1$ als auch $z_2$ mit einer Folge von ε-Übergängen erreichbar. Der Zustand $z_2$ ist ein Endezustand, also wird auch $z_0$ zum Endezustand. Außerdem werden die Zelleneinträge in den Zeilen $z_1$ und $z_2$ mit den Einträgen in der Zeile $z_0$ zusammengefasst.

2.5 TABELLE **NEA ohne ε-Übergänge**

| $\delta$ | 0 | 1 | 2 | $[z]_\varepsilon^*$ |
|---|---|---|---|---|
| $z_0$ | $\{z_0\}$ | $\varnothing$ | $\varnothing$ | $\{z_0, z_1, z_2\}$ |
| $z_1$ | $\varnothing$ | $\{z_1\}$ | $\varnothing$ | $\{z_1, z_2\}$ |
| $z_2/E$ | $\varnothing$ | $\varnothing$ | $\{z_2\}$ | $\{z_2\}$ |

Ist $z \in Z$, so sei $[z]_\varepsilon^*$ die Menge aller Zustände, die von $z$ aus nur mit ε-Übergängen zu erreichen sind:

$$[z]_\varepsilon^* = \{z' \in Z \mid z \rightarrow_\varepsilon^* z'\}$$

Die Elimination der ε-Übergänge erfolgt allgemein in zwei Schritten:

1. Zunächst werden alle ε-Zyklen eliminiert. Ein ε-Zyklus ist eine Menge $z_1, \ldots, z_k$ von Zuständen mit

   $$z_1 \rightarrow_\varepsilon z_2, \ldots, z_{k-1} \rightarrow_\varepsilon z_k, z_k \rightarrow_\varepsilon z_1$$

   Der ε-Zyklus wird entfernt, indem die entsprechenden ε-Übergänge gelöscht und sämtliche Vorkommen der Zustände $z_1, \ldots, z_k$ in der Automatentabelle durch einen neuen Zustand $z$ ersetzt werden. Ist $z_i \in E$ für ein $i$, so wird auch $z$ ein Endezustand.

2. Für jedes $z \in Z$ und jedes $a \in \Sigma$:

   Für jedes $z' \in [z]_\varepsilon^*$:

   Füge $\delta(z', a)$ zu $\delta(z, a)$ hinzu. Ist $z' \in E$, so wird auch $z$ Endezustand

3. Lösche alle ε-Übergänge.

In den letzten Abschnitten wurden drei verschiedene Automatenkonzepte vorgestellt, deterministische, nichtdeterministische und nichtdeterministische Automaten mit ε-Übergängen. Es hat sich gezeigt, dass sich jeder Automat eines bestimmten Typs in einen äquivalenten Automaten eines anderen Typs umwandeln lässt. Die drei Automatentypen definieren daher dieselbe Sprachklasse, nämlich die der regulären Sprachen.

2.16 DEFINITION **Reguläre Sprache**

Eine Sprache heißt *regulär*, wenn sie von einem endlichen Automaten (DEA, NEA oder NEA/ε) akzeptiert wird.

## 2.7 Anwendung endlicher Automaten

### Lexikalische Analyse

Beim Compilieren eines Programmes zerlegt der Compiler die Anweisungen in kleine zusammenhängende Objekte wie Variablennamen, Zahlen oder Schlüsselwörter, die allgemein als *Token* bezeichnet werden. Diese lassen sich fast immer durch reguläre Sprachen darstellen. In den meisten Programmiersprachen folgt die Darstellung ganzer Zahlen ohne führende Nullen (Objekte vom Typ Integer) der folgenden Vorschrift:

- entweder 0 oder
- ein Vorzeichen (– oder $\varepsilon$), gefolgt von einer Ziffer ungleich 0, gefolgt von beliebig vielen Ziffern.

Der in Abschnitt 2.3, Beispiel 2.2 gezeigte Automat $A_{\mathrm{LA}}$ prüft, ob das Eingabewort der obigen Vorschrift genügt.

### Das Teilwort-Erkennungsproblem (*Pattern-Matching*)

Alle Textverarbeitungsprogramme und Texteditoren sowie zahlreiche andere Anwendungsprogramme stellen Funktionen zum Suchen und Ändern von Wörtern zur Verfügung. Zum Suchen eines Wortes in einem längeren Text kann die Technik endlicher Automaten verwendet werden. Gegenüber einem naiven Suchverfahren bietet dies einen signifikanten Effizienzgewinn.

Als Beispiel betrachten wir die Aufgabe, in einem Text $w$ der Länge $n$ ein gegebenes Muster $m$ der Länge $k$ zu finden. Sei etwa $w = 0^{n-1}1$ und $m = 0^{k-1}1$. Ein naives Verfahren zur Lösung einer solchen Aufgabe vergleicht nacheinander die Zeichen des Musters mit den Zeichen des Textes, bis die erste Abweichung gefunden wird. Anschließend wird das Muster um eine Stelle nach rechts geschoben und es wird wieder von vorne verglichen. Bei jedem Schritt wird erst beim $k$-ten Vergleich die Abweichung gefunden; insgesamt werden $n - k$ solcher Schritte durchgeführt, was eine Anzahl von $k(n - k) = nk - k^2$ Vergleichen ergibt. Im Allgemeinen wird die Länge des Suchwortes sehr viel kürzer als die Länge des Textes sein. In diesem Fall kann man die Anzahl der Vergleiche durch $nk$ annähern.

In Bild 2.5 ist ein NEA dargestellt, der Aufgaben dieses Typs löst. Ein solcher NEA lässt sich mit einem Standardverfahren, dessen Aufwand proportional zur Länge des Suchwortes ist, in einen äquivalenten DEA umsetzen. Die Suche nach dem Vorkommen des Musters mit Hilfe des DEA benötigt nur $n$ Schritte, ist also deutlich effizienter als die naive Suche.

### AUFGABEN

**Hinweis** Bei allen Aufgaben, bei denen ein Automat zu konstruieren ist, soll dieser mit der Software „Machines" (siehe beiliegende CD) implementiert werden.

**2.1** Geben Sie eine rekursive Definition für $|w|_a$ an.

**2.2** Geben Sie eine rekursive Definition für die Spiegelung $w^T$ an.

**2.3** Der ostfriesische Geheimdienst hat den folgenden geheimen Funkspruch aufgefangen – allerdings nur bruchstückhaft:

1 ? ? ? 0 ? ? 1 ? ? ? 1

Dort, wo ein Fragezeichen steht, ist das Zeichen nicht korrekt empfangen worden. Es handelt sich um ein Stück des originalen Funkspruchs. Es ist jedoch nicht bekannt, ob vorher oder nachher noch weitere Zeichen kommen. Weiterhin ist bekannt:

- Der gesamte Funkspruch ist von der Form $00w^n$, mit $w \in \{0,1\}^*$ und $n \geq 1$. Das Wort $w$ und die Zahl $n$ sind jedoch nicht bekannt!
- In dem gesamten Funkspruch taucht kein Dreierblock auf (also kein Wort der Form 000 oder 111)
- Es gilt $|w|_0 \geq |w|_1$

Bestimmen Sie **das kürzeste mögliche Wort** $w$. Hinweis: Es gibt vier (gleich lange) Lösungen.

**2.4** Konstruieren Sie einen endlichen Automaten, der einen Getränkeautomaten realisiert. Eine Getränkeflasche kostet 1,50 Euro. Es können folgende Münzen eingeworfen werden: 50 Cent und 1 Euro. Der Automat hat einen Geldrückgabeknopf und einen Ausgabeknopf für das Getränk.
Geben Sie genau an, welche vereinfachenden Annahmen Sie treffen, damit das Modell handhabbar wird.

**2.5** Sei $\Sigma = \{0, 1\}$. Konstruieren Sie jeweils endliche Automaten, die die folgenden Sprachen akzeptieren:

a) $L = \{0, 11, 0010\}$

b) $L = \{w \in \Sigma^* \mid w \text{ enthält } 10\}$

c) $L = \{w \in \Sigma^* \mid w \text{ enthält weder } 00 \text{ noch } 11\}$

d) $L = \{w \in \Sigma^* \mid |w| = 2\}$

e) $L = \{w \in \Sigma^* \mid |w| \text{ ist ungerade}\}$

f) $L = \{w \in \Sigma^* \mid |w|_1 \text{ ist gerade}\}$

g) $L = \{awa \mid a \in \Sigma, w \in \Sigma^*\}$

**2.6** Konstruieren Sie einen endlichen Automaten über $\Sigma = \{0, 1\}$, der die Binärwörter akzeptiert, die mit einer 1 beginnen und als Binärzahlen interpretiert durch 3 teilbar sind, also 11, 110, 1001, 1100, 1111, ...

**2.7** Konstruieren Sie einen endlichen Automaten, der bei Eingabe zweier Binärzahlen $a = (a_n, a_{n-1}, \ldots, a_1)$ und $b = (b_n, b_{n-1}, \ldots, b_1)$ erkennt, ob $a$ größer als $b$ ist. Da ein endlicher Automat nur ein Eingabewort verarbeiten kann, müssen die beiden Zahlen $a$ und $b$ auf geeignete Weise in ein einziges Wort $c$ codiert werden. Dies geschieht durch

$$c = (a_n, b_n, a_{n-1}, b_{n-1}, \ldots, a_1, b_1).$$

**2.8** Sei $A$ ein Automat, der genau 9 verschiedene Binärworte erkennt. Wie viele Zustände muss $A$ mindestens haben? Begründen Sie ihre Antwort.

**2.9** Sei $A = \{Z, \Sigma, \delta, z_0, E\}$ ein DEA. Ferner sei $A' = \{Z', \Sigma', \delta', z_0', E'\}$ der Automat, der aus $A$ durch Entfernen aller Zustände, die nicht in $[z_0]^*$ sind, entsteht.
Geben Sie die Komponenten $Z', \Sigma', \delta', z_0', E'$ an und beweisen Sie, dass für $z \in Z'$ und $a \in \Sigma$ stets $\delta'(z,a) \in Z'$ gilt.

**2.10** Entwickeln Sie einen Algorithmus, um für einen gegebenen Automaten $A$ und einen Zustand $z$ die Menge $[z]^*$ der von $z$ erreichbaren Zustände zu bestimmen.

**2.11**

a) Beweisen Sie, dass ein Zustand $z$ des DEA $A$ genau dann ein Fehlerzustand ist, wenn $\mathcal{L}(A, z) = \varnothing$ gilt.

b) Beweisen Sie, dass zwei Fehlerzustände eines DEA stets äquivalent sind.

c) Zeigen Sie an einem Beispiel, dass zwei Endezustände eines DEA nicht äquivalent sein müssen.

**2.12** Gegeben sei ein deterministischer endlicher Automat $A = (Z, \Sigma, \delta, z_0, E)$ mit $|Z| = |E|$. Wie viele Zustände enthält der minimale Automat $\overline{A}$? Begründen Sie Ihre Antwort.

**2.13** Transformieren Sie den folgenden NEA/ε in einen NEA. $z_0$ ist Startzustand, $z_2$ ist Endezustand. Sie können Ihre schrifliche Lösung kontrollieren, indem Sie den Automaten mit der Software „Machines" implementieren und die NEA/ε - NEA-Transformation durchführen.

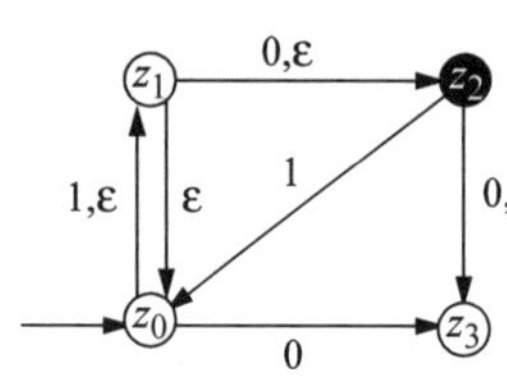

**2.14** Führen Sie mit dem unten stehenden Automaten nacheinander die Transformationen NEA/ε → NEA → DEA → min. DEA durch. $z_0$ ist Startzustand, $z_4$ ist Endezustand. Sie können Ihre schrifliche Lösung kontrollieren, indem Sie den Automaten mit der Software „Machines" implementieren und die Transformationen durchführen.

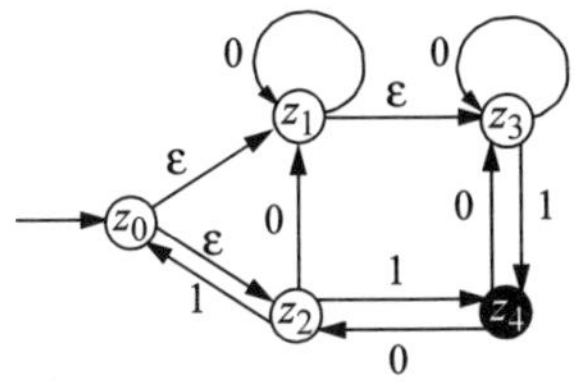


**2.15** Gegeben sind die folgenden Dominosteine:

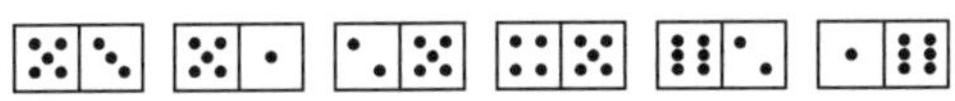


Von jedem Stein gibt es einen unendlichen Vorrat. Das Dominospiel wird nach den bekannten Regeln gespielt. Die Steine dürfen dabei nicht gedreht werden. Beispielsweise können die folgenden Ketten gebildet werden.

Konstruieren Sie einen endlichen Automaten (Tabelle oder graphische Darstellung) über dem Alphabet $\Sigma = \{a,b,c,d,e,f\}$, der diejenigen Wörter erkennt, die »gültigen« Dominoketten entsprechen.

### Programmieraufgaben (Projekt „Machines")

**2.16** Schreiben Sie ein Java-Programm zur Minimierung von DEA's.

**2.17** Schreiben Sie ein Java-Programm zur Transformation von NEA nach DEA so, dass von vornherein gar keine Zustände, die vom Startzustand aus nicht erreichbar sind, erzeugt werden können.

**2.18** Schreiben Sie ein Java-Programm zur Transformation von NEA/ε nach NEA.

**2.19** Schreiben Sie ein Java-Programm, das einen beliebigen endlichen Automaten (DEA, NEA, NEA/ε) in einen NEA/ε transformiert, der höchstens einen Endezustand hat.

### Programmieraufgaben (Projekt „Prolog")

**2.20** Schreiben Sie eine Erweiterung der Prolog-Prozedur akzept für nichtdeterministische endliche Automaten, die auch ε-Übergänge berücksichtigt.

# 3 Reguläre Sprachen

## 3.1 Reguläre Ausdrücke

Ein endlicher Automat $A$ stellt eine Möglichkeit dar, ein Eingabewort daraufhin zu prüfen, ob es der durch den Automaten definierten regulären Sprache $\mathcal{L}(A)$ angehört. Die in diesem Abschnitt vorgestellten regulären Ausdrücke dienen dazu, die Wörter einer bestimmten regulären Sprache abstrakt durch eine Art Muster zu beschreiben.
Ein regulärer Ausdruck über einem Alphabet $\Sigma$ ist aufgebaut aus den Zeichen von $\Sigma$, dem Symbol $\varepsilon$, dem Plus-Operator + dem Mal-Operator · sowie dem Stern-Operator $^*$. In den folgenden Beispielen wird stets das Alphabet $\Sigma = \{0,1\}$ verwendet.
Der Mal-Operator kennzeichnet die *Konkatenation*, so steht etwa $0 \cdot 1 \cdot 0$ für das Wort $010$. Dieser Operator wird wie der Malpunkt meistens weggelassen, man kann also einfach $010$ statt $0 \cdot 1 \cdot 0$ schreiben.
Der Plus-Operator bezeichnet eine *Auswahl* zwischen zwei Möglichkeiten. So steht etwa der reguläre Ausdruck $0(0 + 1)0$ für ein Wort aus drei Zeichen, dessen erstes und letztes Zeichen 0 ist. Das mittlere Zeichen kann 0 oder 1 sein.
Der Stern-Operator schließlich bezeichnet eine beliebige (evtl. leere) *Wiederholung*. So steht etwa der Ausdruck $0(1)^*$ für ein beliebiges Wort, das mit 0 anfängt und dann aus einer (evtl. leeren) Folge von Einsen besteht.
Für die Operatoren +, · und $^*$ gelten (entsprechend der Addition, Multiplikation und Potenzbildung) die folgenden Prioritäten: $^*$ bindet stärker als · und dieser wiederum bindet stärker als +. Überflüssige Klammern können weglassen werden, beispielsweise kann man einfach $01^* + 10^*$ anstatt $(0(1)^*) + (1(0)^*)$ schreiben.
Ist $r$ ein regulärer Ausdruck über $\Sigma$, so bezeichnet $\mathcal{L}(r)$ die von $r$ dargestellte Sprache, also die Menge aller Wörter, die $r$ repräsentiert. So gilt etwa

$$\begin{aligned} \mathcal{L}(0(0+1)0) &= \{000, 010\} \\ \mathcal{L}(01^*) &= \{0, 01, 011, 0111, 01111, \ldots\}. \end{aligned}$$

Der Ausdruck $0(0+1)^*$ bezeichnet ein beliebiges Wort, das mit 0 beginnt, und anschließend eine beliebige Folge von Nullen und Einsen enthält. $\mathcal{L}(0(0+1)^*)$ ist also die Menge aller Wörter, deren erstes Zeichen 0 ist:

$$\begin{aligned} \mathcal{L}(0(0+1)^*) &= \{0, 00, 01, 000, 001, 010, 011, \ldots\} \\ &= \{0w \mid w \in \Sigma^*\}. \end{aligned}$$

Entsprechend ist $\mathcal{L}((0+1)^*0)$ die Menge aller Wörter, die mit 0 enden:

$$\begin{aligned} \mathcal{L}((0+1)^*0) &= \{0, 00, 10, 000, 010, 100, 110, \ldots\} \\ &= \{w0 \mid w \in \Sigma^*\}. \end{aligned}$$

## Grundlegende Definitionen

Zunächst soll in diesem Abschnitt die Syntax, also der formale Aufbau regulärer Ausdrücke definiert werden.

**3.1 DEFINITION** **Syntax regulärer Ausdrücke**

Die Menge der regulären Ausdrücke über einem Alphabet $\Sigma$ ist folgendermaßen rekursiv definiert:

- $\varnothing$ und $\varepsilon$ sind reguläre Ausdrücke.
- Jedes Zeichen $a \in \Sigma$ ist ein regulärer Ausdruck.
- Sind $r$ und $s$ reguläre Ausdrücke, so sind auch $rs$ und $r+s$ reguläre Ausdrücke
- Ist $r$ ein regulärer Ausdruck, so ist auch $r^*$ ein regulärer Ausdruck.

Die Semantik regulärer Ausdrücke wird in der folgenden Definition festgelegt.

**3.2 DEFINITION** **Semantik regulärer Ausdrücke**

a) Die von einem regulären Ausdruck $r$ *dargestellte Sprache* $\mathcal{L}(r)$ ist folgendermaßen definiert:

$\mathcal{L}(\varnothing) = \varnothing$

$\mathcal{L}(\varepsilon) = \{\varepsilon\}$.

$\mathcal{L}(a) = \{a\}$ für $a \in \Sigma$

$\mathcal{L}(rs) = \mathcal{L}(r)\mathcal{L}(s)$

$\mathcal{L}(r+s) = \mathcal{L}(r) \cup \mathcal{L}(s)$

$\mathcal{L}(r^*) = \mathcal{L}(r)^*$

b) Zwei reguläre Ausdrücke $r$ und $s$ heißen äquivalent, in Zeichen $r \equiv s$, falls $\mathcal{L}(r) = \mathcal{L}(s)$.

**3.1 BEISPIEL** **Semantik regulärer Ausdrücke**

a) $\mathcal{L}(010) = \mathcal{L}(0)\mathcal{L}(1)\mathcal{L}(0) = \{0\}\{1\}\{0\} = \{010\}$

b) $\mathcal{L}((0+1)^*) = (\mathcal{L}(0+1))^* = (\mathcal{L}(0) \cup \mathcal{L}(1))^* = (\{0\} \cup \{1\})^* = \{0, 1\}^*$

c) $\mathcal{L}(0(0+1)^*) = \mathcal{L}(0)\mathcal{L}((0+1)^*) = \{0\}\{0, 1\}^* = \{0w \mid w \in \Sigma^*\}$

Reguläre Ausdrücke können oft sehr vereinfacht werden. Als Beispiel soll gezeigt werden, dass der Ausdruck $(1+\varepsilon)^*$ äquivalent ist zu dem Ausdruck $1^*$, das heißt, dass $\mathcal{L}((1+\varepsilon)^*) =$

$\mathcal{L}(1^*)$ gilt. Um die Gleichheit zweier Mengen $A$ und $B$ zu zeigen, geht man im Allgemeinen so vor, dass man die beiden Inklusionen $A \subseteq B$ und $B \subseteq A$ beweist.
Die Inklusion $\mathcal{L}(1^*) \subseteq \mathcal{L}((1+\varepsilon)^*)$ ist einfach zu beweisen, denn ist $w \in \mathcal{L}(1^*)$, so ist offenbar auch $w \in \mathcal{L}((1+\varepsilon)^*)$.
Ist umgekehrt $w \in \mathcal{L}((1+\varepsilon)^*)$, so ist $w$ von der Form $w = a_1a_2\ldots a_n$, mit $a_i \in \{1, \varepsilon\}$ für $i = 1,\ldots,n$. Sei $k$ die Anzahl der $a_i$ mit $a_i = 1$. Dann gilt offenbar $w = 1^k$, also ist $w \in \mathcal{L}(1^*)$. Damit ist auch die Inklusion $\mathcal{L}((1+\varepsilon)^*) \subseteq \mathcal{L}(1^*)$ gezeigt, also gilt $\mathcal{L}((1+\varepsilon)^*) = \mathcal{L}(1^*)$.
Es gelten einige einfache „Rechenregeln" für reguläre Ausdrücke, mit denen solche Ausdrücke oft vereinfacht werden können.

> Seien $r$, $s$ und $t$ reguläre Ausdrücke über einem Alphabet $\Sigma$. Es gelten folgende Äquivalenzen:
>
> $$r(s+t) \equiv rs + rt$$
> $$r + s \equiv s + r$$
> $$r + r \equiv r$$
> $$r + \emptyset \equiv \emptyset + r \equiv r$$
> $$r \cdot \varepsilon \equiv \varepsilon \cdot r \equiv r$$

## Äquivalenz von regulären Ausdrücken und Automaten

Im Folgenden soll die Verbindung zwischen den in Kapitel 2 behandelten endlichen Automaten und den regulären Ausdrücken hergestellt werden. Es wird sich zeigen, dass sich mit Hilfe regulärer Ausdrücke genau dieselben Sprachen darstellen lassen wie mit endlichen Automaten, nämlich die regulären Sprachen.
Im folgenden Satz wird zunächst gezeigt, dass es zu jeder Sprache, die von einem regulären Ausdruck dargestellt wird, einen endlichen Automaten gibt, der diese Sprache akzeptiert. Das bedeutet, dass jede Sprache, die von einem regulären Ausdruck dargestellt wird, regulär ist.

**3.1 SATZ**

> Sei $\Sigma$ ein Alphabet. Ist $r$ ein regulärer Ausdruck über $\Sigma$, so gibt es einen endlichen Automaten $A$ über $\Sigma$ mit $\mathcal{L}(A) = \mathcal{L}(r)$.

**Beweis** Wir geben einen Algorithmus an, mit dem zu jedem regulären Ausdruck $r$ ein äquivalenter NEA/ε $A(r)$ konstruiert werden kann. Dieses Verfahren geht rekursiv analog zur Definition regulärer Ausdrücke vor. Zunächst werden die Automaten konstruiert, die den elementaren regulären Ausdrücken $\emptyset$ und $\varepsilon$ sowie den Zeichen $a$ des Alphabets $\Sigma$ entsprechen; anschließend wird gezeigt, wie die (rekursiv konstruierten) Automaten $A(r)$ und $A(s)$ zu den Automaten für $r+s$, $rs$ bzw $r^*$ zusammengesetzt werden können.

a) Für $r = \emptyset$, $r = \varepsilon$ sowie $r = a$ mit $a \in \Sigma$ sind die ensprechenden Automaten in der folgenden Tabelle dargestellt.

| $r$ | $A(r)$ |
|---|---|
| $\emptyset$ |  |
| $\varepsilon$ |  |
| $a\ (a \in \Sigma)$ | 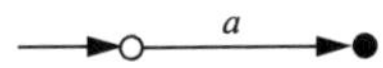 |

b) Sei $r$ von der Form $r_1 + r_2$. Da $r_1$ und $r_2$ selbst wieder reguläre Ausdrücke sind, gibt es (rekursiv konstruierte) Automaten $A(r_1)$ und $A(r_2)$. Diese brauchen nur noch zu einem Automaten $A$ zusammengefügt werden, der die Sprache $\mathcal{L}(r) = \mathcal{L}(r_1 + r_2)$ akzeptiert. Zu diesem Zweck wird ein neuer Startzustand $z_0$ hinzugefügt und jeweils über einen $\varepsilon$-Übergang mit dem Startzustand von $A(r_1)$ bzw. von $A(r_2)$ verbunden. Dies bewirkt, dass der Automat $A$ vom Startzustand aus wahlweise $r_1$ oder $r_2$ abarbeiten kann.
Sei $A(r_i) = (Z^i, \Sigma, \delta^i, z_0^i, E^i)$ für $i = 1, 2$. Der Automat $A = (Z, \Sigma, \delta, z_0, E)$ ist definiert durch $Z = \{z_0\} \cup Z^1 \cup Z^2$, $E = E^1 \cup E^2$, und

$$\delta = \delta^1 \cup \delta^2 \cup \{z_0 \rightarrow_\varepsilon \{z_0^1, z_0^2\}\}$$

3.1 BILD **Die Konstruktion des Automaten** $A(r_1 + r_2)$

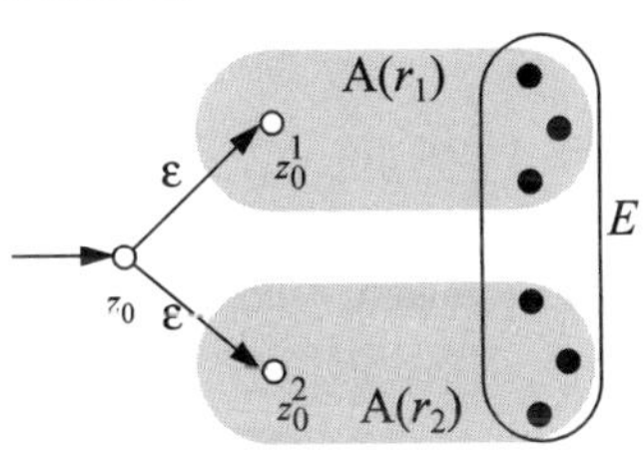


c) Sei $r$ von der Form $r_1r_2$. Die beiden Automaten $A(r_1)$ und $A(r_2)$ werden zu dem Automaten $A(r_1r_2)$ zusammengefügt, der die Sprache $\mathcal{L}(r_1r_2)$ akzeptiert. Zu diesem Zweck verbindet man die Endezustände des Automaten $A(r_1)$ jeweils über einen $\varepsilon$-Übergang mit dem Startzustand des Automaten $A(r_2)$. Dies bewirkt, dass nach Abarbeitung eines Wortes aus $\mathcal{L}(r_1)$ ein Wort aus $\mathcal{L}(r_2)$ weiterverarbeitet wird.
Sei wieder $A(r_i) = (Z^i, \Sigma, \delta^i, z_0^i, E^i)$ für $i = 1, 2$. Wir definieren den Automaten $A = (Z, \Sigma, \delta, z_0, E)$ mit $Z = Z^1 \cup Z^2$, $z_0 = z_0^1$, $E = E^2$, und

$$\delta = \delta^1 \cup \delta^2 \cup \{z \rightarrow_\varepsilon z_0^2 \mid z \in E^1\}$$

3.2 BILD **Die Konstruktion des Automaten $A(r_1 r_2)$**

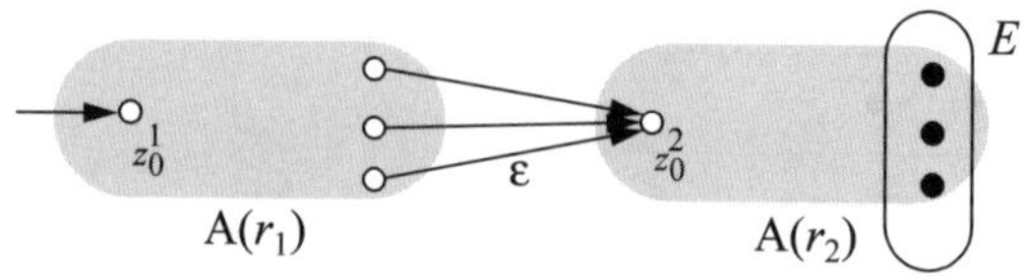


d) Sei $r$ von der Form $r_1^*$. Der Automat $A(r_1)$ wird folgendermaßen zu dem Automaten $A(r_1^*)$ erweitert: Alle Endezustände des Automaten $A(r_1)$ werden jeweils über einen ε-Übergang mit dem Startzustand des Automaten $A(r_1)$ verbunden. Dies stellt eine Schleife her, die der beliebigen Wiederholung entspricht.
Sei also $A(r_1) = (Z^1, \Sigma, \delta^1, z_0^1, E^1)$. Der Automat $A = (Z, \Sigma, \delta, z_0, E)$ ist definiert durch $Z = Z^1$, $z_0 = z_0^1$, $E = \{z_0^1\}$, und

$$\delta = \delta^1 \cup \{z \rightarrow_\varepsilon z_0^1 \mid z \in E^1\}$$

3.3 BILD **Die Konstruktion des Automaten $A(r_1^*)$**

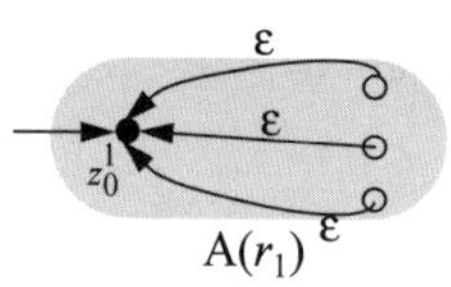


Es lässt sich beweisen, dass der auf diese Weise konstruierte Automat $A = A(r)$ äquivalent zu $r$ ist, das heißt, es gilt $\mathcal{L}(A) = \mathcal{L}(r)$.

3.2 BEISPIEL **Transformation eines regulären Ausdrucks in NEA/ε**

Als Beispiel für die Transformation eines regulären Ausdrucks in einen NEA/ε konstruieren wir den Automaten $A(10^*+01^*)$. Dazu müssen die Automaten $A(10^*)$ und $A(01^*)$ entwickelt werden. Diese wiederum setzen sich aus den Automaten $A(1)$ und $A(0^*)$ sowie $A(0)$ und $A(1^*)$ zusammen. Die jeweiligen Automaten sind in der folgenden Abbildung gezeigt.

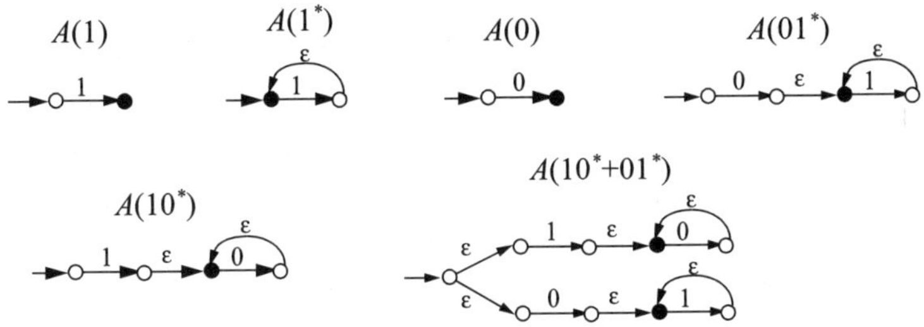


Nun soll gezeigt werden, dass es zu jeder regulären Sprache einen regulären Ausdruck gibt, der diese Sprache darstellt.

**3.2 SATZ**

Sei $\Sigma$ ein Alphabet. Ist $A$ ein endlicher Automat über $\Sigma$, so gibt es einen regulären Ausdruck $r$ über $\Sigma$ mit $\mathcal{L}(A) = \mathcal{L}(r)$.

**Beweis** Wir geben im Folgenden ein rekursives Verfahren an, um aus einem endlichen Automaten einen äquivalenten regulären Ausdruck zu konstruieren.
Es sei $Z = \{z_0, z_1, \ldots, z_n\}$. Für $0 \leq i, j, k \leq n$ bezeichne $R(i, j, k)$ die Menge aller Wörter $w \in \Sigma^*$, für die $(z_i, w) \to^* (z_j, \varepsilon)$ gilt, wobei zwischen $z_i$ und $z_j$ keine Zustände mit einem Index größer als $k$ durchlaufen werden; $i$ und $j$ dürfen jedoch größer als $k$ sein. Da es keinen Zustand mit einem Index größer als $n$ gibt, bezeichnet $R(i, j, n)$ die Menge aller Wörter $w \in \Sigma^*$, für die $(z_i, w) \to^* (z_j, \varepsilon)$ gilt. Ist $z_j$ ein Endezustand, so bezeichnet also $R(0, j, n)$ die Menge aller Wörter $w \in \Sigma^*$, die im Endezustand $z_j$ akzeptiert werden. Ist $E = \{z_{e_1}, z_{e_2}, \ldots, z_{e_q}\}$, so gilt

$$\mathcal{L}(A) = R(0, e_1, n) \cup \ldots \cup R(0, e_q, n).$$

Die Mengen $R(i, j, k)$ sollen nun rekursiv definiert werden.
Ein Wort $w \in R(i, j, 0)$ führt $A$ vom Zustand $z_i$ in den Zustand $z_j$ über, ohne dass dazwischen ein Zustand mit einem Index größer 0 durchlaufen wird, das heißt, dass zwischen $z_i$ und $z_j$ überhaupt kein Zustand durchlaufen wird. Es gilt also:

$$R(i, j, 0) = \{a \in \Sigma \mid \delta(z_i, a) = z_j\}, \text{ falls } i \neq j$$

$$R(i, i, 0) = \{a \in \Sigma \mid \delta(z_i, a) = z_i\} \cup \{\varepsilon\}$$

Die Mengen $R(i, j, 0)$ sind also entweder von der Form $\{a_1, a_2, \ldots, a_n\}$ oder $\{a_1, a_2, \ldots, a_n, \varepsilon\}$, mit $a_1, a_2, \ldots, a_n \in \Sigma$; sie lassen sich mit dem regulären Ausdruck $a_1 + a_2 + \ldots + a_n$ bzw. $a_1 + a_2 + \ldots + a_n + \varepsilon$ darstellen.

Ein Wort $w \in R(i, j, k)$ führt $A$ vom Zustand $z_i$ in den Zustand $z_j$ über, ohne dass dazwischen ein Zustand mit einem Index größer $k$ durchlaufen wird. Dafür gibt es zwei Möglichkeiten:

1) Der Zustand $z_k$ wird nicht durchlaufen, das heißt, es gilt $w \in R(i, j, k-1)$.

2) Der Zustand $z_k$ wird durchlaufen. Dann kann $w$ in drei Abschnitte unterteilt werden: Einen ersten Abschnitt $w_1$, der $A$ von $z_i$ nach $z_k$ bringt, ohne zwischendurch einen Zustand mit einem Index größer als $k$ zu durchlaufen; einen zweiten Abschnitt $w_2$, der $A$ in einer Schleife von $z_k$ nach $z_k$ bringt, ohne zwischendurch einen Zustand mit einem Index größer als $k$ zu durchlaufen; einen dritten Abschnitt $w_3$, der $A$ von $z_k$ nach $z_j$ bringt, ohne zwischendurch einen Zustand mit einem Index größer als $k$ zu durchlaufen. Es gilt also:

$$w_1 \in R(i, k, k-1),\ w_2 \in R(k, k, k-1)^*,\ w_3 \in R(k, j, k-1).$$

Insgesamt erhält man:

$$R(i, j, k) = R(i, k, k-1)\, R(k, k, k-1)^*\, R(k, j, k-1) \cup R(i, j, k-1).$$

Für die Mengen der Form $R(l, m, k-1)$ können rekursiv reguläre Ausdrücke $r(l, m, k-1)$ konstruiert werden. Der reguläre Ausdruck für $R(i, j, k)$ lautet dann:

$$r(i, j, k) = r(i, k, k-1)\, r(k, k, k-1)^*\, r(k, j, k-1) + r(i, j, k-1).$$

Man definiert nun

$$r = r(0, e_1, n) + \ldots + r(0, e_q, n).$$

Wegen $\mathcal{L}(A) = R(0, e_1, n) \cup \ldots \cup R(0, e_q, n)$ gilt dann $\mathcal{L}(A) = \mathcal{L}(r)$.

3.3 BEISPIEL **Transformation eines NEA in einen regulären Ausdruck**

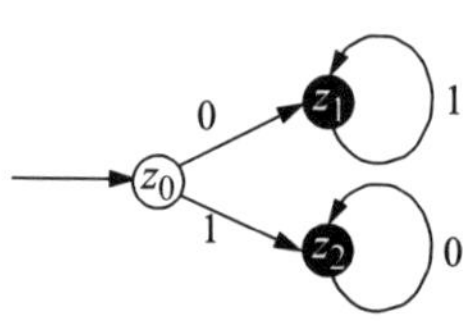


$A$ sei der in der Abbildung gezeigt NEA. Die Werte $r(i, j, k)$ sind in der folgenden Tabelle angegeben. Beispielsweise ist es unmöglich, von $z_1$ oder von $z_2$

nach $z_0$ zu kommen, oder von $z_1$ nach $z_2$ und umgekehrt. Daher steht in den entsprechenden Zeilen jeweils der reguläre Ausdruck $r = \varnothing$.

| $r(i,j)$ | k = 0 | k = 1 | k = 2 |
|---|---|---|---|
| $r(0,0)$ | $\varepsilon$ | $\varepsilon$ | $\varepsilon$ |
| $r(0,1)$ | $0$ | $0(1+\varepsilon)^*(1+\varepsilon)+0$ | $0(1+\varepsilon)^*(1+\varepsilon)+0$ |
| $r(0,2)$ | $1$ | $1(0+\varepsilon)^*(0+\varepsilon)+1$ | $1(0+\varepsilon)^*(0+\varepsilon)+1$ |
| $r(1,0)$ | $\varnothing$ | $\varnothing$ | $\varnothing$ |
| $r(1,1)$ | $1+\varepsilon$ | $(1+\varepsilon)(1+\varepsilon)^*(1+\varepsilon)+1+\varepsilon$ | $(1+\varepsilon)(1+\varepsilon)^*(1+\varepsilon)+1+\varepsilon$ |
| $r(1,2)$ | $\varnothing$ | $\varnothing$ | $\varnothing$ |
| $r(2,0)$ | $\varnothing$ | $\varnothing$ | $\varnothing$ |
| $r(2,1)$ | $\varnothing$ | $\varnothing$ | $\varnothing$ |
| $r(2,2)$ | $0+\varepsilon$ | $(0+\varepsilon)(0+\varepsilon)^*(0+\varepsilon)+0+\varepsilon$ | $(0+\varepsilon)(0+\varepsilon)^*(0+\varepsilon)+0+\varepsilon$ |

Der Ausdruck $r(0, 1, 1)$ setzt sich beispielsweise folgendermaßen zusammen:

$$\begin{aligned} r(0, 1, 1) &= r(0, 1, 0)r(1, 1, 0)^*r(1, 1, 0) + r(0, 1, 0) = \\ &= 0(1+\varepsilon)^*(1+\varepsilon)+0. \end{aligned}$$

Es ist außerdem zu beachten, dass die regulären Ausdrücke weiter vereinfacht werden können. So ist etwa $(1+\varepsilon)^* \equiv 1^*$ und daher

$$0(1+\varepsilon)^*(1+\varepsilon)+0 \equiv 01^*(1+\varepsilon)+0 \equiv 01^*1+01^*\varepsilon+0 \equiv 01^*$$

Der reguläre Ausdruck für $A$ ist dann

$$\begin{aligned} r &= \mathrm{r}(0, 1, 2) + \mathrm{r}(0, 2, 2) \\ &= 0(1+\varepsilon)^*(1+\varepsilon) + 0 + 1(0+\varepsilon)^*(0+\varepsilon) + 1 \\ &\equiv 01^* + 10^* \end{aligned}$$

---

Die beiden letzten Sätze ergeben zusammen den folgenden Satz:

**3.3 SATZ**

> Die Klasse der regulären Sprachen ist genau die Klasse der Sprachen, die von regulären Ausdrücken dargestellt werden können.

## Anwendungen regulärer Ausdrücke

Reguläre Ausdrücke spielen in der Programmiersprache Perl eine wichtige Rolle. Das Unix-Kommando grep (*global regular expression print*) verwendet ebenfalls reguläre Ausdrücke zum Suchen von Textmustern.
Eine zweite Anwendung regulärer Ausdrücke besteht in der Beschreibung des Aufbaus der so genannten *Tokens*, also der Grundbestandteile von Programmiersprachen, wie Schlüsselwörter, Variablen, Zahlen in verschiedenen Darstellungen etc. So folgt etwa, wie bereits in Abschnitt 2.7 erwähnt, die Darstellung ganzer Zahlen ohne führende Nullen (Objekte vom Typ Integer) in den meisten Programmiersprachen der folgenden Vorschrift:

- entweder 0 oder
- ein Vorzeichen (– oder ε), gefolgt von einer Ziffer ungleich 0, gefolgt von beliebig vielen Ziffern.

Dieses Muster lässt sich als regulärer Ausdruck über dem Alphabet $\Sigma = \{+, -, 0, 1, 2, \ldots, 9\}$ darstellen. Man baut dazu den regulären Ausdruck *top-down* auf:

$$\begin{aligned} \text{int} &= 0 + \text{vorz} \cdot \text{ziff1} \cdot \text{ziff0}^* \\ \text{vorz} &= (\text{„–“} + \varepsilon) \\ \text{ziff1} &= (1+2+3+4+5+6+7+8+9) \\ \text{ziff0} &= (1+2+3+4+5+6+7+8+9+0) \end{aligned}$$

Insgesamt erhält man also den folgenden regulären Ausdruck:

$$\text{int} = 0 + (\text{„–“} + \varepsilon) \cdot (1 + \ldots + 9) \cdot (1 + \ldots + 9 + 0)^*$$

## Scanner-Generatoren

Satz 3.1 gibt einen konkreten Algorithmus an, um einen gegebenen regulären Ausdruck $r$ in einen äquivalenten NEA/ε zu transformieren. Zusammen mit den in Kapitel 2 vorgestellten Verfahren zur Elimination von ε-Übergängen, zur NEA-DEA-Transformation und zur Minimierung eines DEA ist es damit möglich, einen regulären Ausdruck, der zu Beschreibung einer Sprache $L$ dient, schrittweise in einen minimalen deterministischen endlichen Automaten zu transformieren, der die Sprache $L$ erkennt. Ein solches Programm kann also aus einer syntaktische Spezifikation von Token in Form eines regulären Ausdrucks einen so genannten *Scanner* (oder *Lexical Analyzer*) erzeugen, der testet, ob ein eingelesenes Wort in einem Programm-Quelltext dem vorgegebenen Muster für Tokens entspricht. Man nennt ein solches Programm daher einen Scanner-Generator. Das bekannteste Beispiel für einen Scanner-Generator ist das Programm `lex`, das zum Standardumfang des UNIX- bzw. Linux-Betriebssystems gehört. Ein entsprechendes Programm für Windows heißt `flex`.

## 3.2 Das Pumping-Lemma

Es gibt recht einfach aufgebaute Sprachen, die nicht regulär sind, für die es also weder einen regulären Ausdruck gibt, der sie darstellt, noch einen endlichen Automaten, der sie akzeptiert. Wenn man etwa versucht, einen Automaten für die Sprache

$$L = \{1^{2^n} \mid n \geq 0\} = \{1, 11, 1111, 1^8, 1^{16}, \ldots\}$$

über dem Alphabet $\Sigma = \{1\}$ zu konstruieren, merkt man schnell, dass es einen solchen endlichen Automaten nicht geben kann. Gäbe es einen Automaten $A$, der die unendliche Sprache $L$ akzeptiert, so müsste $A$ auf jeden Fall eine Schleife einer bestimmten Länge $m$ haben, denn ein Automat ohne Schleife kann höchstens eine endliche Menge akzeptieren. Diese Schleife kann beliebig oft durchlaufen werden. Wenn also $A$ ein Wort $w = 1^k$ akzeptiert und dabei die Schleife durchläuft, dann müsste er auch alle Wörter $1^{k+m}$, $1^{k+2m}$, $1^{k+3m}$, … akzeptieren. Dies ist offensichtlich bei der Struktur der Sprache $L$ unmöglich.
Diese Idee soll im Folgenden an einem zweiten Beispiel präzisiert werden. Sei

$$L = \{0^n 1^n \mid n \geq 0\} = \{\varepsilon, 01, 0011, 000111, \ldots\}.$$

Angenommen, es gäbe einen endlichen Automaten $A$ mit $N$ Zuständen, der $L$ akzeptiert. Wir wählen ein Wort $0^k 1^k \in L$, dessen Länge größer als $N$ ist. Bei der Verarbeitung dieses Wortes werden also mindestens $N+1$ Zustände durchlaufen, die nicht alle verschieden sein können, das heißt, ein Zustand $z_i$ muss dabei zweimal durchlaufen werden. Wir zerlegen das Wort $0^k 1^k$ in drei Teile $u$, $v$ und $w$, sodass das Wort $u$ den Automaten von $z_0$ nach $z_i$ führt, das Wort $v$ in einer Schleife von $z_i$ nach $z_i$ zurück und schließlich $w$ von $z_i$ zu einem Endezustand $z_j$.

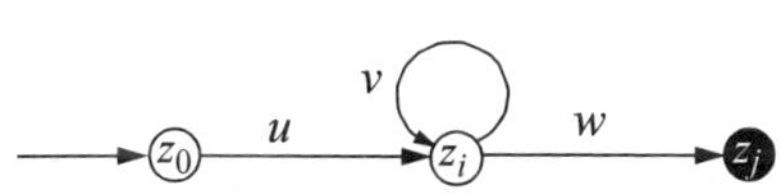


Die Abfolge der Konfigurationen kann daher folgendermaßen beschrieben werden:

$$(z_0, uvw) \rightarrow^* (z_i, vw) \rightarrow^* (z_i, w) \rightarrow^* (z_j, \varepsilon)$$

wobei $0^k 1^k = w$ mit $|v| = m$ und $1 \leq m \leq N$, sowie $|uv| < N$. Das Wort $v$, das in der Schleife verarbeitet wird, kann zunächst noch irgendwo in dem Wort $0^k 1^k$ liegen. Zur Vereinfachung der weiteren Überlegungen wählen wir $k$ so groß, dass das Teilwort $v$ bereits innerhalb des Teiles $0^k$ vorkommt. Dazu brauchen wir nur $k > N$ zu wählen, dann muss nämlich die Schleife bereits während der Verarbeitung des Teiles $0^k$ durchlaufen werden.
Sei also $k > N$ und damit $|uv| < N < k$. Es gilt dann $u = 0^r$, $v = 0^m$ und $w = 0^{k-(r+m)} 1^k$.
Da die Schleife beliebig oft durchlaufen werden kann, akzeptiert $A$ auch jedes Wort der Form $uv^q w$ mit $q \geq 0$:

$$(z_0, uv^q w) \rightarrow^* (z_i, v^q w) \rightarrow^* (z_i, v^{q-1} w) \rightarrow^* \ldots \rightarrow^* (z_i, w) \rightarrow^* (z_j, \varepsilon)$$

Insbesondere akzeptiert $A$ das Wort

$$uv^2w = 0^r0^m0^m0^{k-(r+m)}1^k = 0^{k+m}1^k$$

Das Wort $0^{k+m}1^k$ ist jedoch nicht in $L$, also führt die Annahme, dass es einen Automaten $A$ gibt, der $L$ akzeptiert, zum Widerspruch.
Das so genannte *Pumping-Lemma* formalisiert die oben dargestellte Methode.

**3.4 SATZ** **Pumping-Lemma für reguläre Sprachen**

> Sei $L$ eine reguläre Sprache. Dann existiert eine Zahl $N \geq 0$, sodass sich jedes Wort $x \in L$ mit $|x| \geq N$ in der folgenden Form schreiben lässt
>
> $$x = uvw \text{ mit } |v| \geq 1 \text{ und } |uv| \leq N,$$
>
> und für alle $i \geq 0$ gilt, dass $uv^iw \in L$ ist.

Besitzt eine Sprache $L$ die im Pumping-Lemma geforderte Eigenschaft nicht, so kann sie nicht regulär sein. Auf diese Weise dient das Pumping-Lemma dazu, die Nichtregularität einer gegebenen Sprache $L$ nachzuweisen.
Es ist zu beachten, dass die Umkehrung des Satzes 3.4 im Allgemeinen nicht gilt. Wenn eine Sprache $L$ die im Pumping-Lemma beschriebene Eigenschaft besitzt, können wir daraus noch nicht schließen, dass sie regulär ist. Das Pumping-Lemma eignet sich daher also nur zum Nachweis der Nichtregularität einer gegebenen Sprache, jedoch nicht zum Nachweis ihrer Regularität.

## 3.3 Der Satz von Myhill-Nerode

Neben dem Pumping-Lemma gibt es noch ein weiteres Hilfsmittel zum Nachweis, dass eine gegebene Sprache nicht regulär ist. Die Vorgehensweise soll zunächst am Beispiel der folgenden regulären Sprache

$$L_3 = \{01, 0011, 000111\}$$

verdeutlicht werden. Die folgende Abbildung zeigt einen DEA $A_3$, der $L_3$ akzeptiert. Um die graphische Darstellung nicht zu überladen, wurde der Fehlerzustand $z_7$ weggelassen. Fehlende Übergänge sind also als Übergänge zum Fehlerzustand aufzufassen, etwa $z_0 \rightarrow_1 z_7$.

3-4 BILD

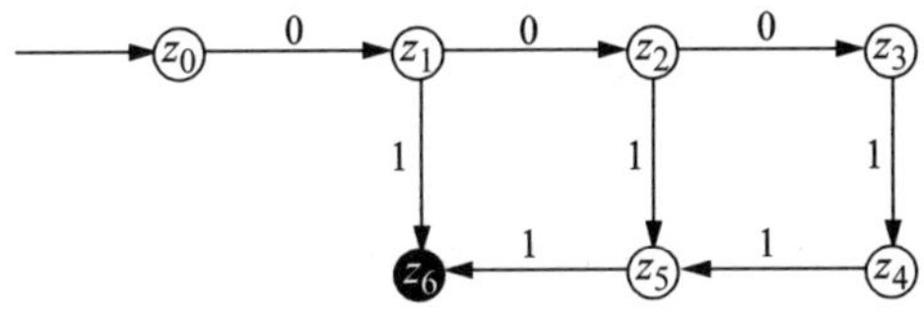


Wendet man die Minimierungsprozedur (Abschnitt 2.4) auf $A_3$ an, so stellt man fest, dass $A_3$ keine äquivalenten Zustände besitzt, das heißt, der Automat ist minimal (siehe Aufgabe 3.6). Wir betrachten insbesondere die Zustände $z_4$, $z_5$ und $z_6$. Dabei zeigt schon die Berechnung von $\mathcal{L}(A, z_i)$, dass darunter kein äquivalentes Paar sein kann, denn es gilt:

$$\mathcal{L}(A, z_6) = \{\varepsilon\},\ \mathcal{L}(A, z_5) = \{1\},\ \mathcal{L}(A, z_4) = \{11\}.$$

Einen entsprechenden Automaten $A_n$ mit genau $2n+2$ Zuständen kann man für jede endliche Sprache der Form

$$L_n = \{01, 0011, \ldots, 0^n1^n\}$$

konstruieren und jedesmal kann man beweisen, dass $A_n$ minimal ist. Wir können daraus schließen, dass jeder DEA zur Erkennung der Sprache $L_n$ mindestens $2n+2$ Zustände benötigt. Offensichtlich kann es dann keinen DEA geben, der die unendliche Sprache

$$L = \{0^n1^n \mid n \geq 1\} = \{01, 0011, 000111, \ldots\}$$

erkennt.

Wir wollen dieses Argument weiter formalisieren. Angenommen, $A$ sei ein DEA, der $L$ akzeptiert. Wir betrachten die Folge $w_i = 0^i1$ für $i = 1, 2, \ldots$ von Wörtern aus $\Sigma^*$, also

$$01, 001, 0001, 00001, \ldots$$

Der Automat $A$ ist deterministisch, also muss er sich nach Durchlaufen eines Wortes $w_i$ in einem eindeutig festgelegten Zustand $z(w_i)$ befinden:

$$(z_0, w_i) \rightarrow^* (z(w_i), \varepsilon).$$

Wir wollen im Folgenden zeigen, dass die unendlich vielen Zustände $z(w_i)$ alle paarweise nicht äquivalent (und damit insbesondere verschieden) sind. Dazu betrachten wir die Mengen $\mathcal{L}(A, z(w_i))$, also die Menge aller Wörter, die im Zustand $z(w_i)$ akzeptiert werden. Wir schreiben abkürzend $\mathcal{L}(A, w_i)$ anstelle von $\mathcal{L}(A, z(w_i))$.

Sei $i = 1$. Hat $A$ das Wort $w_1 = 01$ durchlaufen, so befindet sich $A$ in einem Endezustand und anschließend können auch keine weiteren Eingabezeichen mehr akzeptiert werden. Also ist $\mathcal{L}(A, w_i) = \{\varepsilon\}$.

Sei $i = 2$. Hat $A$ das Wort $w_2 = 001$ durchlaufen, so befindet sich $A$ im Zustand $z(w_2)$, der kein Endezustand sein kann. In diesem Zustand kann als weiteres Eingabezeichen ausschließlich eine 1 akzeptiert werden. Also ist $\mathcal{L}(A, w_i) = \{1\}$.
Weitere Werte für $\mathcal{L}(A, w_i)$ sind der folgenden Tabelle zu entnehmen.

3.1 TABELLE **Nachweis der Nichtregularität von $L = \{0^n1^n \mid n \geq 0\}$**

| $w_i$ | $\mathcal{L}(A, w_i)$ |
|---|---|
| 01 | $\{\varepsilon\}$ |
| 001 | $\{1\}$ |
| 0001 | $\{11\}$ |
| 00001 | $\{111\}$ |
| ... | ... |
| $0^n1$ | $\{1^{n-1}\}$ |

Sind nun $z(w_i)$ und $z(w_j)$ zwei beliebige Zustände mit $i \neq j$, so gilt

$$\{1^{i-1}\} = \mathcal{L}(A, z(w_i)) \neq \mathcal{L}(A, z(w_j)) = \{1^{j-1}\}.$$

Die Zustände $z(w_i)$ und $z(w_j)$ sind daher nicht äquivalent und erst recht nicht gleich. Der Automat $A$ hat also unendlich viele verschiedene Zustände, was der Definition eines endlichen Automaten widerspricht.
Die Menge $\mathcal{L}(A, w_i)$ ist definiert als die Menge aller Wörter, die akzeptiert werden, nachdem der Automat $A$ das Wort $w_i$ gelesen hat. Mit anderen Worten, $\mathcal{L}(A, w_i)$ ist die Menge aller Wörter $v_i$, die an $w_i$ angehängt werden können, sodass $v_iw_i$ ein Wort der Sprache $L$ ist. In dieser Definition kommt der Automat $A$ gar nicht mehr vor, wir können also einfach $\mathcal{L}(w_i)$ schreiben.
Ähnlich wie das Pumping-Lemma stellt auch der Satz von Myhill-Nerode eine Eigenschaft regulärer Sprachen fest; eine Sprache, die diese Eigenschaft nicht besitzt, kann also nicht regulär sein.

3.5 SATZ

**Kriterium von Myhill-Nerode**

Sei $L$ eine Sprache über $\Sigma$. Ist $w \in \Sigma^*$, so sei

$$\mathcal{L}(w) = \{v \in \Sigma^* \mid wv \in L\}.$$

Dann gilt:

a) $L$ ist genau dann regulär, wenn die Menge $\{\mathcal{L}(w) \mid w \in \Sigma^*\}$ endlich ist.

b) Ist $L$ regulär, so gibt $|\{\mathcal{L}(w) \mid w \in \Sigma^*\}|$ die Anzahl der Zustände eines minimalen DEA an, der $L$ akzeptiert.

Die Kunst bei der Anwendung des Kriteriums von Myhill-Nerode besteht darin, eine geeignete Folge von Wörtern $w_i$ zu finden, sodass die Mengen $\mathcal{L}(w_i)$ alle verschieden sind. Betrachten wir dazu als weiteres Beispiel die Sprache

$$L = \{1^{n^2} \mid n \geq 0\} = \{\varepsilon, 1, 1^4, 1^9, 1^{16}, 1^{25}, \ldots\}.$$

Wir wählen $w_i = 1^{i^2}$ für $i = 1,2,\ldots$ Die Mengen $\mathcal{L}(w_i)$ sind in Tabelle 3.2 dargestellt.

3.2 TABELLE

**Nachweis der Nichtregularität von $L = \{1^{n^2} \mid n \geq 0\}$**

| $w_i$ | $\mathcal{L}(w_i)$ |
|---|---|
| $\varepsilon$ | $\{\varepsilon, 1^1, 1^4, 1^9, 1^{16}, \ldots\}$ |
| $1$ | $\{\varepsilon, 1^3, 1^8, 1^{15}, \ldots\}$ |
| $1^4$ | $\{\varepsilon, 1^5, 1^{12}, 1^{21}, \ldots\}$ |
| $1^9$ | $\{\varepsilon, 1^7, 1^{16}, 1^{27}, \ldots\}$ |
| … | … |
| $1^{n^2}$ | $\{\varepsilon, 1^{2n+1}, \ldots\}$ |

Es ist zu zeigen dass die Mengen in der rechten Spalte jeweils paarweise verschieden sind. Wir benutzen dazu jeweils das zweite Wort in jeder Menge als Unterscheidungskriterium (in der Tabelle umrahmt). Seien also $i$ und $j$ zwei verschiedene Zeilen der Tabelle und sei $i < j$. Dann enthält die Menge $\mathcal{L}(w_i)$ das Wort $1^{2i+1}$, denn $1^{i^2}1^{2i+1} = 1^{i^2+2i+1} = 1^{(i+1)^2}$. Die Menge $\mathcal{L}(w_j)$ enthält das Wort $1^{2i+1}$ jedoch nicht, denn für $i < j$ ist $j^2 + 2i + 1$ keine Quadratzahl.

Im Unterschied zum Pumping-Lemma stellt das Kriterium von Myhill-Nerode eine notwendige und hinreichende Bedingung für die Regularität einer Sprache dar. Es kann also sowohl zum Nachweis der Regularität, als auch der Nichtregularität einer Sprache verwendet werden. Als Beispiel betrachten wir die Sprache $\{0^{3n} \mid n > 0\}$ über dem Alphabet $\Sigma = \{0\}$.

3.3 TABELLE **Nachweis der Regularität von $L = \{0^{3n} \mid n \geq 0\}$**

| $w_i$ | $L(w_i)$ |
|---|---|
| $\varepsilon$ | $\{\varepsilon, 0^3, 0^6, 0^9, \ldots\}$ |
| $0^1$ | $\{0^2, 0^5, 0^8, 0^{11}, \ldots\}$ |
| $0^2$ | $\{0^1, 0^4, 0^7, 0^{10}, \ldots\}$ |
| $0^3$ | $\{\varepsilon, 0^3, 0^6, 0^9, \ldots\}$ |
| $0^4$ | $\{0^2, 0^5, 0^8, 0^{11}, \ldots\}$ |
| $0^5$ | $\{0^1, 0^4, 0^7, 0^{10}, \ldots\}$ |
| … | … |

Die Tabelle 3.3 zeigt, dass es nur drei verschiedene Mengen $\mathcal{L}(w)$ gibt:

$$\mathcal{L}(\varepsilon) = \mathcal{L}(0^3) = \mathcal{L}(0^6) = \ldots$$
$$\mathcal{L}(0^1) = \mathcal{L}(0^4) = \mathcal{L}(0^7) = \ldots$$
$$\mathcal{L}(0^2) = \mathcal{L}(0^5) = \mathcal{L}(0^8) = \ldots$$

Aus diesem Grund ist die Sprache $\{0^{3n} \mid n \geq 0\}$ regulär. Weiterhin besagt der Satz von Myhill-Nerode, dass der minimale DEA für diese Sprache drei Zustände hat.
Im Allgemeinen ist es jedoch angeraten, zum Nachweis der Regularität einer Sprache einen regulären Ausdruck oder einen endlichen Automaten für diese Sprache zu konstruieren, denn der Nachweis, dass es nur endlich viele verschiedene Mengen $\mathcal{L}(w)$ gibt, kann recht kompliziert werden.

## 3.4 Abgeschlossenheitseigenschaften regulärer Sprachen

In einigen Fällen lässt sich der Nachweis, dass eine gegebene Sprache $L$ regulär ist, dadurch führen, dass die Sprache $L$ in einfachere Teile zerlegt wird, die bekanntermaßen regulär sind. Die Sprache $L = \{w \in \{0,1\}^* \mid |w|_1 \leq 2\}$, die aus der Menge aller Binärwörter besteht, die höchstens zwei Einsen haben, lässt sich beispielsweise folgendermaßen zerlegen:

$$L = \{w \in \{0,1\}^* \mid |w|_1 \leq 2\} = L_0 \cup L_1 \cup L_2,$$
$$L_0 = \{w \in \{0,1\}^* \mid |w|_1 = 0\}$$
$$L_1 = \{w \in \{0,1\}^* \mid |w|_1 = 1\}$$
$$L_2 = \{w \in \{0,1\}^* \mid |w|_1 = 2\}$$

Jede der drei Sprachen $L_0$, $L_1$, $L_2$ ist regulär, wie die folgenden regulären Ausdrücke zeigen:

$$r_0 = 0^*$$
$$r_1 = 0^*10^*$$
$$r_2 = 0^*10^*10^*$$

Damit lässt sich nun der reguläre Ausdruck

$$r = 0^* + 0^*10^* + 0^*10^*10^*$$

konstruieren, der die Sprache $L = L_0 \cup L_1 \cup L_2$ beschreibt. Allgemein bedeutet dies, dass die Vereinigung zweier (oder mehrerer) regulärer Sprachen wieder regulär ist. Auf ähnliche Weise lässt sich auch zeigen, dass die Konkatenation $L_1L_2$ zweier regulärer Sprachen $L_1$ und $L_2$ sowie die Kleene-Stern-Bildung $L_1^*$ einer regulären Sprache $L_1$ regulär sind:

**3.6 SATZ**

> Seien $L_1$ und $L_2$ reguläre Sprachen über dem Alphabet $\Sigma$. Dann sind auch die Sprachen $L_1 \cup L_2$, $L_1L_2$, sowie $L_1^*$ regulär.

Als nächstes soll gezeigt werden, dass das Komplement einer regulären Sprache regulär ist. Als Beispiel betrachten wir die Sprache über $\Sigma = \{0,1\}$, die aus allen Wörtern besteht, die zwei aufeinander folgende Nullen enthalten. Diese Sprache ist regulär, sie wird von dem in Bild 3.5 oben gezeigten DEA $A$ akzeptiert.

**3.5 BILD**

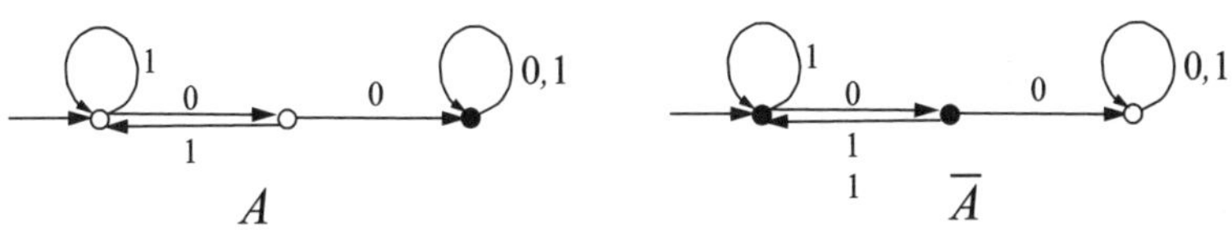


Aus $A$ lässt sich ein DEA $\overline{A}$ konstruieren, der das Komplement von $L$, nämlich die Menge aller Wörter, die keine zwei aufeinander folgende Nullen enthalten, akzeptiert. Zu diesem

Zweck vertauschen wir einfach die Endezustände von $A$ mit den Nicht-Endezuständen. Der Automat ist in Bild 3.5 unten dargestellt.
Allgemein können wir festhalten: Ist $L$ eine reguläre Sprache und $A = (Z, \Sigma, \delta, z_0, E)$ ein DEA für $L$, so ist $\overline{A} = (Z, \Sigma, \delta, z_0, Z\text{–}E)$ ein DEA, der $\overline{L}$ akzeptiert. Also ist das Komplement einer regulären Sprache stets regulär.
Da sich die Durchschnittsoperation aufgrund der Beziehung

$$L_1 \cap L_2 = \overline{\overline{L_1} \cup \overline{L_2}}$$

auf Vereinigung und Komplement zurückführen lässt, ist damit auch gezeigt, dass der Durchschnitt zweier regulärer Sprachen auch wieder regulär ist.

**3.7 SATZ**

> Sind $L_1$ und $L_2$ reguläre Sprachen über dem Alphabet $\Sigma$, so sind auch die Sprachen $\overline{L_1}$ und $L_1 \cap L_2$ regulär

Man kann die in 3.6 und 3.7 dargestellten Eigenschaften auch folgendermaßen formulieren:

> Die Klasse der regulären Sprachen ist abgeschlossen unter den Mengenoperationen Vereinigung, Durchschnitt, Komplement, Konkatenation und Kleene-Stern.

Möchte man allgemein zeigen, dass aus der Regularität einer Sprache $L$ die Regularität einer Sprache $L'$, die aus $L$ durch eine Operation $f(L)$ entsteht, folgt, so muss man eine allgemeine Vorschrift angeben, wie sich aus einem endlichen Automaten $A$ für $L$ ein endlicher Automat $A'$ konstruieren lässt, der $L'$ akzeptiert.
Wir möchten dieses Prinzip an einem weiteren Beispiel verdeutlichen. Es soll gezeigt werden, dass die Spiegelung $L^{\mathrm{T}}$ einer regulären Sprache $L$ regulär ist. Diese entsteht aus $L$, indem man sämtliche Wörter der Sprache $L$ umdreht. So ergibt sich etwa aus $L = \{\text{Rom, Paris, Prag}\}$ die Spiegelung $L^{\mathrm{T}} = \{\text{moR, siraP, garP}\}$.
Bild 3.6 zeigt einen NEA $A$, der die Sprache $L = \{\text{Rom, Paris, Prag}\}$ über dem lateinischen Alphabet (Groß- und Kleinbuchstaben) akzeptiert. Daraus soll ein NEA/$\varepsilon$ $A^{\mathrm{T}}$ konstruiert werden, der $L^{\mathrm{T}}$ akzeptiert (siehe Bild 3.6).
Um die gespiegelten Wörter zu akzeptieren, müssen im Wesentlichen alle Pfeile des Automaten $A$ umgedreht sowie dessen Start- und Endezustände vertauscht werden. Da ein NEA jedoch genau einen Start- und im Allgemeinen mehrere Endezustände hat, müssen wir für den Automaten $A^{\mathrm{T}}$ einen neuen Startzustand hinzufügen, von dem aus sämtliche Endezustände des Automaten $A$ mit einem $\varepsilon$-Übergang erreicht werden.

3.6 BILD **Der NEA $A$ und der NEA/ε $A^T$**

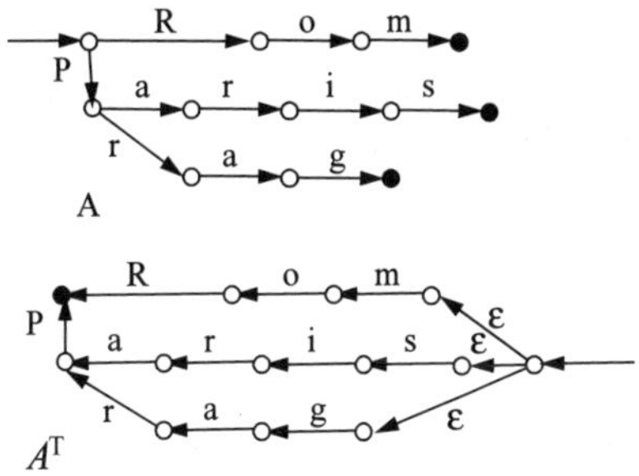


AUFGABEN

**Hinweis** Bei allen Aufgaben, bei denen ein regulärer Ausdruck zu konstruieren ist, soll dieser mit der Software „Machines“ implementiert werden.

**3.1** Konstruieren Sie einen regulären Ausdruck, der korrekt geschriebene Festpunktzahlen repräsentiert.

**3.2** Sei $\Sigma = \{0, 1\}$. Geben Sie jeweils reguläre Ausdrücke für die folgenden Sprachen an:

a) $L = \{0, 11, 0010\}$

b) $L = \{w \in \Sigma^* \mid w \text{ enthält } 10\}$

c) $L = \{w \in \Sigma^* \mid w \text{ enthält weder } 00 \text{ noch } 11\}$

d) $L = \{w \in \Sigma^* \mid |w| = 2\}$

e) $L = \{w \in \Sigma^* \mid |w| \text{ ist ungerade}\}$

f) $L = \{w \in \Sigma^* \mid |w|_1 \text{ ist gerade}\}$

g) $L = \{awa \mid a \in \Sigma, w \in \Sigma^*\}$

**3.3** Vereinfachen Sie die folgenden regulären Ausdrücke über $\Sigma = \{0,1\}$ so weit wie möglich.

a) $0(10)^*1 + \varepsilon$

b) $(00)^* + 0(00)^*$

c) $((00)^*0)^*$

d) $(00 + 000)^*$

**3.4** Skizzieren Sie eine algorithmische Vorgehensweise, mit der Sie prüfen können, ob zwei beliebige reguläre Ausdrücke über demselben Alphabet äquivalent sind.

**3.5** Zeigen Sie an einem Beispiel, dass die Konstruktion des DEA $\overline{A}$, der das Komplement der Sprache $\mathcal{L}(A)$ akzeptiert (siehe Abschnitt 3.4), nicht funktioniert, wenn $A$ ein NEA ist.

**3.6** Führen Sie für den Automaten $A$ aus Abschnitt 3.3 den Minimierungsalgorithmus durch und beweisen Sie somit, dass $A$ schon minimal ist.

**3.7** Zeigen Sie mit Hilfe des Pumping-Lemmas oder des Kriteriums von Myhill-Nerode, dass die folgenden Sprachen über $\Sigma = \{0, 1\}$ nichtregulär sind:

a) $L = \{0^n 1^m \mid n,\ m \geq 0, n > m\}$

b) $L = \{0^n 1^m \mid n,\ m \geq 0, n < m\}$

c) $L = \{0^n 1^m 0^k \mid n,\ m,\ k \geq 0, m - n < k\}$

d) $L = \{0^n 1^m 0^k \mid n,\ m,\ k \geq 0, m - n > k\}$

e) $L = \{w \in \Sigma^* \mid |w|_0 = |w|_1\}$

f) $L = \{w \in \Sigma^* \mid |w|$ ist ungerade und $w$ hat "in der Mitte" eine $1\}$

g) $L = \{ww \mid w \in \Sigma^*\}$

h) $L = \{w \in \Sigma^* \mid w$ ist Palindrom$\}$

i) $L = \{w \in \Sigma^* \mid w$ ist kein Palindrom$\}$

**3.8** Welche der folgenden Sprachen ist regulär, welche nicht? Geben Sie jeweils eine möglichst einfache Begründung.

a) $\Sigma = \{1\}$; $L = \{1^m \mid m$ ist keine Quadratzahl$\}$

b) Die Menge $\{w \in \Sigma^* \mid w$ enthält $00$, aber nicht $000\}$

c) Die Menge $\Sigma^* - \{01101\}$

**3.9** Welche der folgenden Behauptungen ist richtig bzw. falsch? Begründen Sie Ihre Antwort!

a) Jede Teilmenge einer regulären Menge (= Sprache) ist regulär.

b) Jede Obermenge einer regulären Menge ist regulär.

c) Die Vereinigung zweier nichtregulärer Mengen ist nichtregulär.

d) Die Schnittmenge zweier nichtregulärer Mengen ist nichtregulär.

**3.10** Sei $L$ eine reguläre Sprache über dem Alphabet $\Sigma$. Beweisen Sie, dass die folgenden Sprachen auch regulär sind:

a) $\mathrm{Rest}(L) := \{\mathrm{rest}(w) \mid w \in L\}$. Dabei bedeutet $\mathrm{rest}(w)$ das Restwort von $w$ (also $w$ ohne den ersten Buchstaben).
Beispiel: rest(emden) = mden, rest(blau) = lau, rest($\varepsilon$) = $\varepsilon$.

b) $\mathrm{First}(L) := \{\mathrm{first}(w) \mid w \in L\}$. Dabei bedeutet $\mathrm{first}(w)$ das Anfangswort von $w$ (also $w$ ohne den letzten Buchstaben).
Beispiel: first(emden) = emde, first(blau) = bla, first($\varepsilon$) = $\varepsilon$.

c) $\mathrm{Präf}(L) = \{v \in \Sigma^* \mid v$ ist Präfix eines Wortes $w \in L\}$.
Beispiel: Präf({01,1110}) = {$\varepsilon$, 0, 01, 1, 11, 111, 1110}.

**3.11** Seien $L_1$ und $L_2$ reguläre Sprachen über dem Alphabet $\Sigma$. Beweisen Sie, dass die Sprache

$$L_1/L_2 := \{w \in \Sigma^* \mid wv \in L_1 \text{ für ein } v \in L_2\}$$

regulär ist.

**3.12** Sei $L$ eine reguläre Sprache über dem Alphabet $\Sigma$ und sei $h : \Sigma^* \to \Gamma^*$ eine Abbildung mit der Eigenschaft

$$\begin{aligned} h(\varepsilon) &= \varepsilon \\ h(uv) &= h(u)h(v). \end{aligned}$$

Beweisen Sie:

a) Ist $L$ eine reguläre Sprache über $\Sigma$, so ist die Sprache

$$h(L) := \{h(w) \mid w \in L\}$$

regulär.

b) Ist $K$ eine reguläre Sprache über $\Gamma$, so ist die Sprache

$$h^{-1}(K) := \{w \in L \mid h(w) \in K\}$$

regulär.

**3.13** Zeigen Sie mit Hilfe des Kriteriums von Myhill-Nerode, dass die folgenden Sprachen über $\Sigma = \{0, 1\}$ regulär sind. Wieviele Zustände hat jeweils der minimale Automat?

a) $L = \{0w \mid w \in \Sigma^*\}$

b) $L = \{w0 \mid w \in \Sigma^*\}$

**3.14** Sei $\Sigma$ ein Alphabet und $L$ eine Sprache über $\Sigma$. Beweisen Sie mittels des Kriteriums von Myhill-Nerode:

a) Ist $L$ nichtregulär, so ist auch $\Sigma^* - L$ nichtregulär.

b) Die Menge $\{0^n 1^n \mid n \geq 0\} \cup \{0, 00, 000\}$ ist nichtregulär.

c) Ist $L$ nichtregulär, und ist $K \subseteq \Sigma^*$ eine endliche Menge, so ist die Menge $L \cup K$ auch nichtregulär.

**3.15** Seien $A_1$ und $A_2$ deterministische endliche Automaten. Geben Sie die Konstruktion eines Automaten $A$ an, der die Sprache $\mathcal{L}(A_1) \cap \mathcal{L}(A_2)$ akzeptiert. Führen Sie die Konstruktion für das Beispiel $\mathcal{L}(A_1) = \{0w \mid w \in \Sigma^*\}$, $\mathcal{L}(A_2) = \{w0 \mid w \in \Sigma^*\}$ aus.

## Programmieraufgaben (Projekt „Machines“)

**3.16** Schreiben Sie ein Java-Programm zur Transformation eines regulären Ausdrucks in einen NEA/$\varepsilon$.

# 4 Grammatiken

Eine Grammatik für eine bestimmte Sprache ist ein Regelwerk, das beschreibt, wie syntaktisch korrekte Wörter (bzw. Sätze) dieser Sprache gebildet werden. Beispielsweise lässt sich für eine sehr eingeschränkte Untermenge der deutschen Sprache folgende Grammatik aufstellen:

<Satz> → <Nominalsatz> <Verb>.

<Nominalsatz> → <Artikel><Substantiv> |
<Artikel><Adjektiv><Substantiv>

<Artikel> → das | die

<Adjektiv> → große | kleine

<Substantiv> → Klavier | Katze

<Verb> → schläft

Die Regeln dieser Grammatik stellen die Struktur dieser einfachen Sprache dar. Die Begriffe in spitzen Klammern stellen syntaktische Kategorien dar, die Begriffe ohne Klammern sind deutsche Wörter. Aus der ersten Regel geht hervor, dass es sich bei den Sätzen dieser Sprache um Aussagesätze handelt, bestehend aus einem Nominalsatz gefolgt von einem Verb. Nominalsätze können auf zweierlei Weise gebildet werden: entweder aus einem Artikel, gefolgt von einem Substantiv, oder aus der Folge Artikel, Adjektiv und Substantiv. Die nachfolgenden Regeln ordnen den Kategorien *Artikel*, *Adjektiv*, *Substantiv* und *Verb* jeweils deutsche Wörter zu.
Wir nennen die Ausdrücke in spitzen Klammern *Variablen* oder *Nichtterminalsymbole* und diejenigen ohne Klammern Terminalsymbole (kurz *Terminale*).
Die Notation mit dem Trennstrich | wird als Abkürzung aufgefasst, so steht etwa

<Artikel> → das | die

für die beiden Regeln

<Artikel> → das
<Artikel> → die

Mit Hilfe dieser Regeln lassen sich grammatikalisch richtige und sinnvolle Sätze bilden, etwa „die kleine Katze schläft", aber auch grammatikalisch falsche, wie „das große Katze schläft" oder semantisch sinnlose, wie „das große Klavier schläft".
Solche einfachen Grammatiken sind also zur Beschreibung natürlicher Sprachen kaum geeignet. Dagegen spielen sie eine große Rolle im Kontext der Übersetzung von künstlichen Sprachen, etwa mathematischen Ausdrücken oder Programmiersprachen. Die folgende Grammatik beschreibt die Menge aller regulären Ausdrücke über dem Alphabet $\Sigma = \{0, 1\}$. Man beachte die Ähnlichkeit zu Definition 3.1.

Die Grammatik benutzt das Nichtterminalsymbol <ra> (**r**egulärer **A**usdruck) und als Terminalsymbole die Zeichen des Alphabets 0, 1, die Operatoren +, * sowie die öffnende und die schließende Klammer.

<ra> → <ra>+<ra>

<ra> → <ra><ra>

<ra> → <ra>*

<ra> → (<ra>)

<ra> → 0

<ra> → 1

Unter Verwendung der Kurznotation können wir schreiben:

<ra> → <ra>+<ra> | <ra><ra> | <ra>* | (<ra>) | 0 | 1

Der reguläre Ausdruck $0(1+0)^*$ kann nun auf folgende Weise aus dem Nichtterminalsymbol <ra> abgeleitet werden:

<ra> ⇒ <ra><ra> ⇒ 0<ra> ⇒ 0<ra>* ⇒

⇒ 0(<ra>)* ⇒ 0(<ra>+<ra>)* ⇒ $0(1+0)^*$

## 4.1 Grundlegende Definitionen

4.1 DEFINITION **Grammatik**

Eine *Grammatik* besteht aus den vier Komponenten $V, \Sigma, P, S$.

- $V$ ist eine endliche Menge von Variablen.
- $\Sigma$ ist ein Alphabet, das Terminalalphabet.
- $P$ ist eine Menge von Produktionen (auch Regeln genannt) der Form $l \to r$, wobei $l \in (V \cup \Sigma)^+$ und $r \subset (V \cup \Sigma)^*$.
- $S \in V$ ist die Startvariable.

Die linken bzw. rechten Seiten der Regeln bestehen also aus Variablen und Terminalen. Im Folgenden werden Großbuchstaben für Variablen und Kleinbuchstaben (bzw. die Ziffern 0 und 1) für Terminale benutzt. Ferner benutzen wir die Notation $l \to r_1 |\dots| r_k$ als Abkürzung für die Menge der Regeln $\{l \to r_1, \dots, l \to r_k\}$.

Die Regeln einer Grammatik $G$ über $\Sigma$ definieren die Sprache $\mathcal{L}(G)$ über $\Sigma$ dadurch, dass mit ihrer Hilfe sämtliche Wörter der Sprache $\mathcal{L}(G)$ sukzessive aus der Startvariablen $S$ abgeleitet werden können, wie wir das beispielhaft an der Ableitung des regulären Ausdrucks $0(1+0)^*$ aus der Startvariablen <ra> gesehen haben. Eine Grammatikregel $l \to r$ kann angewandt werden auf ein Wort $w \in (V \cup \Sigma)^*$, wenn die linke Seite $l$ der Regel als Teilwort in $w$ vorkommt. Bei Anwendung der Regel wird dieses Teilwort durch die rechte Seite $r$ der Regel ersetzt. Dieses Vorgehen definiert die Ableitungsrelation $\Rightarrow_G$ auf der Menge $(V \cup \Sigma)^*$.

Die Ableitung eines Wortes der Sprache $\mathcal{L}(G)$ benötigt im Allgemeinen mehrere Ableitungsschritte, entspricht also der Relation $\Rightarrow_G^*$, der transitiv reflexiven Hülle der Relation $\Rightarrow_G$. Die Ableitung $S \Rightarrow_G^* w$ terminiert, wenn $w$ ein Terminalwort (das heißt ein Wort über dem Terminalalphabet $\Sigma$) ist.

Die von $G$ erzeugte Sprache $\mathcal{L}(G)$ ist dann die Menge aller Terminalwörter, die sich aus dem Startsymbol $S$ ableiten lassen:

**4.2 DEFINITION — Ableitungsrelation, erzeugte Sprache, Äquivalenz von Grammatiken**

Sei $G = (V, \Sigma, P, S)$ eine Grammatik.

a) Die *Ableitungsrelation* $\Rightarrow_G$ auf der Menge $(V \cup \Sigma)^*$ ist definiert durch

$$vlu \Rightarrow_G vru$$

wobei $v, u \in (V \cup \Sigma)^*$ und $l \rightarrow r \in P$.

b) Die von $G$ *erzeugte Sprache* $\mathcal{L}(G)$ ist definiert durch

$$\mathcal{L}(G) := [S]^* \cap \Sigma^* = \{w \in \Sigma^* \mid S \Rightarrow_G^* w\}.$$

c) Zwei Grammatiken $G_1$ und $G_2$ heißen *äquivalent*, wenn sie dieselbe Sprache erzeugen, das heißt, wenn $\mathcal{L}(G_1) = \mathcal{L}(G_2)$ gilt.

Im Allgemeinen werden wir $\Rightarrow$ statt $\Rightarrow_G$ und $\Rightarrow^*$ statt $\Rightarrow_G^*$ schreiben, wenn klar ist, welche Grammatik $G$ gemeint ist.

**4.1 BEISPIEL**

Sei $G = (V, \Sigma, P, S)$ mit $V = \{S\}$, $\Sigma = \{0, 1\}$ und

$$P = \{S \rightarrow 0S1 \mid 01\}.$$

Damit sind Ableitungen der Art

$$S \Rightarrow 0S1 \Rightarrow 00S11 \Rightarrow \ldots \Rightarrow 0^nS1^n \Rightarrow 0^n011^n = 0^{n+1}1^{n+1}$$

möglich. Es ist leicht zu sehen, dass diese Grammatik die Sprache $\mathcal{L}(G) = \{0^n1^n \mid n > 0\}$ definiert.

## Modellierung von Grammatiken in Prolog

Eine Grammatik ist definiert durch die folgenden Prolog-Prädikate:

- `varsym(V)` ist wahr, wenn V ein Variablensymbol darstellt.
- `startsymbol(S)` definiert die Startvariable.
- `L ---> R` repräsentiert eine Grammatikregel.

Das folgende Prolog-Programm beschreibt die Grammatik aus dem vorigen Beispiel:

4.1 PROGRAMM **Prolog-Programm für die Grammatik aus Beispiel 4.1**

```
:- op(900,xfx,--->).
varsym(s).
startsymbol(s).
[s] ---> [a,b].
[s] ---> [a,s,b].
```

Das folgende Prolog-Programm beschreibt die Erzeugung eines Wortes durch eine Grammatik. Wörter werden durch Listen, bestehend aus Zeichen, dargestellt. Das leere Wort entspricht der leeren Liste `[]`.

- `erzeuge(W)` ist wahr, wenn die Grammatik $G$ das Wort W erzeugt;
- Die Infix-Prädikate ==> und ==>* beschreiben die Ableitungsrelation auf Konfigurationen und ihre reflexive transitive Hülle (siehe Prolog-Programm 8.1).

4.2 PROGRAMM **Prolog-Programm für das Erzeugen eines Wortes**

```
erzeuge(W) :-
       startsymbol(S),
       [S] ==>* W,
       \+ (member(X,W),varsym(X)).     % W ist Terminalwort
V ==> W :-
       L ---> R,
       append3(Links,L,Rechts,V),
       append3(Links,R,Rechts,W).
append3(Links,Mitte,Rechts,A) :-
       append(X,Rechts,A),
       append(Links,Mitte,X).
```

## 4.2 Reguläre Grammatiken

Eine Grammatik heißt *rechtslinear*, wenn ihre Regeln alle von der Form

$$A \to \mathrm{a}B \text{ oder } A \to \varepsilon$$

sind mit $A, B \in V$ und $a \in \Sigma$.
Eine Grammatik heißt *linkslinear*, wenn ihre Regeln alle von der Form

$$A \to B\mathrm{a} \text{ oder } A \to \varepsilon$$

sind mit $A, B \in V$ und $a \in \Sigma$.
Eine rechts- oder linkslineare Grammatik heißt *regulär* oder auch *Typ-3-Grammatik*[1].

**4.2 BEISPIEL**

a) Sei $G_1 = (V, \Sigma, P, S)$ mit $V = \{S, A, B, C\}$, $\Sigma = \{0, 1\}$ und den Produktionen

$$S \to 0S \mid 1S \mid 0A$$
$$A \to 1B$$
$$B \to 0C$$
$$C \to \varepsilon$$

Die Grammatik $G_1$ ist rechtslinear. Das Wort $11010$ lässt sich folgendermaßen ableiten:

$$S \Rightarrow 1S \Rightarrow 11S \Rightarrow 110A \Rightarrow 1101B \Rightarrow 11010C \Rightarrow 11010$$

Die Grammatik $G_1$ definiert offensichtlich die Sprache $\mathcal{L}(G_1) = \mathcal{L}((0+1)^*010)$, also die Menge aller Binärwörter, die auf die Zeichenfolge $010$ enden.

b) Sei $G_2 = (V, \Sigma, P, S)$ mit $V = \{S\}$, $\Sigma = \{0, 1\}$ und den Produktionen

$$S \to A0$$
$$A \to B1$$
$$B \to C0$$
$$C \to C0 \mid C1 \mid \varepsilon$$

Die Grammatik $G_2$ ist linkslinear. Das Wort $11010$ lässt sich folgendermaßen ableiten:

$$S \Rightarrow A0 \Rightarrow B10 \Rightarrow C010 \Rightarrow C1010 \Rightarrow C11010 \Rightarrow 11010$$

---

[1] Die Bezeichnung Typ-3-Sprache beruht auf der so genannten Chomsky-Hierarchie, die Sprachklassen von Typ 0 bis Typ 3 definiert. Näheres dazu siehe Abschnitt 4.8.

Die Grammatik $G_2$ definiert die Sprache $\mathcal{L}(G_2) = \mathcal{L}((0+1)^*010)$, also dieselbe Sprache wie die Grammatik $G_1$ aus a).

---

Das Beispiel zeigt die Wirkungsweise rechts- bzw. linkslinearer Regeln: Rechtslineare Regeln der Form $A \to aB$ hängen einen neuen Buchstaben a am aktuellen Wort rechts an, linkslineare Regeln der Form $A \to Ba$ hängen einen neuen Buchstaben a am aktuellen Wort links an, und Regeln der Form $A \to \varepsilon$ terminieren.
Das Konzept der regulären Grammatik kann durch die Einführung von Regeln der Form $A \to a$ erweitert werden, die einen neuen Buchstaben a am aktuellen Wort rechts (bzw. links) anhängen und anschließend terminieren. Offenbar lassen sich solche Regeln der Form $A \to a$ stets durch Einführen einer neuen Variablen $A'$ mit den beiden Standardregeln $A \to aA'$ (bzw. $A \to A'a$ in der linkslinearen Form) und $A' \to \varepsilon$ ausdrücken. Durch die Einführung solcher Regeln werden daher die Möglichkeiten rechts- bzw. linkslinearer Grammatiken nicht erweitert, das heißt, zu einer regulären Grammatik der erweiterten Form gibt es stets eine äquivalente Grammatik in Standardform. Wir werden im Folgenden beide Formen benutzen.
Rechtslineare Grammatiken werden in der Literatur teilweise auch durch Regeln der Form

$$A \to wB \text{ oder } A \to w \text{ mit } A \in V \text{ und } w \in \Sigma^*$$

definiert und linkslineare entsprechend. Es ist jedoch leicht zu sehen, dass beide Definitionen äquivalent sind in dem Sinne, dass sich jede Grammatik mit Regeln der obigen Form in eine äquivalente rechtslineare Grammatik transformieren lässt, und umgekehrt jede rechtslineare Grammatik in eine äquivalente Grammatik der obigen Form. So lässt sich zum Beispiel die Grammatik aus Beispiel 4.2 durch die äquivalente Grammatik

$$S \to 0S \mid 1S \mid 010$$

darstellen.
Beispiel 4.2 zeigt auch, wie sich aus einer rechtslinearen Grammatik ein endlicher Automat konstruieren lässt, der zu $G$ äquivalent ist, in dem Sinne, dass er die Sprache $\mathcal{L}(G)$ akzeptiert. Die Variablen der Grammatik entsprechen dabei den Zuständen des Automaten. Der Automat $A_1$, der die Sprache $\mathcal{L}(G_1)$ akzeptiert, hat die Zustände $z_S$, $z_A$, $z_B$ und $z_C$. Dabei ist $z_S$ Startzustand und $z_C$ Endezustand. Die Produktionen $S \to 0S$ und $S \to 1S$ entsprechen Übergängen von $z_S \to_0 z_S$ bzw. $z_S \to_1 z_S$. Allgemein entspricht eine Regel der Form $A \to aB$ einem Übergang von $z_A \to_a z_B$, während eine Regel der Form $A \to \varepsilon$ besagt, dass $z_A$ Endezustand ist.

Die folgende Tabelle stellt die Regeln der Grammatik $G_1$ aus Beispiel 4.2 und die Tabelle des Automaten $A_1$ gegenüber.

| | | |
|---|---|---|
| $S$ | $\rightarrow$ | $0S \mid 0A \mid 1A$ |
| $A$ | $\rightarrow$ | $1B$ |
| $B$ | $\rightarrow$ | $0C$ |
| $C$ | $\rightarrow$ | $\varepsilon$ |

Grammatik $G_1$

| | 0 | 1 |
|---|---|---|
| $z_S$ | $z_S, z_A$ | $z_A$ |
| $z_A$ | – | $z_B$ |
| $z_B$ | $z_C$ | – |
| $z_C$/E | – | – |

NEA $A_1$

**Transformation einer rechtslinearen Grammatik in einen äquivalenten NEA**

Sei $G = (V, \Sigma, P, S)$ eine rechtslineare Grammatik. Der NEA $A = (Z, \Sigma, \delta, z_0, E)$ sei definiert durch:

$$Z = V,$$
$$z_0 = S,$$
$$E = \{A \mid A \rightarrow \varepsilon \in P\},$$
$$\delta = \{A \rightarrow_a B \mid A \rightarrow aB \in P\}.$$

Dann gilt: $\mathcal{L}(A) = \mathcal{L}(G)$.

Ebenso lässt sich auch jede linkslineare Grammatik in einen äquivalenten NEA transformieren (siehe Aufgabe 4.14).
Umgekehrt lässt sich jeder NEA in eine äquivalente rechtslineare Grammatik transformieren, deren Variablen den Zuständen von $A$ entsprechen:

**Transformation eines NEA in eine äquivalente rechtslinearen Grammatik**

Sei $A = (Z, \Sigma, \delta, z_0, E)$ ein NEA. Die rechtslineare Grammatik $(V, \Sigma, P, S)$ sei definiert durch:

$$V = Z,$$
$$S = z_0,$$
$$P = \{z \rightarrow az' \mid z \rightarrow_a z' \in \delta\} \cup \{z \rightarrow \varepsilon \mid z \in E\}.$$

Dann gilt: $\mathcal{L}(G) = \mathcal{L}(A)$.

Das entsprechende Ergebnis gilt auch für linkslineare Grammatiken (siehe Aufgabe 4.14). Jede von einer regulären, das heißt links- bzw. rechtslinearen Grammatik erzeugte Sprache wird also von einem endlichen Automaten akzeptiert und ist somit regulär. Umgekehrt wird auch jede reguläre Sprache von einer links- bzw. rechtslinearen Grammatik erzeugt. Es gilt somit:

4.1 SATZ

### Äquivalenz von regulären Sprachen und Typ-3-Sprachen

Die Klasse der regulären Sprachen ist die Klasse der Sprachen, die von regulären Grammatiken erzeugt werden können.

Reguläre Sprachen werden auch als Typ-3-Sprachen bezeichnet.
Insbesondere beinhaltet dieses Ergebnis die Äquivalenz von links- und rechtslinearen Grammatiken, denn jede linkslineare Grammatik lässt sich in einen NEA transformieren und dieser zurück in eine rechtslineare Grammatik. Dieses Ergebnis lässt sich jedoch auch einfacher durch eine direkte Konstruktion erzielen. Wir zeigen am Beispiel 4.2, wie sich eine rechtslineare Grammatik $G_1 = (V_1, \Sigma, P_1, S_1)$ direkt in eine äquivalente linkslineare Grammatik $G_2 = (V_2, \Sigma, P_2, X)$ mit der Startvariablen $X$ transformieren lässt.
Zunächst wird jede Regel der Form $A \rightarrow \varepsilon$ aus $P_1$ in eine Regel $X \rightarrow A$ transformiert (diese syntaktisch nicht erlaubten Regeln werden später wieder eliminiert). Jede rechtslineare Regel der Form $A \rightarrow aA'$ aus $P_1$ wird transformiert in eine linkslineare Regel $A' \rightarrow Aa$.
Damit erhalten wir im Beispiel:

| | | |
|---|---|---|
| $S \rightarrow 0S \mid 1S$ | | $S \rightarrow S0 \mid S1$ |
| $S \rightarrow 0A$ | | $A \rightarrow S0$ |
| $A \rightarrow 1B$ | —ⓐ→ | $B \rightarrow A1$ |
| $B \rightarrow 0C$ | | $C \rightarrow B0$ |
| $C \rightarrow \varepsilon$ | | $X \rightarrow C$ |

Anschließend wird jede Regel $X \rightarrow A$ ersetzt durch die Regel $X \rightarrow B_1b_1 \mid \ldots \mid B_nb_n$, wobei der Ausdruck $B_1b_1 \mid \ldots \mid B_nb_n$ die rechte Seite der linkslinearen Regeln $A \rightarrow B_1b_1 \mid \ldots \mid B_nb_n$ darstellt.
Schließlich wird die Regel $S \rightarrow \varepsilon$ hinzugefügt.

Damit erhalten wir im Beispiel:

| | | | |
|---|---|---|---|
| $S \rightarrow S0 \mid S1$ | | $S \rightarrow S0 \mid S1 \mid \varepsilon$ |
| $A \rightarrow S0$ | | $A \rightarrow S0$ |
| $B \rightarrow A1$ | —(b)→ | $B \rightarrow A1$ |
| $C \rightarrow B0$ | | $X \rightarrow B0$ |
| $X \rightarrow C$ | | |

Es ist leicht zu sehen, dass die somit entstandene linkslineare Grammatik bis auf Umbenennung der Variablen ($X \rightarrow S$, $B \rightarrow A$, $A \rightarrow B$, $S \rightarrow C$) gleich ist zur Grammatik $G_2$ aus Beispiel 4.2.b.

## Entscheidungsprobleme für reguläre Sprachen

Der Zweck eines endlichen Automaten ist die Prüfung, ob ein gegebenes Wort zu der durch den Automaten definierten Sprache gehört. Ein endlicher Automat $A$ über einem Alphabet $\Sigma$ kann also als Programm aufgefasst werden, das bei Eingabe eines Wortes $w \in \Sigma^*$ die Antwort *ja* gibt, wenn $w \in \mathcal{L}(A)$ gilt, und *nein* sonst. Man nennt das Problem, ob ein gegebenes Wort in einer gegebenen regulären Sprache $L$ liegt, das *Wortproblem für reguläre Sprachen.*

Das Wortproblem für reguläre Sprachen lautet also:

Gegeben: Eine reguläre Sprache $L$ über $\Sigma$ und ein Wort $w \in \Sigma^*$

Gefragt: Gilt $w \in L$?

Allgemein nennt man Probleme dieser Art, die nur die Antwort *ja* oder *nein* erfordern, Entscheidungsprobleme. Die folgende Tabelle listet einige weitere Entscheidungsprobleme für reguläre Sprachen auf. Dabei ist $L$ jeweils eine reguläre Sprache.

4.1 TABELLE **Entscheidungsprobleme für reguläre Sprachen**

| Problem | Gegeben | Gefragt | Entscheidbar? |
|---|---|---|---|
| Wortproblem | $L$ und $w \in \Sigma^*$ | Gilt $w \in L$? | Ja |
| Leerheitsproblem | $L$ | Gilt $L = \emptyset$? | Ja |
| Endlichkeitsproblem | $L$ | Gilt $\lvert L \rvert < \infty$? | Ja |
| Äquivalenzproblem | $L_1$ und $L_2$ | Gilt $L_1 = L_2$? | Ja |

Die Sprache $L$ ist dabei jeweils gegeben durch einen regulären Ausdruck, eine reguläre Grammatik oder einen endlichen Automaten. Ein Algorithmus zur Lösung eines Entscheidungsproblems muss folgendes leisten: Bei Eingabe der entsprechenden Parameter gibt

er *ja* aus, wenn die entsprechende Frage mit ja zu beantworten ist, ansonsten nein. Gibt es einen solchen Algorithmus, so nennen wir das Problem entscheidbar. Wir begnügen uns an dieser Stelle mit einer informellen Einführung der Begriffe *Entscheidungsproblem*, *Algorithmus* und *Entscheidbarkeit*. Formale Definitionen dieser Konzepte werden in Kapitel 6 gegeben.
Ein Algorithmus zur Lösung des Wortproblems für reguläre Sprachen lässt sich folgendermaßen angeben: Er konstruiert aus der gegebenen Grammatik oder dem regulären Ausdruck für die Sprache $L$ einen DEA $A$ und lässt anschließend das Wort $w$ von $A$ verarbeiten. Der Algorithmus gibt genau dann *ja* aus, wenn der Automat $A$ das Wort $w$ akzeptiert. Das Wortproblem für reguläre Sprachen ist also entscheidbar.
Die große Bedeutung des Wortproblems ergibt sich aus der Tatsache, dass jeder Compiler für eine bestimmte Programmiersprache $L_P$ im Prinzip ein Algorithmus zur Lösung eines speziellen Wortproblems ist. Die Eingabe für den Compiler ist ein Quellprogramm, in unserer Terminologie ein *Wort* $w_P$ über einem Alphabet $\Sigma$. Der Compiler soll unter anderem feststellen, ob das Programm syntaktisch korrekt ist, also ob $w_P$ ein Wort der Sprache $L_P$ ist. Eine Sprache, deren Wortproblem nicht entscheidbar ist, scheidet somit als Programmiersprache sofort aus, denn für sie kann es keinen Compiler geben.
Es reicht jedoch nicht aus, irgendeinen Algorithmus zur Lösung des Wortproblems für eine gegebene Programmiersprache zu finden, sondern ein Compiler sollte auch möglichst effizient arbeiten. Algorithmen mit exponentieller Laufzeit scheiden von vornherein aus. Die Begriffe der *Effizienz* und der *Laufzeit* sollen hier nur informell eingeführt werden, eine präzise Definition wird in Kapitel 7 dargestellt.
Es liegt nahe, das Wortproblem für reguläre Sprachen mit endlichen Automaten zu lösen. Dies ist auch die effizienteste Möglichkeit, denn ein deterministischer endlicher Automat verarbeitet das Eingabewort zeichenweise, das heißt, die Ableitung

$$(z_0,w) \rightarrow^* (z,\varepsilon)$$

umfasst genau $|w|$ Schritte. Man spricht in diesem Fall von linearer Zeitkomplexität (siehe Kapitel 7), da der Aufwand in linearer Weise mit der Länge der Eingabe ansteigt. Man kann jedoch auch die zugrunde liegende Grammatik für einen Algorithmus zur Lösung des Wortproblems benutzen (siehe Aufgabe 4.3).
Auch das *Leerheitsproblem* lässt sich mit Hilfe von deterministischen endlichen Automaten auf einfache Weise lösen. Die Sprache $L$ ist genau dann leer, wenn der zugehörige DEA mit keinem Eingabewort einen Endezustand erreicht. Dies ist genau dann der Fall, wenn $[z_0]^*$ keinen Endezustand enthält, und diese Frage wird im Zusammenhang mit der Minimierung deterministischer endlicher Automaten (siehe Kapitel 2) beantwortet. Enthält der DEA nach dem ersten Schritt der Minimierung – also der Entfernung aller Zustände, die vom Startzustand aus nicht erreichbar sind – keine Endezustände mehr, so ist die zugehörige Sprache leer.
Das *Endlichkeitsproblem* lässt sich auf folgende Art lösen: Ein endlicher Automat akzeptiert genau dann unendlich viele Wörter, wenn er eine Schleife besitzt, die zu einem Endezustand führt. Der Algorithmus zur Lösung des Endlichkeitsproblems muss also sämtliche Wege, die zu einem Endezustand führen, daraufhin untersuchen, ob sie eine Schleife haben.

Die Lösung des *Äquivalenzproblems* bleibt der Leserin oder dem Leser überlassen (siehe Aufgabe 4.17).

## 4.3 Kontextfreie Grammatiken

Mit den regulären Grammatiken, regulären Ausdrücken und endlichen Automaten (deterministische, nichtdeterministische sowie nichtdeterministische mit $\varepsilon$-Übergängen) haben wir bisher drei verschiedene Konzepte zur Beschreibung regulärer Sprachen kennengelernt. Jedoch lassen sich bereits sehr einfache und häufig vorkommende Sprachkonstrukte, wie etwa korrekt geklammerte arithmetische Ausdrücke, nicht durch reguläre Ausdrücke beschreiben (siehe Abschnitte 3.2 und 3.3). In diesem Abschnitt betrachten wir die Klasse der *kontextfreien Sprachen*, die eine Erweiterung der Klasse der regulären Sprachen darstellt. Diese umfasst alle wesentlichen Konstrukte, die in den wichtigsten Programmiersprachen auftreten und hat daher eine sehr große praktische Bedeutung. Kontextfreie Sprachen lassen sich über kontextfreie Grammatiken und auch über Kellerautomaten definieren.

### Grundlegende Definition

**4.3 DEFINITION** **Kontextfreie Grammatik**

Eine Grammatik heißt *kontextfrei,* wenn ihre Regeln von der folgenden Form sind:

$$l \to r, \text{ mit } l \in V.$$

Eine Sprache $L$ heißt *kontextfrei* oder vom *Typ 2*, wenn sie sich von einer kontextfreien Grammatik erzeugen lässt.

Beispielsweise ist die Grammatik

<ra> $\to$ <ra>+<ra> | <ra><ra> | <ra>$^*$ | (<ra>) | 0 | 1

zur Erzeugung der Menge der regulären Ausdrücke über $\Sigma = \{0, 1\}$ kontextfrei.

Kontextfreie Sprachen werden auch als Typ-2-Sprachen[1] bezeichnet. Die Bezeichnung *kontextfrei* erklärt sich daraus, dass bei der Anwendung einer Regel der Form $X \to r$ in der Ableitung eines Wortes der Kontext, in dem die Variable $X$ steht, also das links und rechts von $X$ stehende Teilwort, keine Rolle spielt. Eine Regel der Form $aXb \to r$ dagegen ist nur anwendbar, wenn die Variable $X$ im richtigen Kontext steht.

---

1 zur Systematik der Bezeichnung Typ-2-Sprache siehe Abschnitt 4.8

Die Grammatik $G$ aus Beispiel 4.1 ist offenbar kontextfrei. Die von dieser Grammatik erzeugte Sprache $\mathcal{L}(G) = \{0^n1^n \mid n \geq 0\}$ ist somit ein Beispiel für eine kontextfreie Sprache, die nicht regulär ist. Damit ergibt sich:

> Die Klasse der regulären Sprachen (Typ 3) ist eine echte Teilmenge der Klasse der kontextfreien Sprachen (Typ 2).

## 4.4 Normalformen für kontextfreie Grammatiken

In diesem Abschnitt wird die Chomsky[1]-Normalform für kontextfreie Grammatiken eingeführt, die bestimmte Einschränkungen an die rechten Seiten der Regeln stellt. Es wird gezeigt, dass sich jede kontextfreie Grammatik in eine äquivalente Grammatik in Chomsky-Normalform transformieren lässt. Wir werden weiterhin den sog. Cocke-Younger-Kasami-Algorithmus (CYK-Algorithmus) vorstellen, der entscheidet, ob ein bestimmtes Eingabewort von einer gegebenen Chomsky-Normalform-Grammatik $G$ abgeleitet werden kann.

### Vereinfachung kontextfreier Grammatiken

#### Elimination von ε-Regeln

Zunächst wollen wir zeigen, dass sich in einer kontextfreien Grammatik alle ε-Regeln mit Ausnahme der Regel $S \to \varepsilon$ eliminieren lassen. Eine *ε-Regel* ist eine Regel der Form $A \to \varepsilon$. Eine *ε-Variable* ist eine Variable, die als linke Seite einer ε-Regel vorkommt. Die Elimination der ε-Regeln geschieht, indem zu jeder Regel $X \to vAw$, wobei $A$ eine ε-Variable ist, eine Regel $X \to vw$ hinzugefügt wird. Zu jeder Regel wird also eine Regel hinzugefügt, bei der eine ε-Variable auf der rechten Seite durch das leere Wort ersetzt wird. Dies geschieht so lange, bis keine neuen ε-Variablen mehr hinzukommen. Anschließend können alle ε-Regeln mit Ausnahme der Regel $S \to \varepsilon$ gelöscht werden. Das folgende Beispiel soll das Verfahren verdeutlichen:

**4.3 BEISPIEL**

Sei $G = (V, \Sigma, P, S)$ mit $V = \{S, A, B, C\}$, $\Sigma = \{0, 1, 2\}$ und den Produktionen

$$S \to 0A \mid 1B$$
$$A \to BC$$
$$B \to B2 \mid \varepsilon$$
$$C \to \varepsilon$$

[1] Noam Chomsky (geb. 1928), amerikanischer Linguist und Philosoph

Im ersten Schritt werden neue Regeln eingeführt, bei denen die ε-Variablen $B$ und $C$ auf den rechten Seiten durch das leere Wort ersetzt werden:

$$S \to 0A \mid 1B \mid 1$$
$$A \to BC \mid B \mid C \mid \varepsilon$$
$$B \to B2 \mid 2 \mid \varepsilon$$
$$C \to \varepsilon$$

Nun ist $A$ eine neue ε-Variable, was zu der folgenden Regelmenge führt:

$$S \to 0A \mid 0 \mid 1B \mid 1$$
$$A \to BC \mid B \mid C \mid \varepsilon$$
$$B \to B2 \mid 2 \mid \varepsilon$$
$$C \to \varepsilon$$

Im letzten Schritt werden alle ε-Regeln gelöscht:

$$S \to 0A \mid 0 \mid 1B \mid 1$$
$$A \to BC \mid B \mid C$$
$$B \to B2 \mid 2$$

**Elimination von Kettenregeln**

Als nächstes soll gezeigt werden, dass sich in einer kontextfreien Grammatik alle Kettenregeln eliminieren lassen. Eine Kettenregel ist eine Regel der Form $A \to B$ mit $B \in V$. Zunächst definieren wir für $A \in V$ die Menge $[A]^*$ durch

$$[A]^* = \{B \in V \mid A \to^* B\}.$$

Die Elimination der Kettenregeln erfolgt in zwei Schritten:

1) Zunächst werden alle Zyklen eliminiert. Ein Zyklus ist eine Menge $A_1,\ldots, A_k$ von Variablen, mit

$$A_1 \to A_2, \ldots , A_{k-1} \to A_k, A_k \to A_1$$

Der Zyklus wird entfernt, indem die zyklischen Regeln gelöscht und sämtliche Vorkommen der Variablen $A_1,\ldots, A_k$ in der Regelmenge $P$ durch eine neue Variable $B$ ersetzt werden.

2) Für alle $A \in V$:

    Bestimme $[A]^*$.

   Lösche anschließend alle Kettenregeln.

3) Für alle $A \in V$:

    Für jedes $B \in [A]^*$ und für jede Regel $B \to w$:

      Füge die Regel $A \to w$ hinzu.

**4.4 BEISPIEL**

Sei $G = (V, \Sigma, P, S)$ mit $V = \{S, A, B, C\}$, $\Sigma = \{\mathrm{a}, \mathrm{b}, \mathrm{c}\}$ und den Produktionen

$$S \to A \mid \mathrm{b}B$$
$$A \to B \mid C$$
$$B \to A \mid C\mathrm{c}$$
$$C \to \mathrm{c} \mid \mathrm{d}$$

1) Zunächst wird der Zyklus $A \to B$, $B \to A$ eliminiert, indem $A$ und $B$ durch eine neue Variable $X$ ersetzt werden. Dadurch entsteht die Regelmenge

$$S \to X \mid \mathrm{b}X$$
$$X \to C \mid C\mathrm{c}$$
$$C \to \mathrm{c} \mid \mathrm{d}$$

2) Es gilt: $[S]^* = \{X, C\}$, $[X]^* = \{C\}$, $[C]^* = \varnothing$.
Die Kettenregeln $X \to C$, und $S \to X$ werden gelöscht und die folgenden Regeln hinzugefügt: $S \to \mathrm{c} \mid \mathrm{d} \mid C\mathrm{c}$ und $X \to \mathrm{c} \mid \mathrm{d}$. Wir erhalten:

$$S \to \mathrm{c} \mid \mathrm{d} \mid C\mathrm{c} \mid \mathrm{b}X$$
$$X \to \mathrm{c} \mid \mathrm{d} \mid C\mathrm{c}$$
$$C \to \mathrm{c} \mid \mathrm{d}$$

---

**Elimination nutzloser Variablen**

Schließlich wird ein Verfahren angegeben, um nutzlose Variablen in einer kontextfreien Grammatik zu eliminieren. Eine Variable $A$ heißt nützlich, wenn sie in einer Ableitung eines Terminalwortes vorkommt, das heißt, wenn es eine Ableitung

$$S \Rightarrow^* uAv \Rightarrow^* w$$

gibt mit $w \in \Sigma^*$ und $u, v \in (V \cup \Sigma)^*$. Anders gesagt, ist $A$ nutzlos, wenn sich aus $A$ kein Terminalwort ableiten lässt oder wenn $A$ vom Startsymbol $S$ aus nicht erreichbar ist, das heißt, in keinem Wort vorkommt, das von $S$ ableitbar ist.
Wir sagen, die Variable $A$ terminiert, wenn eine der folgenden Bedingungen erfüllt ist:

- Es gibt eine Regel $X \to w$, sodass $w$ ein Terminalwort ist.
- Es gibt eine Regel $X \to w$, sodass jede in $w$ vorkommende Variable terminiert.

Aus dieser rekursiven Definition lässt sich auf einfache Weise ein iterativer Algorithmus herleiten, der die Menge der terminierenden Variablen bestimmt.
Sind $A$ und $B$ Variablen der Grammatik $G$, so schreiben wir $A \to_G B$, falls es eine Regel der Form $A \to wBv$ gibt. Die Menge $[S]_G^*$ bezeichnet dann die Menge der von $S$ aus erreichbaren Variablen.

Eine Variable $A$ ist nutzlos in einer Grammatik $G$, wenn sie entweder nicht terminiert oder wenn sie von $S$ aus nicht erreichbar ist. In der Grammatik $G$ können sämtliche Regeln, die eine nutzlose Variable auf der rechten oder linken Seite enthalten, gestrichen werden.

## Die Chomsky-Normalform

4.4 DEFINITION **Chomsky-Normalform (CNF)**

Eine *kontextfreie Grammatik* $G$ mit $\varepsilon \notin \mathcal{L}(G)$ heißt in Chomsky-Normalform, wenn alle ihre Regeln von einer der beiden folgenden Formen sind:

$A \to BC$ oder

$A \to a$

mit $A, B, C \in V, a \in \Sigma$.

Jede kontextfreie Grammatik $G$ mit $\varepsilon \notin \mathcal{L}(G)$ lässt sich in Chomsky-Normalform transformieren. Diese Transformation soll zunächst an einem Beispiel illustriert werden.

4.5 BEISPIEL

Sei $G = (V, \Sigma, P, S)$ mit $V = \{S, A, B, C\}$, $\Sigma = \{0, 1, 2, 3\}$ und den Produktionen

$$S \to 0A1 \mid 0C$$
$$A \to B0B \mid 0 \mid C$$
$$B \to BA \mid 1$$
$$C \to C2 \mid 3C$$

1) Zunächst wird die nutzlose Variable $C$ eliminiert, da von $C$ aus kein Terminalwort erreichbar ist. Dadurch entsteht die Regelmenge

$$S \to 0A1$$
$$A \to 0 \mid B0B$$
$$B \to BA \mid 1$$

2) Nun wird für jedes Terminalsymbol $s$ eine neue Variable $X_s$ und eine Regel $X_s \to s$ eingeführt. Anschließend wird $s$ in allen Regeln, die noch nicht in CNF sind, durch $X_s$ ersetzt. Dadurch entsteht die Regelmenge

$$S \to X_0AX_1$$
$$A \to 0 \mid BX_0B$$
$$B \to BA \mid 1$$

$X_0 \to 0$

$X_1 \to 1$

3) Schließlich wird jede Regel der Form $U \to V_1 \ldots V_k$ mit $k > 2$ ersetzt durch die Regelmenge

$$U \to V_1W_1,\ W_1 \to V_2W_2,\ \ldots,\ W_{k-2} \to V_{k-1}V_k$$

mit neuen Variablen $W_1,\ldots,W_{k-2}$. Dadurch entsteht die CNF-Regelmenge

$S \to X_0W_1$

$W_1 \to AX_1$

$A \to 0 \mid BW_2$

$W_2 \to X_0B$

$B \to BA \mid 1$

$X_0 \to 0$

$X_1 \to 1$

---

## Der CYK-Algorithmus

Für eine reguläre Sprache $L$ ist die Frage, ob ein gegebenes Wort $w$ ein Element der Sprache ist, einfach und effizient – nämlich in linearer Zeit – zu entscheiden: Man konstruiert einen deterministischen endlichen Automaten $A$ für $L$ und prüft dann, ob $A$ das Wort $w$ akzeptiert. Für kontextfreie Sprachen haben wir bisher kein entsprechendes Automatenkonzept kennengelernt. Der in diesem Abschnitt vorgestellte Cocke-*Younger-Kasami-Algorithmus* (CYK-Algorithmus) ist ein einfaches Verfahren von kubischer Komplexität, das auf der Methode der dynamischen Programmierung beruht.

Es sei eine kontextfreie Grammatik $G$ über dem Alphabet $\Sigma$ und ein Wort $w \in \Sigma^*$ gegeben. Es soll geprüft werden, ob $w$ ein Element der Sprache $\mathcal{L}(G)$ ist, das heißt, ob $w$ aus der Startvariablen $S$ abgeleitet werden kann. Ist $|w| = 1$, so gibt es dafür nur die Möglichkeit durch eine Regel $S \to w$. Ist dagegen $|w| > 1$, so muss die Ableitung $S \Rightarrow^* w$ von folgender Form sein:

$$S \Rightarrow XY \Rightarrow^* w$$

Das Wort $w$ lässt sich dann in zwei Teilworte $u$ und $v$ zerlegen, sodass $w = uv$ und $X \Rightarrow^* u$ und $Y \Rightarrow^* v$. Daraus lässt sich zunächst ein einfacher rekursiver Algorithmus konstruieren, der für sämtliche möglichen Regeln $S \to XY$ und sämtliche möglichen Zerlegungen $w = uv$ rekursiv prüft, ob $X \Rightarrow^* u$ und $Y \Rightarrow^* v$ gilt.

```
ableitbar(w)/* prüft, ob das Wort w in L(G) liegt
  return abl1(S,w)

abl1(X,a1...an) /* prüft, ob w=a1...an aus X ableitbar ist
    if (n = 1) then return (X -> a1 ∈ P)
    for k := 1 to n-1:
        if (X -> UV ∈ P) and abl(U,a1..ak) and abl(V,ak+1..an)
            then return true
    return false
```

Dieser rekursive Algorithmus kann nun mit der Methode der Tabellierung in einen iterativen Algorithmus transformiert werden. Diese Methode beruht darauf, dass sukzessive für jedes Teilwort des Eingabewortes notiert wird, aus welchen Variablen es sich ableiten lässt.
Wir nehmen im Folgenden an, das Eingabewort $w$ hat die Form $w = a_1 \dots a_n$. Wir benutzen eine Tabelle $T$ der Dimension $(n+1) \times n$, wobei in $T[i, j]$ notiert wird, aus welchen Variablen sich das Teilwort $a_j \dots a_{j+i-1}$, das an Position $j$ beginnt und Länge $i$ hat, ableiten lässt. Das Ergebnis ist dann in $T[n, 1]$ abzulesen: Enthält $T[n, 1]$ das Startsymbol $S$, so ist das Eingabewort $w = a_1 \dots a_n$ aus dem Startsymbol ableitbar.

### 4.6 BEISPIEL

Sei $G$ die kontextfreie Grammatik aus Beispiel 4.1, die die Sprache $\mathcal{L}(G) = \{0^n 1^n \mid n > 0\}$ definiert. Die Umwandlung in CNF ergibt:

$$S \to NE \mid NW$$
$$W \to SE$$
$$N \to 0$$
$$E \to 1$$

Als Eingabewort wählen wir $w = 0011$, also ist $n = 4$. Zunächst wird die nullte Zeile der Tabelle initialisiert durch $T[0, j] = a_j$. Anschließend werden die Elemente $T[1, j]$ in der ersten Zeile belegt. $T[1, j]$ gibt an, aus welchen Variablen sich das Teilwort $a_i$ der Länge 1 ableiten lässt. Aufgrund der Regeln $N \to 0$ und $E \to 1$ erhalten wir die erste Zeile der Tabelle (siehe Tabelle 4.2).

4.2 TABELLE

### Der CYK-Algorithmus

| | $j=1$ | $j=2$ | $j=3$ | $j=4$ |
|---|---|---|---|---|
| $i=0$ | 0 | 0 | 1 | 1 |
| $i=1$ | $N$ | $N$ | $E$ | $E$ |
| $i=2$ | | $S$ | | |
| $i=3$ | | $W$ | | |
| $i=4$ | $S$ | | | |

In der zweiten Zeile der Tabelle werden die Variablen notiert, aus denen sich die Teilwörter der Länge 2 ableiten lassen. Für $T[2, 2]$ ergibt sich aufgrund der Regel $S \to NE$ und der beiden darunter liegenden Einträge in Zeile 1 der Eintrag $T[2, 2] = S$. Ansonsten ergibt sich kein weiterer Eintrag in Zeile 2.

In der dritten Zeile werden die Teilwörter der Länge 3 geprüft. Die Ableitung eines solchen Wortes ergibt sich aus $X \to YZ$, wobei $Y$ einem Wort der Länge eins und $Z$ einem Wort der Länge zwei entspricht oder umgekehrt. Beispielsweise lässt sich $a_1a_2a_3 = 001$ zerlegen in $a_1 = 0$ (entsprechend $T[1, 1] = N$) und $a_2a_3 = 01$ (entsprechend $T[2, 2] = S$). Da es jedoch keine Regel mit rechter Seite $NS$ gibt, lässt sich das Wort $a_1a_2a_3$ nicht in dieser Form ableiten. Auch die zweite Form der Zerlegung von $a_1a_2a_3$ führt zu keinem Ergebnis. Die Zelle $T[3, 1]$ bleibt also leer.

Für $T[3, 2]$ ergibt sich die Zerlegung $a_2a_3a_4 = 011$ in $a_2a_3 = 01$ (entsprechend $T[2, 2] = S$) und $a_4 = 1$ (entsprechend $T[1, 4] = E$). Aufgrund der Regel $W \to SE$ kann nun die Variable $W$ in $T[3, 2]$ eingetragen werden.

In Zeile vier ergibt sich schließlich aufgrund der Zerlegung von $a_1a_2a_3a_4$ in $a_1 = 0$ (entsprechend $T[1, 1] = N$) und $a_2a_3a_4 = 011$ (entsprechend $T[3, 2] = W$) sowie der Regel $S \to NW$ der Eintrag $T[4, 1] = S$. Somit ist das Eingabewort $w = 0011$ akzeptiert.

Damit ergibt sich folgender Algorithmus:

```
Algorithmus cyk
Eingabe: Grammatik G und Eingabewort w = a1...an
Ausgabe: true, wenn w ∈ L(G) ist, sonst false

for j := 1 to n do
   for i := 1 to n+1-j do
      cyk1(i,j)
return (S ∈ T[1,n])

cyk1(i,j)                  /* Berechnet T[i,j]
   if (j = 1) then T[i,j] := {A | A → ai ∈ P} else
      T[i,j] := ∅;
      for k := 1 to j-1 do
         T[i,j] := T[i,j] ∪
            {X | X → YZ ∈ P und Y ∈ T[i,k]
                            und Z ∈ T[i+k,j-k]}
```

## 4.5 Eigenschaften kontextfreier Sprachen

### Das Pumping-Lemma

Das Pumping-Lemma für reguläre Sprachen (Satz 3.4) beschreibt eine notwendige Bedingung für die Regularität einer Sprache. Es wird benutzt, um nachzuweisen, dass eine gegebene Sprache $L$ nicht regulär ist. Auch für kontextfreie Sprachen gibt es eine solche notwendige Bedingung für die Wörter der Sprache.

**4.2 SATZ** **Pumping-Lemma für kontextfreie Sprachen**

Sei $L$ eine kontextfreie Sprache. Dann existiert eine Zahl $N \geq 0$, sodass sich jedes Wort $z \in L$ mit $|z| \geq N$ in der folgenden Form schreiben lässt

$$z = uvwxy \text{ mit } |vx| \geq 1 \text{ und } |vwx| \leq N,$$

und für alle $i \geq 0$ gilt, dass $uv^iwx^iy \in L$ ist.

Auch das Pumping-Lemma für kontextfreie Sprachen beschreibt eine notwendige, jedoch nicht hinreichende Bedingung für die Kontextfreiheit, das heißt, eine Sprache, die die im Pumping-Lemma beschriebene Eigenschaft besitzt, ist nicht notwendigerweise kontextfrei. Um zu zeigen, dass eine gegebene Sprache $L$ nicht kontextfrei ist, weist man nach, dass $L$ die im Pumping-Lemma konstatierte Eigenschaft nicht besitzt. Wir demonstrieren dies am Beispiel der Sprache

$$L = \{a^kb^kc^k \mid k \geq 1\}$$

über dem Alphabet $\Sigma = \{a,b,c\}$. Sei $N$ die Zahl aus dem Pumping-Lemma. Wir wählen das Wort $z = a^N b^N c^N \in L$. Dann lässt sich $z$ zerlegen in die Form $z = uvwxy$ mit $|vx| \geq 1$ und $|vwx| \leq N$. Das Wort $vwx$ ist ein Teilwort von $z = a^N b^N c^N$. Aus $|vwx| \leq N$ folgt, dass $vwx$ nicht alle drei Zeichen a, b und c enthalten kann. Es gibt also folgende Möglichkeiten:

a) $vwx$ ist Teilwort von $a^N b^N$ (und damit ist auch $w$ ein Teilwort von $a^N b^N$)

b) $vwx$ ist Teilwort von $b^N c^N$ (und damit ist auch $w$ ein Teilwort von $b^N c^N$)

Wir behandlen nur den ersten Fall; der zweite ist völlig analog. Wegen $|vx| \geq 1$ ist $|w| < |vwx|$, also ist auch $|w|_a + |w|_b < |vwx|_a + |vwx|_b$. Damit ist

$$|uwy|_a + |uwy|_b < |uvwxy|_a + |uvwxy|_b = 2N.$$

Weiterhin ist $|y|_c = N$, also auch $|uwy|_c = N$, und damit kann $uwy = uv^0wx^0y$ nicht in $L$ sein, im Widerspruch zur Behauptung des Pumping-Lemmas.

## Abgeschlossenheitseigenschaften

Ebenso wie in Abschnitt 3.4 wollen wir hier *Abgeschlossenheitseigenschaften* kontextfreier Sprachen untersuchen. Diese sind nützlich, um aus gegebenen kontextfreien Sprachen neue zu konstruieren bzw. die Kontextfreiheit zusammengesetzter Sprachen zu beweisen.

**4.3 SATZ**

Die Klasse der kontextfreien Sprachen ist abgeschlossen unter Vereinigung, Konkatenation und Kleene-Stern. Sie ist nicht abgeschlossen unter Durchschnitt und Komplement.

**Beweis** a) Seien $L_1$ und $L_2$ kontextfreie Sprachen, die durch die Grammatiken

$$G_1 = (V_1, \Sigma, P_1, S_1) \text{ und } G_2 = (V_2, \Sigma, P_2, S_2)$$

definiert sind. Wir nehmen an, dass die Variablenmengen $V_1$ und $V_2$ disjunkt sind. Sei ferner $S$ ein Symbol, das weder in $V_1$ noch in $V_2$ vorkommt.
Wir konstruieren zunächst eine Grammatik

$$G_3 = (V_1 \cup V_2 \cup \{S\}, \Sigma, P_1 \cup P_2 \cup \{S \to S_1 \mid S_2\}, S),$$

die die Vereinigung $L_1 \cup L_2$ erzeugt. $G_3$ umfasst also alle Produktionen aus $G_1$ und aus $G_2$ und eine Produktion, die vom neuen Startsymbol $S$ wahlweise zu den Startsymbolen von $G_1$ und $G_2$ verzweigt. Ist $w \in L_1$, so gibt es eine Ableitung $S_1 \Rightarrow^* w$ in $G_1$. Dann ist $S \Rightarrow S_1 \Rightarrow^* w$ eine Ableitung in $G_3$. Entsprechend hat auch jedes Wort in $L_2$ eine Ableitung in $G_3$. Damit ist also $L_1 \cup L_2 \subseteq \mathcal{L}(G_3)$. Ist umgekehrt $w \in \mathcal{L}(G_3)$, so gibt es eine Ableitung $S \Rightarrow^* w$ in $G_3$. Der erste Schritt dieser Ableitung muss von der Form $S \Rightarrow S_1$ oder $S \Rightarrow S_2$ sein. Im ersten Fall haben wir also eine Ableitung $S \Rightarrow S_1 \Rightarrow^* w$. Der zweite Teil $S_1 \Rightarrow^* w$ dieser Ab-

leitung muss komplett in $G_1$ stattfinden, da die Variablen von $G_1$ und $G_2$ disjunkt sind, und $S_1$ ist ein Symbol aus $G_1$. Also ist $w \in L_1$. Im zweiten Fall gilt entsprechend $w \in L_2$. Somit ergibt sich $\mathcal{L}(G_3) \subseteq L_1 \cup L_2$, insgesamt also $L_1 \cup L_2 = \mathcal{L}(G_3)$, das heißt, die Sprache $L_1 \cup L_2$ ist kontextfrei.
Auf ähnliche Weise konstruieren wir eine Grammatik

$$G_4 = (V_1 \cup V_2 \cup \{S\}, \Sigma, P_1 \cup P_2 \cup \{S \rightarrow S_1 S_2\}, S),$$

die die Konkatenation $L_1L_2$ erzeugt. $G_4$ umfasst also alle Produktionen aus $G_1$ und aus $G_2$ und eine Produktion, die aus dem neuen Startsymbol $S$ die Konkatenation der Startsymbole von $G_1$ und $G_2$ erzeugt. Der Beweis, dass $L_1L_2 = \mathcal{L}(G_4)$ gilt, verläuft ähnlich wie im Fall der Grammatik $G_3$.
Die Konstruktion einer Grammatik $G_5$ für die Sprache $L_1^*$ und der Nachweis, dass $L_1^* = \mathcal{L}(G_5)$ bleibt ebenfalls der Leserin oder dem Leser überlassen (siehe Aufgabe 4.10).

b) Wir zeigen an einem Beispiel, dass die Klasse der kontextfreien Sprachen unter der Durchschnittsbildung nicht abgeschlossen ist. Gegeben sei $\Sigma = \{\text{a, b, c}\}$. Seien

$$L_1 = \{\text{a}^i\text{b}^i\text{c}^j \mid i, j \geq 1\} \text{ und}$$

$$L_2 = \{\text{a}^i\text{b}^j\text{c}^j \mid i, j \geq 1\}.$$

Diese beiden Sprachen sind kontextfrei, denn sie werden durch die folgenden kontextfreien Grammatiken $G_1$ und $G_2$ erzeugt:

$$S \rightarrow AB$$
$$A \rightarrow \text{a}A\text{b} \mid \text{ab}$$
$$B \rightarrow \text{c}B \mid \text{c}$$

erzeugt $L_1$ und

$$S \rightarrow CD$$
$$C \rightarrow \text{a}C \mid \text{a}$$
$$D \rightarrow \text{b}D\text{c} \mid \text{bc}$$

erzeugt $L_2$. Die Schnittmenge $L_1 \cap L_2 = \{\text{a}^i\text{b}^i\text{c}^i \mid i \geq 1\}$ ist jedoch nicht kontextfrei, wie wir im Zusammenhang mit dem Pumping-Lemma für kontextfreie Sprachen festgestellt haben.
Daraus folgt mit Hilfe mengentheoretischer Überlegungen, dass auch das Komplement einer kontextfreien Sprache nicht kontextfrei sein kann, denn wäre dies der Fall, so wären kontextfreie Sprachen wegen

$$L_1 \cap L_2 = \overline{\overline{L_1} \cup \overline{L_2}}$$

auch unter der Schnittbildung abgeschlossen, was nicht der Fall ist.

## Entscheidbarkeit

Das Wortproblem für kontextfreie Sprachen lautet:

Gegeben: eine kontextfreie Sprache $L$ über $\Sigma$ und ein Wort $w \in \Sigma^*$.

Gefragt: gilt $w \in L$?

Der CYK-Algorithmus (Abschnitt 4.4) stellt ein Verfahren dar, um dieses Problem zu lösen. Das Wortproblem für kontextfreie Sprachen ist also entscheidbar. Die Komplexität des CYK-Algorithmus ist von der Ordnung $O(n^3)$, und es lässt sich auch zeigen, dass dies das beste erreichbare Resultat für kontextfreie Sprachen ist. Beschränkt man sich auf deterministisch kontextfreie Sprachen, so reduziert sich die Komplexität des Wortproblems auf die Ordnung $O(n)$.

Auch das Leerheitsproblem lässt sich für kontextfreie Sprachen durch eine Analyse der erzeugenden Grammatik auf einfache Weise lösen. Wir haben in Abschnitt 4.4 ein Verfahren kennengelernt, um nutzlose Variablen einer Grammatik zu eliminieren, also Variablen, aus denen sich kein Terminalwort erzeugen lässt. Die von der kontextfreien Grammatik $G$ erzeugte Sprache $\mathcal{L}(G)$ ist offenbar genau dann leer, wenn die Startvariable $S$ eine nutzlose Variable ist.

Zur Lösung des Endlichkeitsproblems für kontextfreie Sprachen transformiert man zunächst die Grammatik $G$ in Chomsky-Normalform (ohne nutzlose Symbole). Aus dieser Grammatik $G'$ erstellt man einen gerichteten Graphen $\mathcal{G}$, dessen Knoten die Variablen von $G'$ sind. Eine Kante verläuft von $V_1$ nach $V_2$, wenn $V_1$ auf der linken Seite einer Regel $R$ aus $P'$ vorkommt, $V_1$ auf der rechten Seite derselben Regel $R$. Die von $G$ erzeugte Sprache ist genau dann endlich, wenn der Graph $\mathcal{G}$ keine Zyklen besitzt. Diese Eigenschaft lässt sich algorithmisch leicht nachprüfen. Wir wollen das Verfahren an einem Beispiel demonstrieren:

**4.7 BEISPIEL**

Die beiden folgenden kontextfreien Grammatiken $G_1$ und $G_2$ sind in CNF.

| $G_1$: | $G_2$: |
|---|---|
| $S \to AB$ | $S \to AB$ |
| $A \to BC \mid a$ | $A \to BB$ |
| $B \to b$ | $B \to AA \mid b$ |
| $C \to c$ | |

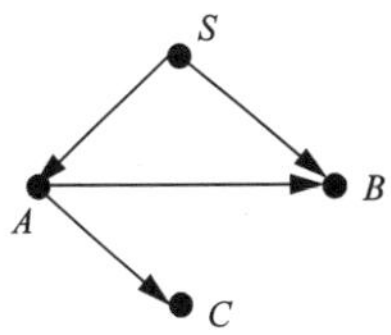


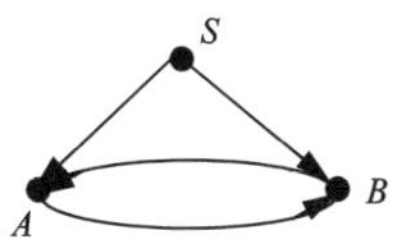

Der zu $G_1$ gehörige Graph $\mathcal{G}_1$ enthält keinen Zyklus und die von $G_1$ erzeugte Sprache $\mathcal{L}(G_1) = \{ab, bcb\}$ ist endlich. Der Graph $\mathcal{G}_2$ dagegen enthält einen Zyklus und die Sprache $\mathcal{L}(G_2) = \{b^{3n} \mid n \geq 1\}$ ist unendlich.

---

Das Äquivalenzproblem für kontextfreie Sprachen ist dagegen nicht entscheidbar, das heißt, es gibt keinen Algorithmus, der zu zwei vorgegebenen kontextfreien Grammatiken entscheidet, ob sie dieselbe Sprache erzeugen.

## 4.6 Kellerautomaten

Endliche Automaten stellen aufgrund ihrer einfachen Struktur kein geeignetes Werkzeug zur Erkennung kontextfreier Sprachen dar, denn sie haben nur ein endliches Gedächtnis in Form ihrer endlich vielen Zustände. In diesem Abschnitt wird das Konzept des Kellerautomaten erläutert, der geeignet ist, kontextfreie Sprachen zu erkennen. Ein *Kellerautomat* ist im Wesentlichen ein NEA/ε, der mit einem zusätzlichen (unendlich großen) Speicher in Form eines *Kellers* (engl. *stack*) ausgestattet ist, der Zeichen aus einem Alphabet $\Gamma$ enthält. Ein Keller ist eine Liste, die nach dem *last in – first out* (LIFO) Prinzip organisiert ist, das heißt, Zeichen können nur am obersten Ende des Kellers eingefügt oder entfernt werden. Der aktuelle Inhalt des Kellers kann als ein Wort $W \in \Gamma^*$ dargestellt werden. Im Folgenden wird das Kellerwort stets mit Großbuchstaben geschrieben, um es einfacher vom Eingabewort unterscheiden zu können.

Ein Kellerautomat verarbeitet ein Eingabewort, indem er in jedem Schritt dessen erstes Zeichen und das erste Zeichen des Kellerwortes entfernt. Abhängig vom aktuellen Zustand und den beiden gelesenen Zeichen geht er dann in den Folgezustand über und legt ein neues Wort (dies kann auch das leere Wort sein) auf den Keller.

Entsprechend den ε-Übergängen des NEA/ε gibt es auch die Möglichkeit, eines Übergangs ohne das Lesen des Eingabezeichens. Das oberste Kellerzeichen wird jedoch auch beim ε-Übergang gelesen. Da der Kellerautomat in jedem Fall das oberste Kellerzeichen entfernt, also auch zu Beginn, wenn der Keller eigentlich noch leer ist, wird ein spezielles *Keller-Startsymbol* $\perp$ (auch Keller-Bodensymbol genannt) als Element des Kelleralphabets $\Gamma$ eingeführt.

Als Beispiel betrachten wir die Sprache $L = \{0^n 1^n \mid n \geq 0\}$ über dem Alphabet $\Sigma = \{0,1\}$. Diese Sprache ist kontextfrei, jedoch nicht regulär (siehe Abschnitt 3.2), das heißt, sie kann nicht von einem endlichen Automaten erkannt werden. Sie kann jedoch von einem Kellerautomaten $K$ erkannt werden, indem für jede gelesene $0$ des Eingabeworts ein Zeichen in den Keller gelegt wird und für jede gelesene $1$ ein Zeichen entfernt wird. Ist der Keller am Schluss leer, so wird das Wort akzeptiert.

Der im Folgenden dargestellte Kellerautomat $K_A$ mit dem Kelleralphabet $\Gamma = \{A\}$ und dem Eingabealphabet $\Sigma = \{0,1\}$ verfügt über drei Zustände. Die Übergangsfunktion $\delta$ ist durch Regeln definiert, die mit $\delta_1, \delta_2, \ldots$ durchnummeriert sind. Die allgemeine Form dieser Regeln lautet:

$$\delta_i : z \text{–}(A \mid W)\!\rightarrow_a z'.$$

Dies bedeutet: Befindet sich $K$ im Zustand $z$ und liest das Eingabezeichen $a$ und das oberste Kellerzeichen $A$, so wechselt er in Zustand $z'$ und ersetzt das oberste Kellerzeichen $A$ durch das Wort $W \in \Gamma^*$.

Der Automat $K_A$ ist definiert durch folgende Regeln:

$$\delta_1: z_0 \text{–}(X \mid AX)\!\rightarrow_0 z_0 \text{ für alle } X \in \Gamma$$

Dies bedeutet: Liest $K_A$ im Zustand $z_0$ das Eingabezeichen 0, so bleibt er im Zustand $z_0$, und legt das Zeichen A oben auf den Keller.

$$\delta_2: z_0 \text{–}(A \mid \varepsilon)\!\rightarrow_1 z_1$$

Sobald er die erste Eins liest, geht er in den Zustand $z_1$ über und entfernt das oberste Kellerzeichen A (das heißt, ersetzt es durch das leere Wort).

$$\delta_3: z_1 \text{–}(A \mid \varepsilon)\!\rightarrow_1 z_1 \text{ für alle } X \in \Gamma$$

Liest er eine weitere Eins, so bleibt er im Zustand $z_1$ und entfernt das oberste Kellerzeichen.

$$\delta_3: z_0 \text{–}(\perp \mid \varepsilon)\!\rightarrow_\varepsilon z_2$$

$$\delta_4: z_1 \text{–}(\perp \mid \varepsilon)\!\rightarrow_\varepsilon z_2$$

Ist der Keller im Zustand $z_0$ oder $z_1$ leer (bis auf das Startsymbol), so wechselt der Automat mit einem ε-Übergang in den Endezustand $z_2$ über und leert den Keller komplett.

Die Regeln $\delta_3$ und $\delta_4$ machen die Bedeutung des Keller-Bodensymbols klar. Gäbe es kein solches Symbol, das das Ende des Kellers anzeigt, so könnte man unmöglich erkennen, wann das letzte Kellerzeichen entfernt wurde. Der Keller wäre dann „ohne Vorwarnung" komplett leer, und für diese Situation wäre kein Übergang definiert. Das Keller-Bodensymbol ist somit eine Art letzte Warnung vor dem leeren Keller. Bei dem Entwurf eines Kellerautomaten ist also zu beachten, dass die Regeln so gestaltet sind, dass das Keller-Bodensymbol nicht „aus Versehen" entfernt wird, sondern stets das unterste Zeichen des Kellers bleibt.

Ist das Eingabewort von der Form $0^n1^n$, so ist garantiert, dass der Automat am Schluss alle A's wieder entfernt hat, das heißt, das Eingabewort wird akzeptiert. Hat das Eingabewort weniger Einsen als Nullen, so bleiben am Schluss der Berechnung noch Zeichen im Keller, der Automat befindet sich dann im Nicht-Endezustand $z_1$. Hat es dagegen mehr Einsen als Nullen, so ist der Keller früher leer als das Eingabewort und dann gibt es keine Übergangsregel mehr.

## Definition des Kellerautomaten

4.5 DEFINITION **Nichtdeterministischer Kellerautomat, NKA**

Ein *nichtdeterministischer* Kellerautomat besteht aus den Komponenten $Z$, $\Sigma, \Gamma, \perp, \Delta, z_0, E$.

- $Z$ ist eine endliche Menge von Zuständen.
- $\Sigma$ ist ein Alphabet, das sog. Eingabealphabet.
- $\Gamma$ ist ein Alphabet, das sog. Kelleralphabet.
- $\perp \in \Gamma$ ist das Keller-Startsymbol.
- $\Delta \subseteq Z \times \Gamma \times (\Sigma \cup \{\varepsilon\}) \times Z \times \Gamma^*$ ist die Übergangsrelation.
- $z_0 \in Z$ ist der Startzustand.
- $E \subseteq Z$ ist die Menge der Endezustände.

Wir schreiben $z -(A \mid W) \rightarrow_a z'$, falls $(z, A, a, z', W) \in \Delta$ gilt. Wir schreiben $\delta(z, A, a) = \{(z', W) \mid (z, A, a, z', W) \in \Delta\}$.

## Verarbeitung eines Eingabewortes

Eine Konfiguration eines Kellerautomaten muss nun zusätzlich zum aktuellen Zustand und zum restlichen Eingabewort auch die Information über das aktuelle Kellerwort enthalten. Eine Konfiguration ist somit ein Tripel der Form $(z, W, w)$ mit $z \in Z$, $W \in \Gamma^*$ und $w \in \Sigma^*$.

4.8 BEISPIEL

Betrachten wir als Beispiel die Abfolge der Konfigurationen bei der Verarbeitung der Wörter $w = 0011$ und $v = 00101$ für den in der Einführung zu diesem Abschnitt definierten Kellerautomaten $K_A$. Die Berechnung startet jeweils im Zustand $z_0$ und mit einem Keller, der nur das Startsymbol enthält.

4.3 TABELLE

**Verarbeitung zweier Eingabewörter durch $K_A$**

| Zustand | Keller | $w$ | Regel |
|---|---|---|---|
| $z_0$ | $\bot$ | 0011 | $\delta_1$ |
| $z_0$ | $A\bot$ | 011 | $\delta_1$ |
| $z_0$ | $AA\bot$ | 11 | $\delta_2$ |
| $z_1$ | $A\bot$ | 1 | $\delta_2$ |
| $z_1$ | $\bot$ | $\varepsilon$ | $\delta_4$ |
| $z_2$ | $\varepsilon$ | 0 | |

| Zustand | Keller | $v$ | Regel |
|---|---|---|---|
| $z_0$ | $\bot$ | 00101 | $\delta_1$ |
| $z_0$ | $A\bot$ | 0101 | $\delta_1$ |
| $z_0$ | $AA\bot$ | 101 | $\delta_1$ |
| $z_1$ | $A\bot$ | 01 | |

Im ersten Fall $w = 000111$ endet die Berechnung im Endezustand $z_2$. Das Eingabewort wird akzeptiert.

Im zweiten Fall $v = 00101$ endet die Berechnung im Zustand $z_1$, weil für die letzte Konfiguration $(z_1, A\bot, 01)$ keine Folgekonfiguration möglich ist.

4.6 DEFINITION

**Akzeptierung mit Endezustand**

Sei $K$ ein Kellerautomat.

a) Die Relation $\to$ auf der Menge der Konfigurationen von $K$ ist definiert durch

$$(z, AW, aw) \to (z', VW, w), \textit{falls } z -(A \mid V)\to_a z',$$
$$(z, AW, w) \to (z', VW, w), \textit{falls } z -(A \mid V)\to_\varepsilon z'.$$

b) Der Automat $K$ akzeptiert *das Eingabewort $w$ mit Endezustand* genau dann, wenn es ein $z_e \in E$ und $W \in \Gamma^*$ gibt mit

$$(z_0, \bot, w) \to^* (z_e, W, \varepsilon).$$

c) Die vom Automaten $K$ mit Endezustand *akzeptierte Sprache* $\mathcal{L}_E(K)$ ist definiert durch:

$$\mathcal{L}_E(K) = \{w \in \Sigma^* \mid K \text{ akzeptiert } w \text{ mit Endezustand}\}.$$

Dabei ist Folgendes zu beachten: In einer Konfiguration der Form $(z, \varepsilon, w)$, also bei leerem Keller, ist kein Übergang mehr möglich. Ist dagegen das Eingabewort leer, so sind noch $\varepsilon$-Übergänge zulässig.

Im obigen Beispiel wurde zum Ende der Berechnung der Keller komplett geleert. Dieses Prinzip lässt sich auch als Kriterium für die Akzeptierung verwenden. Bei der Akzeptierung mit leerem Keller wird das Eingabewort akzeptiert, wenn am Ende der Berechnung der Keller leer ist. Man erspart sich dadurch die Endezustände.

4.7 DEFINITION **Akzeptierung mit leerem Keller**

a) Der Kellerautomat $K$ akzeptiert *das Eingabewort $w$ mit leerem Keller*, wenn

$$(z_0, \bot, w) \rightarrow^* (z, \varepsilon, \varepsilon)$$

gilt, das heißt, wenn zum Ende der Berechnung der Keller leer ist.

b) Die vom Automaten $K$ mit leerem Keller *akzeptierte Sprache* $\mathcal{L}_{\text{LK}}(K)$ ist definiert durch:

$$\mathcal{L}_{\text{LK}}(K) = \{w \in \Sigma^* \mid K \text{ akzeptiert } w \text{ mit leerem Keller}\}$$

Es lässt sich zeigen, dass die beiden Konzepte der Akzeptierung äquivalent sind in dem Sinne, dass sich zu jedem Kellerautomaten $K$, der eine Sprache $L$ mit Endezustand akzeptiert, ein Kellerautomat $K'$ konstruieren lässt, der $L$ mit leerem Keller akzeptiert und umgekehrt.

Sei $L$ eine Sprache und $K$ ein Kellerautomat, der $L$ mit leerem Keller akzeptiert. Der Automat $K'$, der $L$ mit Endezustand akzeptiert, wird folgendermaßen konstruiert: Es wird ein Endezustand $z_e$ hinzugefügt, der von jedem Zustand aus mit einem ε-Übergang angesteuert werden soll, falls der Keller von $K$ leer ist. Der Automat $K'$ kann also stets, wenn der Keller von $K$ leer ist, „versuchsweise" (das heißt nichtdeterministisch) in den Endezustand $z_e$ springen. Ist in diesem Fall das Eingabewort zu Ende, so wird das Wort akzeptiert. Andernfalls muss der Automat einen Backtrackingschritt durchführen und anstelle des letzten ε-Schrittes einen anderen Übergang „probieren". Es bleibt nur noch das Problem zu lösen, dass bei leerem Keller keine Übergänge mehr erlaubt sind. Dazu definiert der Automat $K'$ sein eigenes Bodensymbol $\bot'$, das unter das Bodensymbol $\bot$ von $K$ gelegt wird. Wenn der Automat $K$ seinen Keller leert, dann bleibt für $K'$ sein eigenes Bodensymbol $\bot'$ im Keller.

Sei nun umgekehrt $K$ ein Kellerautomat, der die Sprache $L$ mit Endezustand akzeptiert. Wir skizzieren die Konstruktion des Automaten $K'$, der $L$ mit leerem Keller akzeptiert. Es wird ein Zustand $z_{KL}$ hinzugefügt, in dem der Keller sukzessive geleert wird. Wenn $K$ sich in einem akzeptierenden Zustand befindet, muss der Automat $K'$ (wieder versuchsweise) mit einem ε-Übergang in den Zustand $z_{KL}$ springen und anschließend seinen Keller leeren. Ist in diesem Fall das Eingabewort zu Ende, so wird es akzeptiert. Andernfalls muss der Automat wieder einen Backtrackingschritt durchführen. Eine Komplikation ergibt sich jedoch, wenn der Kellerautomat $K$ zum Ende einer nicht akzeptierenden Berechnung seinen Keller „zufällig" leert. In diesem Fall würde $K'$ ebenfalls seinen Keller leeren und das Eingabewort fälschlicherweise akzeptieren. Diese Schwierigkeit lässt sich ebenfalls durch ein Startsymbol ⊥' für $K'$ beheben, das zu Beginn der Berechnung unter das Symbol ⊥ gelegt wird. Wenn nun $K$ seinen Keller „zufällig" leert, bleibt für $K'$ sein eigenes Startsymbol ⊥' im Keller.

## 4.9 BEISPIEL

Als weiteres Beispiel betrachten wir einen Kellerautomaten $K_{\text{Pal}}$, der die Sprache der Palindrome über dem Alphabet $\Sigma = \{0,1\}$ erkennt. Ein Palindrom ist ein Wort, das vorwärts wie rückwärts gelesen gleich lautet, etwa „Kajak", „Regallager" oder „Marktkram". Der Automat geht dabei so vor, dass er im Zustand $z_0$ bis zur Mitte des Eingabewortes jedes gelesene Zeichen auf den Keller legt. Hat er die Mitte erreicht, so geht er in den Zustand $z_1$ über und prüft jeweils, ob das gelesene Zeichen mit dem ersten Zeichen des Kellers übereinstimmt und entfernt dieses anschließend. Da der Automat nicht wissen kann, wann die Mitte erreicht ist, geschieht dies nichtdeterministisch. Die Akzeptierung erfolgt durch leeren Keller. Die Übergangsfunktion des Kellerautomaten $K_{\text{Pal}}$ über $\Sigma = \Gamma = \{0,1\}$ ist folgendermaßen definiert:

$$\delta_1 \colon z_0 \text{–}(A \mid aA)\!\to_a z_0 \text{ für alle } a \in \Sigma,\ A \in \Gamma$$

Das Eingabezeichen $a$ wird auf den Keller gelegt.

$$\delta_2 \colon z_0 \text{–}(a \mid \varepsilon)\!\to_a z_1 \text{ für alle } a \in \Sigma$$

Der Automat rät, dass die Länge des Eingabewortes gerade ist und dass nun die Mitte erreicht ist. Das Eingabezeichen ist in diesem Fall das erste Zeichen nach der Mitte, das oberste Kellerzeichen ist das letzte Zeichen vor der Mitte. Stimmen Kellerzeichen und Eingabezeichen überein, so wird das Kellerzeichen gelöscht und in Zustand $z_1$ gewechselt.

$$\delta_3 \colon z_0 \text{–}(A \mid \varepsilon)\!\to_\varepsilon z_1 \text{ für alle } A \in \Gamma$$

Der Automat rät, dass die Länge des Eingabewortes ungerade ist und dass nun die Mitte erreicht ist. Das Eingabezeichen ist in diesem Fall das Zeichen genau in der Mitte. Das Kellerzeichen wird gelöscht und in Zustand $z_1$ gewechselt.

$$\delta_4 \colon z_1 \text{–}(a \mid \varepsilon)\!\to_a z_1 \text{ für alle } a \in \Sigma$$

Stimmen Kellerzeichen und Eingabezeichen überein, so wird das Kellerzeichen gelöscht.

$$\delta_5 \colon z_0 \text{–}(\bot \mid \varepsilon)\!\to_\varepsilon z_0$$

$$\delta_6 \colon z_1 \text{–}(\bot \mid \varepsilon)\!\to_\varepsilon z_1$$

Ist nur noch das Startsymbol im Keller, wird der Keller komplett geleert.

Betrachten wir als Beispiel jeweils eine mögliche Verarbeitung der Wörter $w = 001100$ und $v = 10101$.

4.4 TABELLE **Verarbeitung zweier Eingabewörter durch $K_{Pal}$**

| Zustand | Keller | $w$ | Regel |
|---|---|---|---|
| $z_0$ | $\bot$ | 001100 | $\delta_1$ |
| $z_0$ | $0\bot$ | 01100 | $\delta_1$ |
| $z_0$ | $00\bot$ | 1100 | $\delta_1$ |
| $z_0$ | $100\bot$ | 100 | $\delta_2$ |
| $z_1$ | $00\bot$ | 00 | $\delta_4$ |
| $z_1$ | $0\bot$ | 0 | $\delta_4$ |
| $z_1$ | $\bot$ | $\varepsilon$ | $\delta_6$ |
| $z_1$ | $\varepsilon$ | $\varepsilon$ | |

| Zustand | Keller | $v$ | Regel |
|---|---|---|---|
| $z_0$ | $\bot$ | 10101 | $\delta_1$ |
| $z_0$ | $1\bot$ | 0101 | $\delta_1$ |
| $z_0$ | $01\bot$ | 101 | $\delta_1$ |
| $z_0$ | $101\bot$ | 01 | $\delta_3$ |
| $z_1$ | $01\bot$ | 01 | $\delta_4$ |
| $z_1$ | $1\bot$ | 1 | $\delta_4$ |
| $z_1$ | $\bot$ | $\varepsilon$ | $\delta_6$ |
| $z_1$ | $\varepsilon$ | $\varepsilon$ | |

Diese Abfolgen verlaufen nichtdeterministisch, das heißt, es sind auch andere Verarbeitungsschritte möglich, etwa

$$(z_0, \bot, 001100) \rightarrow (z_0, 0\bot, 01100) \rightarrow (z_1, \bot, 1100)$$

## Modellierung von Kellerautomaten in Prolog

Ein Kellerautomat ist definiert durch die folgenden Prolog-Prädikate:

- `startzustand(Z)`, ist wahr, wenn `Z` der Startzustand ist;
- `endezustand(Z)`, ist wahr, wenn `Z` ein Endezustand ist (nur nötig, falls Akzeptierung mit Endezustand vorgesehen).
- `delta(Z,A,X,Z1,Y)` beschreibt die Funktion $\delta$,
  `delta(Z,A,X,Z1,Y)` ist wahr, wenn $\delta(Z, A, X) = (Z1, Y)$ gilt.

Das folgende Prolog-Programm beschreibt den Kellerautomaten $K_{Pal}$. Das Kellerbodensymbol wird durch `'$'` dargestellt, das Symbol $\varepsilon$ in der Beschreibung der $\varepsilon$-Übergänge der Funktion $\delta$ wird durch `epsilon` dargestellt. Die Akzeptierung efolgt durch leeren Keller, es braucht also kein Endezustand definiert zu werden.

**4.1 PROGRAMM** **Prolog-Programm für den Kellerautomaten $K_{\text{Pal}}$**

```
startzustand(z0).
delta(z0,A,X,z0,[A,X]).           % δ1
delta(z0,A,A,z1,[]).              % δ2
delta(z0,epsilon,_A,z1,[]).       % δ3
delta(z1,A,A,z1,[]).              % δ4
delta(z0,epsilon,[$],z0,[]).      % δ5
delta(z1,epsilon,[$],z1,[]).      % δ6
```

Das folgende Prolog-Programm beschreibt die Akzeptierung eines Eingabewortes mit leerem Keller. Konfigurationen werden durch Tripel `(Z:K:W)` dargestellt.

- `akzept(W)` ist wahr, wenn der Automat das Wort W mit leerem Keller akzeptiert;
- Die Infix-Prädikate ==> und ==>* haben dieselbe Bedeutung wie bei endlichen Automaten (siehe Programm 8.1).

**4.2 PROGRAMM** **Prolog-Programm für das Akzeptieren eines Wortes mit leerem Keller**

```
akzept(W) :-
        startzustand(Z0),
        (Z0:'$':W) ==>* (_Z:[]:[]).

(Z:[X|K]:[A|W]) ==> (Z1:YK:W) :-
        delta(Z,A,X,Z1,Y),
        append(Y,K,YK).

(Z:[X|K]:W) ==> (Z1:YK:W) :-
        delta(Z,epsilon,X,Z1,Y),
        append(Y,K,YK).
```

## 4.7 Kontextfreie Grammatiken und Kellerautomaten

In diesem Abschnitt werden wir zeigen, dass es zu jeder kontextfreien Grammatik einen äquivalenten (nichtdeterministischen) Kellerautomaten gibt und umgekehrt. Dies bedeutet also, dass die Klasse der kontextfreien Sprachen genau die Klasse der Sprachen ist, die sich von (nichtdeterministischen) Kellerautomaten erkennen lassen.
Zunächst soll an einem Beispiel die Konstruktion eines Kellerautomaten aus einer gegebenen kontextfreien Grammatik dargestellt werden. Als Beispiel wählen wir die Grammatik $G = (V, \Sigma, P, S)$ mit $V = \{S\}$, $\Sigma = \{0, 1\}$ und $P = \{S \to 0S1 \mid \varepsilon\}$, die die Sprache $\mathcal{L}(G) = \{0^n1^n \mid n \geq 0\}$ definiert.
Der Kellerautomat $K_G = (Z, \Sigma, \Gamma, \bot, \delta, z_0, E)$ ist folgendermaßen definiert:

- $Z = \{z_0\}$
- $\Sigma = \{0, 1\}$
- $\Gamma = V \cup \Sigma = \{S, 0, 1\}$
- $\bot = S$
- $E = \varnothing$

Der Keller enthält also Terminal- und Nichtterminalsymbole der Grammatik $G$. Die Übergangsfunktion $\delta$ wird folgendermaßen konstruiert:
Ist das gelesene Kellerzeichen ein Terminalsymbol (0 oder 1), so wird geprüft, ob das aktuelle Eingabezeichen mit dem Kellerzeichen übereinstimmt. Ist dies nicht der Fall, so wird die Berechnung abgebrochen; das Eingabewort wird nicht akzeptiert. Stimmen Eingabezeichen und Kellerzeichen überein, so wird das Kellerzeichen gelöscht und zum nächsten Eingabezeichen übergegangen. Es ergibt sich:

$$\delta_1\text{: } z_0 \text{ -}(a \mid \varepsilon)\!\rightarrow_a z_0 \text{ für alle } a \in \Sigma.$$

Ist das gelesene Kellerzeichen ein Nichtterminalsymbol (also $S$), so wird kein Eingabezeichen gelesen und das Kellerzeichen $S$ wird durch die rechte Seite einer Regel, also $0S1$ oder $\varepsilon$ ersetzt. Es ergibt sich also:

$$\delta_2\text{: } z_0 \text{ -}(S \mid 0S1)\!\rightarrow_\varepsilon z_0$$

$$\delta_3\text{: } z_0 \text{ -}(S \mid \varepsilon)\!\rightarrow_\varepsilon z_0.$$

Die folgende Tabelle zeigt die Abfolge der Konfigurationen bei der Verarbeitung des Eingabewortes $w = 0011$.

| Zustand | Keller | $w$ | Regel |
|---|---|---|---|
| $z_0$ | $S$ | 0011 | $\delta_2$ |
| $z_0$ | $0S1$ | 0011 | $\delta_1$ |
| $z_0$ | $S1$ | 011 | $\delta_2$ |
| $z_0$ | $0S11$ | 011 | $\delta_1$ |
| $z_0$ | $S11$ | 11 | $\delta_3$ |
| $z_0$ | 11 | 11 | $\delta_1$ |
| $z_0$ | 1 | 1 | $\delta_1$ |
| $z_0$ | $\varepsilon$ | $\varepsilon$ | |

Es gilt also:

> Zu jeder kontextfreien Grammatik $G$ gibt es einen äquivalenten Kellerautomaten $K_G$.

**Beweis** Sei $G = (V, \Sigma, P, S)$.
Der Kellerautomat $K_G = (Z, \Sigma, \Gamma, \bot, \delta, z_0, E)$ ist folgendermaßen definiert:

- $Z = \{z_0\}$
- $\Gamma = V \cup \Sigma$
- $\bot = S$
- $E = \varnothing$

Die Übergangsfunktion $\delta$ ist definiert durch:

$$\delta_1\!: z_0 \text{-}(a \mid \varepsilon)\!\rightarrow_a z_0 \text{ für alle } a \in \Sigma,$$

$$\delta_2\!: z_0 \text{-}(S \mid W)\!\rightarrow_\varepsilon z_0 \text{ für alle } S \rightarrow W \in P.$$

Der Kellerautomat $K_G$ akzeptiert die Sprache $\mathcal{L}(G)$ mit leerem Keller.
Auch die Umkehrung dieses Satzes gilt:

> Zu jedem Kellerautomaten $K$ gibt es eine äquivalente kontextfreien Grammatik $G_K$.

Zum Beweis dieses Satzes sei auf /7/ verwiesen.
Aus den beiden letzten Sätzen folgt:

**4.4 SATZ** **Äquivalenz von Kellerautomaten und kontextfreien Grammatiken**

> Die Klasse der kontextfreien Sprachen ist genau die Klasse der Sprachen, die von einem Kellerautomaten akzeptiert werden.

## Deterministische Kellerautomaten

Satz 4.3 besagt, dass sich jede kontextfreie Grammatik in einen äquivalenten Kellerautomaten transformieren lässt. Dies legt nahe, dass Kellerautomaten zur Syntaxerkennung kontextfreier Sprachen verwendet werden können. Für die Syntaxerkennung ist es jedoch wichtig, dass die Verarbeitung eines Eingabewortes deterministisch verläuft, was beim Kellerautomaten nicht der Fall ist. Wie wir gesehen haben, macht der Kellerautomat $K_{\text{Pal}}$ bei der Erkennung von Palindromen auch Gebrauch vom Nichtdeterminismus.
Ähnlich wie bei endlichen Automaten gibt es auch bei Kellerautomaten eine deterministische Variante. Dabei darf in jeder Zelle der Tabelle höchstens ein Eintrag stehen. Ferner müssen in einer Zeile, in der die $\varepsilon$-Zelle nicht leer ist, alle anderen Zellen leer sein.

4.8 DEFINITION **Deterministischer Kellerautomat, deterministisch kontextfreie Sprachen**

a) Ein Kellerautomat heißt *deterministisch* (DKA), falls für alle $z \in Z, A \in \Gamma, a \in \Sigma$ gilt:

$$|\delta(z, A, a)| \leq 1,$$

$$\delta(z, A, a) = \varnothing \text{ falls } |\delta(z, A, \varepsilon)| = 1.$$

b) Ein Sprache $L$ heißt *deterministisch kontextfrei*, falls es einen deterministischen Kellerautomaten gibt, der $L$ mit Endezustand akzeptiert.

Im Gegensatz zu den endlichen Automaten besteht bei den Kellerautomaten ein Unterschied zwischen der deterministischen und der nichtdeterministischen Variante. Es lässt sich zeigen, dass es keinen deterministischen Kellerautomaten gibt, der die Sprache der Palindrome akzeptiert. Das heißt also, dass die Klasse der deterministisch kontextfreien Sprachen eine echte Teilklasse der kontextfreien Sprachen ist.
Im Gegensatz zum nichtdeterministischen Kellerautomaten ist bei der deterministischen Variante die Akzeptierung mit Endezustand nicht äquivalent zur Akzeptierung mit leerem Keller.

## 4.8 Typ-1- und Typ-0-Grammatiken

In Abschnitt 4.5 wurde gezeigt, dass die Sprache

$$L = \{\mathrm{a}^k\mathrm{b}^k\mathrm{c}^k \mid k \geq 1\}$$

über $\Sigma = \{\mathrm{a,b,c}\}$ nicht kontextfrei ist. Sie kann daher nicht mit einer kontextfreien Grammatik erzeugt werden. Wir werden im Folgenden das Konzept der kontextsensitiven Grammatik als Erweiterung der kontextfreien Grammatiken vorstellen, mit dem sich die Sprache $L$ erzeugen lässt.

4.9 DEFINITION **Kontextsensitive (Typ-1-)Grammatik**

a) Eine Grammatik heißt *kontextsensitiv (oder vom Typ 1)*, wenn ihre Regeln von der folgenden Form sind:

   $l \to r$, mit $|l| \leq |r|$.

   Als einzige Ausnahme ist die Regel $S \to \varepsilon$ zulässig. Enthält die Grammatik diese Regel, so darf jedoch die Startvariable $S$ nicht auf der rechten Seite einer Regel vorkommen.

b) Eine Sprache $L$ heißt *kontextsensitiv (oder vom Typ 1)*, wenn sie sich von einer *kontextsensitiv*en Grammatik erzeugen lässt.

Wir werden nun eine kontextsensitive Grammatik über $\Sigma = \{a,b,c\}$ angeben, die die Sprache $L$ erzeugt. Wir beginnen mit den Regeln

$$S \rightarrow \mathrm{a}SBC \mid \mathrm{a}BC$$

Dabei sind $B$ und $C$ Variablen, aus denen später die Terminalsymbole b bzw. c abgeleitet werden können. Mit diesen Regeln können offenbar Wörter der Form

$$\mathrm{a}^n(BC)^n = \mathrm{aa}\ldots\mathrm{a}BCBC\ldots BC,\ n \geq 1$$

abgeleitet werden, bei denen jedoch die Reihenfolge der $B$'s und $C$'s noch nicht stimmt. Die nächste Regel

$$CB \rightarrow BC$$

sortiert die $B$'s und $C$'s in die richtige Reihenfolge. Nun können Wörter der Form

$$\mathrm{a}^n B^n C^n,\ n \geq 1$$

abgeleitet werden. Zum Schluss müssen noch die Variablen $B$ und $C$ durch die Terminalsymbole b bzw. c ersetzt werden. Dies ist jedoch nicht mit den Regeln $B \rightarrow \mathrm{b}$ bzw. $C \rightarrow \mathrm{c}$ möglich, denn diese könnten ja bereits auf das Wort $\mathrm{a}^n(BC)^n$ angewandt werden, und somit könnte das falsche Terminalwort $\mathrm{a}^n(\mathrm{bc})^n$ erzeugt werden. Die entsprechenden Regeln sind also so zu modifizieren, dass sie erst angewandt werden können, wenn die $B$'s und $C$'s in der richtigen Reihenfolge stehen. Dies leisten die folgenden Regeln:

$$\mathrm{a}B \rightarrow \mathrm{ab}$$
$$\mathrm{b}B \rightarrow \mathrm{bb}$$
$$\mathrm{b}C \rightarrow \mathrm{bc}$$
$$\mathrm{c}C \rightarrow \mathrm{cc}$$

Damit kann beispielsweise das Wort aabbcc abgeleitet werden:

$$\begin{aligned} S &\Rightarrow aSBC \Rightarrow \mathrm{aa}BCBC \Rightarrow \mathrm{aa}BBCC \\ &\Rightarrow \mathrm{aab}BCC \Rightarrow \mathrm{aabb}CC \Rightarrow \mathrm{aabbc}C \\ &\Rightarrow \mathrm{aabbcc} \end{aligned}$$

4.10 DEFINITION **Grammatik vom Typ 0**

Eine allgemeine Grammatik (siehe Definition 4.1) heißt auch *Grammatik vom Typ 0 oder Semi-Thue-System.*

Eine Sprache $L$ heißt *vom Typ 0*, wenn sie sich von einer *Typ-0*-Grammatik erzeugen lässt.

## 4.9 Die Chomsky-Hierarchie

Bisher haben wir folgende Sprachklassen kennengelernt:

- reguläre Sprachen (Typ-3-Sprachen)
- kontextfreie Sprachen (Typ-2-Sprachen)
- kontextsensitive Sprachen (Typ-1-Sprachen)
- Typ-0-Sprachen (auch rekursiv aufzählbar genannt)

Betrachten wir nun die verschiedenen Sprachklassen über einem festen Alphabet $\Sigma$. Für $i = 0,..,3$ sei $\text{TYP-i}_\Sigma$ die Klasse der Typ-$i$-Sprachen über $\Sigma$. Da jede reguläre Grammatik per Definition auch kontextfrei ist, jede kontextfreie Grammatik auch kontextsensitiv ist und jede kontextsensitive Grammatik eine allgemeine Grammatik ist, ist offenbar jede Sprache $\text{TYP-i}_\Sigma$ in der nächstniedrigeren Sprache $\text{TYP-(i-1)}_\Sigma$ enthalten. Diese Teilmengenbeziehung ist sogar in jedem Fall auch eine strikte Teilmengenbeziehung, was durch die so genannte Chomsky-Hierarchie ausgedrückt wird. Diese kann durch folgende Formel dargestellt werden:

$$\text{TYP-3}_\Sigma \subset \text{TYP-2}_\Sigma \subset \text{TYP-1}_\Sigma \subset \text{TYP-0}_\Sigma \subset 2^{\Sigma^*}$$

Dabei ist $2^{\Sigma^*}$ die Klasse aller Sprachen über $\Sigma$. Einige „Zeugen" für die echte Teilmengenrelation haben wir (z.B. für $\Sigma = \{a,b,c\}$) bereits kennengelernt:

- $L = \{a^k b^k \mid k \geq 0\}$ ist kontextfrei (TYP-2), aber nicht regulär (TYP-3).
- $L = \{a^k b^k c^k \mid k \geq 0\}$ ist kontextsensitiv (TYP-1), aber nicht kontextfrei (TYP-2).

Eine Sprache $L$, die in TYP-1, aber nicht in TYP-0 ist, werden wir später in Verbindung mit dem Halteproblem kennenlernen.

Auch zwischen der Klasse $\text{TYP-0}_\Sigma$ und der Menge aller Sprachen über $\Sigma$ besteht eine echte Teilmengebeziehung. Dies bedeutet, dass es Sprachen gibt, die sich durch überhaupt keine Grammatik darstellen lassen. Diese Tatsache lässt sich mit folgendem Argument begründen:

Die Menge aller Grammatiken über $\Sigma$ ist abzählbar, denn jede solche Grammatik lässt sich als endliche Zeichenfolge über der Zeichenmenge $V \cup \Sigma$ sowie den Grammatiksymbolen $\rightarrow$, | usw. darstellen. Die Menge aller endlichen Zeichenfolgen über einem festen und endlichen Zeichenvorrat ist abzählbar. Da jede Sprache vom Typ 0 durch eine allgemeine Grammatik definiert wird, kann es nur abzählbar viele solche Sprachen geben. Auf der anderen Seite ist die Menge $2^{\Sigma^*}$ aller Sprachen über $\Sigma$ überabzählbar. Also muss es Sprachen geben, die sich durch keine Grammatik darstellen lassen.

### AUFGABEN

**Hinweis** Bei allen Aufgaben, bei denen eine Grammatik oder ein Kellerautomat zu konstruieren ist, sollen diese mit der Software „Machines" implementiert werden.

**4.1** Konstruieren und implementieren Sie jeweils eine rechtslineare Grammatik für die folgenden Sprachen über $\Sigma = \{0,1\}$:

a) $L = \{awa \mid a \in \Sigma, w \in \Sigma^*\}$

b) $L = \{w \in \Sigma^* \mid w$ enthält $10\}$

c) $L = \{w \in \Sigma^* \mid w$ enthält weder $00$ noch $11\}$

**4.2** Konstruieren Sie nach dem in Abschnitt 4.2 angegebenen Verfahren zur Transformation einer rechtslinearen in eine linkslineare Grammatik eine rechtslineare Grammatik für die Sprachen aus Aufgabe 4.1.

**4.3** Geben Sie jeweils eine Transformation an:

a) von einer linkslinearen Grammatik in einen endlichen Automaten,

b) von einem NEA in eine linkslineare Grammatik.

Hinweis: Sie können eine Spiegelung verwenden.

**4.4** Geben Sie einen Algorithmus zur Lösung des Wortproblems für reguläre Sprachen an. Hinweis: Benutzen Sie die erzeugende Grammatik.

**4.5** Konstruieren und implementieren Sie eine kontextfreie Grammatik für die Sprache der *ausgewogenen Klammerausdrücke*, also Ausdrücke der Form (), ()(), (()()), ((())()))() usw. Nicht ausgewogen sind dagegen: ((), (()))(. Formulieren Sie zunächst eine hinreichende und notwendige Bedingung an die Anzahl der öffnenden und schließenden Klammern.

**4.6** Konstruieren und implementieren Sie eine kontextfreie Grammatik für die Sprache der Aussagenlogik über der Menge $A = \{p, q\}$ von Aussagenvariablen.

**4.7** Konstruieren und implementieren Sie jeweils eine kontextfreie Grammatik für die folgenden Sprachen über $\Sigma = \{0,1\}$:

a) $L = \{0^n 1^m \mid n, m \geq 0, n < m\}$

b) $L = \{w \in \Sigma^* \mid |w|_0 = |w|_1\}$

**4.8** Führen Sie mit der Grammatik $G = (V, \Sigma, P, S)$ mit $V = \{S, A, B, C, D\}$ und $\Sigma = \{0, 1\}$ und den Produktionen

$$S \to 00B \mid 1A$$
$$A \to B \mid C$$
$$B \to 1B \mid 0 \mid AD$$
$$C \to BD \mid AD$$
$$D \to \varepsilon$$

folgende Transformationen durch:

a) Elimination von ε-Regeln,

b) Elimination von Kettenregeln,

c) Elimination nutzloser Variablen,

d) Transformation in Chomsky-Normalfom.

**4.9** Beweisen Sie mit Hilfe des Pumping-Lemmas, dass die folgenden Sprachen über $\Sigma = \{0, 1, 2\}$ nicht kontextfrei sind:

a) $L = \{0^i 1^j \mid i \geq 0, j = i^2\}$

b) $L = \{0^i 1^j 2^{i+j} \mid i \geq 0, j \geq 0\}$

c) $L = \{0^i 1^j 2^k \mid i \leq j \leq k\}$

**4.10** Vervollständigen Sie den Beweis zu Satz 4.3:

a) Zeigen Sie, dass $L_1 L_2 = \mathcal{L}(G_4)$ gilt.

b) Konstruieren Sie eine kontextfreie Grammatik $G_5$ für die Sprache $L_1^*$ und beweisen Sie, dass $L_1^* = \mathcal{L}(G_5)$ gilt.

**4.11** Wandeln Sie den Kellerautomaten $K_{\text{Pal}}$ aus Beispiel 4.9 in einen Kellerautomaten $K'_{\text{Pal}}$ um, der Palindrome mit Endezustand akzeptiert, das heißt, für den $\mathcal{L}_{\text{LK}}(K_{\text{Pal}}) = \mathcal{L}_{\text{E}}(K'_{\text{Pal}})$ gilt.

**4.12** Konstruieren und implementieren Sie einen deterministischen Kellerautomaten, der die Sprache der ausgewogenen Klammerausdrücke (siehe Aufgabe 4.5) mit leerem Keller akzeptiert.

**4.13** Konstruieren und implementieren Sie jeweils einen Kellerautomaten, der folgende Sprachen über $\Sigma = \{0,1\}$ mit Endezustand akzeptiert:

a) $L = \{0^n 1^m \mid n, m \geq 0, n < m\}$

b) $L = \{0^n 1^m 0^k \mid n, m, k \geq 0, m - n < k\}$

c) $L = \{w \in \Sigma^* \mid |w|_0 = |w|_1\}$.

**Programmieraufgaben (Projekt „Machines")**

**4.14** Implementieren Sie die folgenden Transformationen:

a) Von einer rechtslinearen Grammatik in einen äquivalenten NEA.

b) Von einem NEA in eine rechtslineare Grammatik.

c) Von einer linkslinearen Grammatik in einen äquivalenten NEA (siehe Aufgabe 4.3).

d) Von einem NEA in eine linkslinearen Grammatik.

**4.15** Implementieren Sie einen Algorithmus zur Lösung des Leerheitsproblems für reguläre Sprachen.

a) Die Eingabe besteht aus einem endlichen Automaten.

b) Die Eingabe besteht aus einer rechtslinearen Grammatik.

**4.16** Implementieren Sie einen Algorithmus zur Lösung des Endlichkeitsproblems für reguläre Sprachen.

a) Die Eingabe besteht aus einem endlichen Automaten.

b) Die Eingabe besteht aus einer rechtslinearen Grammatik.

**4.17** Implementieren Sie einen Algorithmus zur Lösung des Äquivalenzproblems für reguläre Sprachen. Hinweis: Benutzen Sie die Minimierung deterministischer endlicher Automaten.

**4.18** Implementieren Sie die folgenden Transformationen für kontextfreie Grammatiken:

a) die Elimination von ε-Regeln,

b) die Elimination von Kettenregeln,

c) die Elimination nutzloser Variablen,

d) die CNF-Transformation.

**4.19** Implementieren Sie den CYK-Algorithmus.

# 5 Turing-Maschinen und Berechenbarkeit

## 5.1 Einführung

Wer ein bestimmtes Problem mit Hilfe eines Computerprogramms lösen möchte, sollte sich auch Gedanken machen, ob das Problem überhaupt durch einen Algorithmus lösbar ist. Schon recht einfache Fragestellungen können so beschaffen sein, dass es keinen Algorithmus zu ihrer Beantwortung gibt. In Kapitel 6 werden wir einige einfache Beispiele für solche unlösbaren Probleme kennenlernen. Handelt es sich dabei um eine Frage, die lediglich mit Ja oder Nein zu beantworten ist, so spricht man von einem Entscheidungsproblem. Das Wortproblem für reguläre Sprachen (siehe Abschnitt 4.2) ist ein Beispiel für diese Art von Problemen. Können wir wie im Fall des Wortproblems für reguläre Sprachen einen Algorithmus angeben, der das Entscheidungsproblem löst, so nennt man dieses entscheidbar.

Das gleiche gilt für kontextfreie Sprachen, für die das Wortproblem mittels Kellerautomaten entscheidbar ist. Für Sprachen vom Typ 0 jedoch ist das Wortproblem nicht entscheidbar, das heißt, es gibt keinen Algorithmus, der folgendes leistet:

Eingabe: Eine Typ-0-Grammatik $G$ und ein Wort $w$ über $\Sigma$

Ausgabe: Ja, wenn $w \in \mathcal{L}(G)$, sonst nein.

Um eine solche Unentscheidbarkeitsaussage formal beweisen zu können, muss man zunächst den Begriff des Algorithmus präzisieren. Es muss festgelegt werden, aus welchen sprachlichen Einheiten ein Algorithmus aufgebaut ist und welche Berechnungsschritte von diesen durchgeführt werden.

Bisher konnten wir für einige Entscheidungsprobleme Algorithmen zu ihrer Lösung angeben. Dabei spielt die sprachliche Form des Algorithmus keine Rolle, es kann sich um eine beliebige reale Programmiersprache handeln oder auch um Pseudocode. Solange nur klar ist, wie das entsprechende Verfahren umzusetzen ist, sind wir bereit, die Entscheidbarkeit zu akzeptieren.

Die Unentscheidbarkeit des Wortproblems für Typ-0-Sprachen besagt, dass es keinen Algorithmus in keiner wie auch immer gearteten Programmiersprache gibt, der dieses Problem lösen kann. Dies macht auch die Hoffnung zunichte, dass eine zukünftige Programmiersprache das Problem irgendwann einmal lösen wird. Der Beweis der Unentscheidbarkeit muss sich aus diesem Grund von konkreten realen Programmiersprachen lösen. Die wesentliche Idee zu diesem Beweis gründet sich auf folgende Bemerkung: Exisitiert ein Programm $P$ in einer höheren Programmiersprache $L$, das ein bestimmtes Problem löst, so existiert für jeden konkreten Rechner auch ein Programm $P'$ in der Maschinensprache $L_M$ dieses Rechners, denn das Programm $P$ wird ja vom Compiler für $L$ in $L_M$ übersetzt. Ist umgekehrt ein Problem in der Maschinensprache $L_M$ unlösbar, so kann es auch in keiner höheren Programmiersprache lösbar sein.

Im nächsten Schritt reduziert man die Maschinensprachen für verschiedene Rechnertypen auf eine gemeinsame elementare Basissprache $L_B$, in die sich wiederum alle Maschinensprachen übersetzen lassen. Es ist offensichtlich, dass diese Sprache so einfach wie möglich beschaffen sein sollte, also nur die absolut notwendigen Konstrukte aufweisen sollte, um eine entsprechende Übersetzbarkeit zu gewährleisten. Diese Basissprache stellt somit auch das grundlegende Konzept eines Algorithmus bzw. der Berechenbarkeit dar.

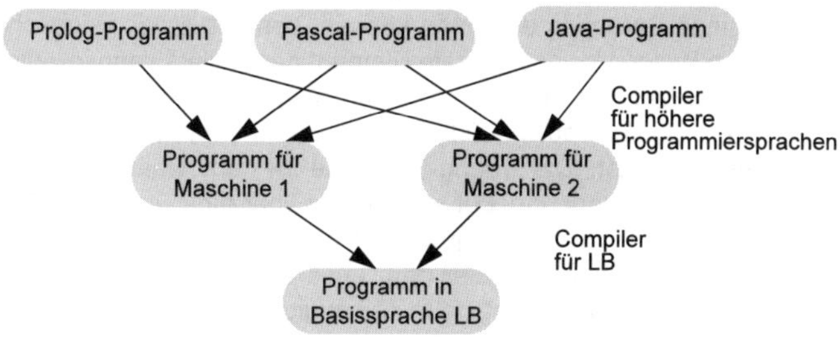


In diesem Kapitel werden wir eine solche Basissprache als grundlegendes Konzept der Berechenbarkeit einführen und ihre wichtigsten Eigenschaften untersuchen. Wir werden außerdem einige weitere Modelle der Berechenbarkeit vorstellen, die stärker an den höheren Programmiersprachen orientiert sind. In Kapitel 6 werden wir dieses Modell benutzen, um die Unentscheidbarkeit einiger wichtiger Probleme nachzuweisen.
Der wichtigste und historisch erste Kandidat für diese Basissprache $L_B$ ist die Turing-Maschine, die 1936 von Alan M. Turing[1] in seiner Arbeit *On Computable Numbers with an Application to the Entscheidungsproblem* /10/ eingeführt wurde, Jahre bevor die ersten elektronischen Computer entwickelt wurden. Die Turing-Maschine stellt sozusagen ein elementares Maschinenmodell dar, das nur über die absolut nötigsten Funktionen zum Rechnen verfügt. Die Leserin oder der Leser möge selbst überlegen: Was muss ein Mensch können, der nach einer festen Vorschrift eine Berechnung (etwa eine Multiplikation zweier mehrstelliger Zahlen) mit Papier und Bleistift durchführen will? Er muss lesen und schreiben können, muss sich Zwischenergebnisse merken können und muss das Papier umblättern können und schließlich muss er die Rechenvorschrift umsetzen können. Und genau dies sind, wie wir sehen werden, die Grundfunktionen der Turing-Maschine.
Außer als Formalisierung des intuitiven Algorithmenbegriffs kann die Turing-Maschine ähnlich wie endliche Automaten und Kellerautomaten als Akzeptor für bestimmte Sprachklassen dienen. Wir haben gesehen, dass reguläre Sprachen von endlichen Automaten und kontextfreie Sprachen von Kellerautomaten akzeptiert werden. Für Sprachen vom Typ 1 bzw. 0 haben wir bisher noch keinen akzeptierenden Automaten kennengelernt.
Wir werden im nächsten Abschnitt das Konzept der Turing-Maschine einführen und anschließend zeigen, dass sie als Akzeptor für die Klasse der Sprachen vom Typ 0 dienen. Eine eingeschränkte Variante, die so genannte linear beschränkte Turing-Maschine, dient als Akzeptor für Sprachen vom Typ 1.

[1] Alan M. Turing (1912 – 1954), britischer Mathematiker

## 5.2 Das Basismodell

Der eigentliche Grund, warum Kellerautomaten trotz ihres unendlich großen Speichers keine kontextabhängigen Sprachen erkennen können, besteht in der eingeschränkten Form des Zugriffs auf den Keller. Nur das oberste Element des Kellers kann jeweils gelesen bzw. beschrieben werden. Die Turing-Maschine kann dagegen auf sämtliche Elemente ihres Speichers zugreifen. Dieser Speicher ist ein beidseitig unendliches Band, das in einzelne Speicherzellen eingeteilt ist. Die Turing-Maschine besteht weiterhin aus einem Lese-Schreib-Kopf (auch Zeiger genannt), der sich jeweils über einer Zelle des Bandes befindet, sowie aus einer Steuereinheit, die sich jeweils in einem bestimmten Zustand befindet. Die Turing-Maschine liest das Zeichen unter dem Lese-Schreibkopf und überschreibt dieses mit einem neuen Zeichen. Dann geht sie in Abhängigkeit vom aktuellen Zustand in einen Folgezustand über und bewegt den Zeiger um eine Zelle nach links oder nach rechts.

5.1 BILD **Prinzip der Turing-Maschine**

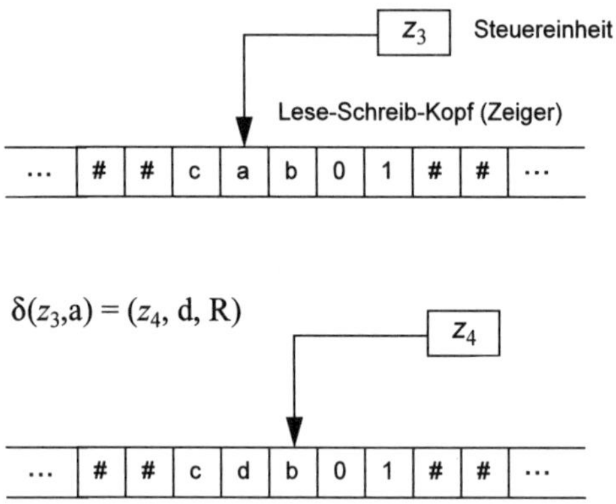


Zu Beginn der Berechnung steht das Eingabewort auf einem endlichen Abschnitt des Bandes. Der Rest des Bandes ist mit dem Leerzeichen # aufgefüllt. Dieses Zeichen wird nicht als Teil der Eingabe betrachtet. Der Lese-Schreib-Kopf steht zu Beginn über dem ersten Zeichen der Eingabe. Neben den Zeichen des Eingabewortes verfügt die Turing-Maschine eventuell noch über weitere Zeichen, die sie benutzt, um beispielsweise bestimmte Zellen zu markieren. Man unterscheidet daher zwischen dem Eingabealphabet $\Sigma$ und dem Bandalphabet $\Gamma$, das $\Sigma$ als Teilmenge enthält.

Die Anweisungen für die Turing-Maschine sind in der Übergangsfunktion $\delta$ dargestellt. Die Anweisung $\delta(z, a) = (z', b, \mathrm{L})$ hat folgende Bedeutung: Ist die Maschine im Zustand $z$ und liest vom Band das Zeichen $a$, so geht sie anschließend in den Zustand $z'$ über, überschreibt das Zeichen $a$ mit dem Zeichen $b$ und bewegt den Lese-Schreib-Kopf um eine Zelle nach links. Die Anweisung $\delta(z, a) = (z', b, R)$ bewirkt dasselbe Verhalten mit dem einzigen Unterschied, dass der Zeiger nach rechts bewegt wird.

$$\delta(z, a) = (z', b, X)$$

- $z$: aktueller Zustand
- $a$: gelesenes Zeichen
- $z'$: Folgezustand
- $b$: an die Stelle von a geschriebenes Zeichen
- $X$: Richtungsangabe für Schreib-Lese-Kopf

5.1 DEFINITION

### Turing-Maschine

Eine (*deterministische*) *Turing-Maschine* (TM) besteht aus den Komponenten $Z, \Sigma, \Gamma, \delta, z_0, \#, E$.

- $Z$ ist eine endliche Menge von *Zuständen*.
- $\Sigma \subset \Gamma$ ist das *Eingabealphabet*.
- $\Gamma$ ist das *Bandalphabet*.
- $\delta : Z \times \Gamma \rightarrow Z \times \Gamma \times \{L, R\}$ ist die *Übergangsfunktion*. $\delta$ ist eine partielle Funktion. Wir schreiben $\delta(z, a) = \perp$, falls $\delta(z, a)$ undefiniert ist.
- $z_0 \in Z$ ist der *Startzustand*.
- $\# \in \Gamma - \Sigma$ ist das *Leerzeichen* (auch *Blanksymbol* genannt).
- $E \subseteq Z$ ist die Menge der *Endezustände*.

Ist die Übergangsfunktion $\delta$ eine Funktion in die Potenzmenge von $Z \times \Gamma \times \{L, R\}$, so spricht man von einer *nichtdeterministischen Turing-Maschine*.
Im Folgenden nehmen wir stets an, dass ein Eingabewort $w$ für eine TM ein Wort über dem Eingabealphabet $\Sigma$ ist.

5.1 BEISPIEL

Wir definieren eine Turing-Maschine $T$, die die Sprache $\{1^n \mid n \text{ ist eine Zweierpotenz}\}$ über dem Eingabealphabet $\Sigma = \{1\}$ erkennt. Diese Sprache ist vom Typ 1, jedoch nicht kontextfrei, kann daher nicht von einem Kellerautomaten erkannt werden.

Die Berechnung terminiert für jedes Eingabewort $w \in \Sigma^*$. Ist $w$ ein Element der Sprache, so endet die Berechnung in einem Endezustand, andernfalls in einer Konfiguration, in der kein Zustandsübergang mehr möglich ist.

Das Bandalphabet Γ enthält neben dem Eingabezeichen 1 und dem Leerzeichen # das Zeichen *, das das benutzt wird, um Einsen zu „löschen".

Sei $n$ die Länge des Eingabewortes $w$. $n$ ist genau dann eine Zweierpotenz wenn gilt:

- $n = 1$ oder
- $n$ ist größer als eins, gerade und $n/2$ ist eine Zweierpotenz

Die Maschine geht in mehreren Durchläufen über das Eingabewort und prüft in jedem Durchlauf, ob die Anzahl der Einsen gerade ist. Gleichzeitig löscht sie jede zweite Eins. Stellt sie am Wortende fest, dass die Anzahl der Einsen ungerade (und größer als eins) war, so terminiert sie in einem Nicht-Endezustand, das heißt, das Eingabewort wird nicht akzeptiert. Andernfalls geht sie wieder ganz nach links an den Wortanfang und beginnt den nächsten Durchlauf. Ist $n$ eine Zweierpotenz, so liest die Maschine beim letzten Durchlauf genau eine Eins. In diesem Fall endet die Berechnung im Endezustand $z_5$. Für die Beschreibung der folgenden Zustände sei $k$ die Anzahl der im aktuellen Durchlauf gelesenen Einsen.

Zustand $z_0$ ist der Startzustand und wird jedesmal erreicht, wenn sich $T$ am Beginn des Eingabewortes befindet. Wird im Zustand $z_0$ ein Leerzeichen gelesen, so ist das Eingabewort leer und wird nicht akzeptiert.

| | 1 | * | # | *Kommentar* |
|---|---|---|---|---|
| $z_0$ | $(z_1,1,R)$ | – | – | $k = 0$ |
| $z_1$ | $(z_2,*,R)$ | $(z_1,*,R)$ | $(z_5,\#,L)$ | $k = 1$ |
| $z_2$ | $(z_3,1,R)$ | $(z_2,*,R)$ | $(z_4,\#,L)$ | $k$ ist gerade und $k > 0$ |
| $z_3$ | $(z_2,*,R)$ | $(z_3,*,R)$ | – | $k$ ist ungerade und $k > 1$ |
| $z_4$ | $(z_4,1,L)$ | $(z_4,*,L)$ | $(z_0,\#,R)$ | Läuft nach links zum Beginn der Eingabe |
| $z_5$/E | – | – | – | Endezustand |

Die Übergangsfunktion δ ist eine partielle Funktion, so ist etwa $\delta(z_0,*) = \bot$.

Betrachten wir die Berechnung für das Eingabewort $w = 1111$. Das Bandzeichen, über dem der Lese-Schreib-Kopf steht, ist jeweils doppelt unterstrichen.

| | | | | | | | |
|---|---|---|---|---|---|---|---|
| $z_0$ | $\underline{\underline{1}}111$ | | ... | $z_2$ | $\#1**\underline{\underline{*}}\#$ | $z_1$ | $\#1\underline{\underline{*}}**\#$ |
| $z_1$ | $1\underline{\underline{1}}11$ | $z_4$ | $\underline{\underline{1}}*1*\#$ | $z_2$ | $\#1***\underline{\underline{\#}}$ | | ... |
| $z_2$ | $1*\underline{\underline{1}}1$ | $z_4$ | $\underline{\underline{\#}}1*1*\#$ | $z_4$ | $\#1**\underline{\underline{*}}\#$ | $z_1$ | $\#1***\underline{\underline{\#}}$ |
| $z_3$ | $1*1\underline{\underline{1}}$ | $z_0$ | $\#\underline{\underline{1}}*1*\#$ | | ... | $z_5$ | $\#1**\underline{\underline{*}}\#$ |
| $z_2$ | $1*1*\underline{\underline{\#}}$ | $z_1$ | $\#1\underline{\underline{*}}1*\#$ | $z_4$ | $\underline{\underline{\#}}1***\#$ | | |
| $z_4$ | $1*1\underline{\underline{*}}\#$ ↷ | $z_1$ | $\#1*\underline{\underline{1}}*\#$ ↷ | $z_0$ | $\#\underline{\underline{1}}***\#$ ↷ | | |

Formal beschreiben wir die Berechnung einer Turing-Maschine wieder unter Verwendung von Konfigurationen. Eine Konfiguration *einer Turing-Maschine* ist ein Tripel $(v, z, w)$ mit $v, w \in \Gamma^*$ und $z \in Z$. Dabei ist $z$ der aktuelle Zustand, $v$ der links vom Zeiger stehende Bandinhalt und $w$ der rechts vom Zeiger stehende Bandinhalt. Der Zeiger steht dabei auf dem ersten Zeichen von $w$.
Die Übergangsrelation auf der Menge der Konfigurationen ist folgendermaßen definiert:

$$(v, z, aw) \to (vb, z', \overline{w}), \qquad \text{falls } \delta(z, a) = (z', b, R) \text{ und}$$

$$(vc, z, aw) \to (\overline{v}, z', cbw), \qquad \text{falls } \delta(z, a) = (z', b, L).$$

Dabei ist $\overline{w}$ für $w \in \Sigma^*$ definiert durch:

$$\overline{w} = \begin{cases} w & \text{falls } w \neq \varepsilon \\ \# & \text{falls } w = \varepsilon \end{cases}$$

Hat der Lese-Schreib-Kopf das letzte Zeichen der Eingabe nach links oder nach rechts überschritten, so wird also ein Leerzeichen angehängt.

### 5.2 DEFINITION Akzeptierung durch eine Turing-Maschine, rekursiv aufzählbare und rekursive Sprachen

Die Turing-Maschine $M$ *akzeptiert* das Eingabewort $w$ genau dann, wenn es ein $z_e \in E$ gibt mit

$$(\#, z_0, w) \to^* (v, z_e, u).$$

Die von $M$ *akzeptierte Sprache* $\mathcal{L}(M)$ ist definiert durch:

$$\mathcal{L}(M) = \{w \in \Sigma^* \mid M \text{ akzeptiert } w\}.$$

Eine Sprache $L$ heißt *rekursiv aufzählbar*, wenn es eine Turing-Maschine $M$ gibt, die $L$ akzeptiert.
Eine Sprache $L$ heißt *rekursiv*, wenn es eine Turing-Maschine $M$ gibt, die $L$ akzeptiert und die für jede Eingabe terminiert.

Für einen endlichen Automaten ist das Ende der Berechnung erreicht, sobald das letzte Zeichen des Eingabewortes gelesen wurde. Für eine Turing-Maschine jedoch, die das Eingabewort in beliebiger Reihenfolge und beliebig oft lesen kann, muss das Ende einer Berechnung auf eine andere Weise definiert werden. Es gibt drei verschiedene Möglichkeiten für den Verlauf einer Berechnung:

- Die TM kommt in einen Endezustand. In diesem Fall wird das Eingabewort akzeptiert.
- Die TM kommt in eine Konfiguration, für die keine Folgekonfiguration definiert ist. In diesem Fall wird das Eingabewort verworfen.

- Die Berechnung terminiert überhaupt nicht. Auch in diesem Fall wird das Eingabewort nicht akzeptiert.

Die Sprache $L := \{1^n \mid n \text{ ist eine Zweierpotenz}\}$ über dem Eingabealphabet $\Sigma = \{1\}$ ist rekursiv, denn in Beispiel 5.1 wurde eine TM angegeben, die für jedes Eingabewort terminiert und genau die Wörter aus $L$ akzeptiert.

## Modellierung der Turing-Maschine in Prolog

Die Turing-Maschine ist definiert durch die folgenden Prolog-Prädikate:

- `startzustand(Z)`, ist wahr, wenn Z der Startzustand ist;
- `endezustand(Z)`, ist wahr, wenn Z ein Endezustand ist
- `delta(Z,A,Z1,B,X)` mit `X = r` oder `X = l` beschreibt die Funktion bzw. Relation $\Delta$

Das folgende Prolog-Programm beschreibt die Akzeptierung eines Eingabewortes durch eine Turing-Maschine.

- Konfigurationen werden durch Tripel `(V:Z:W)` dargestellt.

Der NEA ist definiert durch die folgenden Prolog-Prädikate:

- `akzept(W)` ist wahr, wenn der Automat das Wort W akzeptiert;
- Die Infix-Prädikate ==> und ==>* beschreiben die Ableitungsrelation auf Konfigurationen und ihre reflexive transitive Hülle (siehe Prolog-Programm 8.1).

5.1 PROGRAMM **Prolog-Programm für das Akzeptieren eines Wortes**

```
akzept(W) :-
        startzustand(Z0),
        ([]:Z0:W) ==>* (_:Z:_),
        endezustand(Z).

% Rechts-Bewegung

(V:Z:[A|W]) ==> (VB:Z1:WQ) :-
        quer(W,WQ),
        delta(Z,A,Z1,B,r),
        append(V,[B],VB).

% Links-Bewegung

(VC:Z:[A|W]) ==> (VQ:Z1:[C,B|W]) :-
        delta(Z,A,Z1,B,l),
        append(V,[C],VC),
        quer(V,VQ).

% Beschreibt w̄

quer([],['#']).

quer([A|W],[A|W]).
```

## 5.3 Modifikationen des Basismodells

Das Basismodell der Turing-Maschine stellt nur die elementarsten Mittel für Berechnungen bereit. Daher kann der Entwurf einer Turing-Maschine für eine spezielle Aufgabe eine recht umfangreiche und mühevolle Arbeit darstellen. In diesem Abschnitt werden wir einige Erweiterungen des Basismodells diskutieren, die die Arbeit mit der Turing-Maschine erleichtern, jedoch alle äquivalent zum Basismodell sind, in dem Sinne, dass sie nicht mehr oder weniger berechnen können als dieses. Diese Äquivalenz lässt sich jedesmal nachweisen, indem man zeigt, wie die konkrete Erweiterung durch das Basismodell simuliert werden kann.

### Turing-Maschinen mit einseitig unendlichem Band

Die erste Modifikation des Grundmodells ist eine Einschränkung. Das Speicherband dieser TM ist nur einseitig unendlich. Zu Beginn der Berechnung steht die Eingabe linksbündig auf einem endlichen Abschnitt des Bands und während der Berechnung darf der Lese-Schreib-Kopf nicht über den Bandanfang nach links hinausgehen.
Die TM mit einseitig unendlichem Band kann vom Basismodell simuliert werden, indem zu Beginn der Berechnung die Zelle links des ersten Zeichens des Eingabewortes mit einem Leerzeichen markiert wird. Während der Berechnung dürfen keine Bewegungen nach links über das Leerzeichen hinaus zugelassen werden.
Auch umgekehrt kann eine TM $M_2$ mit einseitig unendlichem Band die Funktion einer Turing-Maschine $M_1$ vom Basistyp simulieren: Die Berechnung von $M_2$ verläuft im Wesentlichen wie die von $M_1$, mit einem Unterschied: Jedesmal, wenn $M_1$ über den linken Rand hinausgeht und dort ein Zeichen schreibt, muss die Maschine $M_2$ erst den kompletten Bandinhalt um eine Zelle nach rechts verschieben, um links des Bandinhaltes Platz zu schaffen für das zu schreibende Zeichen.
Es gilt also: Zu jeder TM vom Basistyp gibt es eine äquivalente TM mit einseitig unendlichem Band und umgekehrt.

## Mehrspurige Turing-Maschinen

5.2 BILD **Dreispurige Turing-Maschine und ihre Simulation**

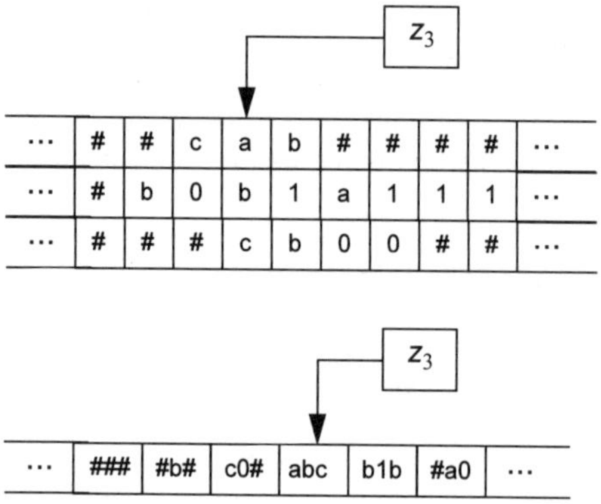


Eine mehrspurige TM ist eine Maschine, deren Band in $k$ Spuren unterteilt ist, $k \geq 1$. Der Lese-Schreib-Kopf liest bzw. beschreibt dann jeweils alle $k$ übereinander liegenden Zellen gleichzeitig. Diese Variante lässt sich leicht dadurch simulieren, dass der Inhalt jeweils $k$ übereinander liegender Zellen durch ein einziges neues Zeichen dargestellt wird.

## Turing-Maschinen mit mehreren Bändern

Eine $k$-Band-TM hat $k$ einseitig unendliche Bänder und gleichzeitig $k$ Lese-Schreib-Köpfe, die unabhängig voneinander lesen, schreiben und sich bewegen können. Der Eintrag

$$\delta(z, a, b) = (z', c, d, \mathrm{R}, \mathrm{L})$$

einer 2-Band-TM bedeutet beispielsweise: Wird auf Band 1 das Zeichen $a$ gelesen, auf Band 2 das Zeichen $b$, so schreibe auf Band 1 das Zeichen $c$ und bewege den Lese-Schreib-Kopf 1 nach rechts, schreibe auf Band 2 das Zeichen $d$ und bewege den zweiten Zeiger nach links.

5.3 BILD **2-Band Turing-Maschine und ihre Simulation**

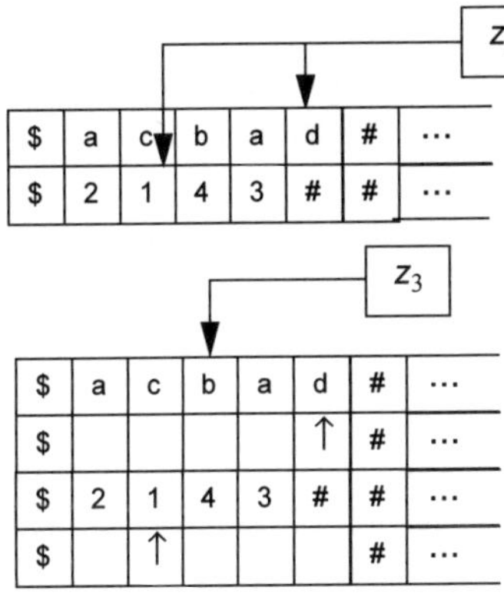


Auch die $k$-Band-TM $M_1$ kann vom Standardmodell simuliert werden. Man benötigt dazu eine Turing-Maschine $M_2$ mit einseitig unendlichem Band und $2k$ Spuren, für jedes Band von $M_1$ zwei Spuren. Auf der einen dieser beiden Spuren (Inhaltsspur) steht der Bandinhalt des entsprechenden Bandes von $M_1$, auf der zweiten Spur (Zeigerspur) wird die Position des entsprechenden Lese-Schreib-Kopfes von $M_1$ mit einem $\uparrow$-Symbol festgehalten. Ein einzelner Zustandsübergang von $M_1$ wird folgendermaßen von $M_2$ simuliert: Zuerst bewegt sich $M_2$ ganz nach links zum Bandanfang und dann wieder nach rechts bis zum ersten $\uparrow$-Symbol. Dort liest sie den Zellinhalt in der Inhaltsspur und speichert ihn in einem Zustand. Anschließend geht sie weiter nach rechts und liest jeweils die Zelle aus, auf die ein $\uparrow$-Zeiger verweist und speichert den Zellinhalt. Hat $M_2$ auf diese Weise alle $k$ $\uparrow$-Zeiger durchlaufen (dies kann beispielsweise durch Abzählen festgestellt werden), so läuft $M_2$ wieder nach links und überschreibt jeweils die Zellen, auf die ein $\uparrow$-Zeiger verweist, mit dem Zeichen, das die Anweisung von $M_1$ für das entsprechende Band vorgibt und bewegt den $\uparrow$-Zeiger entsprechend nach links bzw. rechts, ebenfalls nach Anweisung von $M_1$.

## Äquivalenz von deterministischen und nichtdeterministischen TM

Genau wie für endliche Automaten gilt, dass der Nichtdeterminismus der Turing-Maschine keine neuen Fähigkeiten hinzufügt:

5.1 SATZ

### Äquivalenz von deterministischen und nichtdeterministischen Turing-Maschinen

Die Klasse der von deterministischen Turing-Maschinen akzeptierten Sprachen ist gleich der Klasse der von nichtdeterministischen Turing-Maschinen akzeptierten Sprachen.

Zum Beweis wird die Simulation einer gegebenen nichtdeterministischen TM $M_n$ durch eine deterministische Maschine $M_d$ angegeben. Wir wollen die Idee dieser Simulation hier lediglich skizzieren.

Für jedes Paar $(z, a)$ hat die nichdeterministische Maschine $M_n$ mehrere Aktionsmöglichkeiten entsprechend der Menge $\delta(z, a)$. Wir nummerieren die Elemente dieser Menge in einer festen Reihenfolge durch. Sei $K$ das Maximum der $|\delta(z, a)|$ für alle Paare $(z, a)$. Bei jedem Einzelschritt kann die Maschine $M_n$ eine der zur Verfügung stehenden Aktionen wählen. Eine konkrete Berechnung von $M_n$ lässt sich also als endliche Folge von Zahlen zwischen 1 und $K$ darstellen.

Die Maschine $M_d$ verfügt über drei Bänder. Auf dem ersten Band steht das Eingabewort. Dieses Band bleibt während der gesamten Berechnung unverändert. Auf dem zweiten Band notiert $M_d$ sukzessive alle endlichen Folgen von Zahlen zwischen 1 und $K$, und zwar systematisch der Länge nach und bei gleicher Länge in numerischer Ordnung. Eine solche Folge kann eine mögliche Berechnung von $M_n$ darstellen; es kann jedoch auch Folgen geben, für die dies nicht gilt.

Jeweils nach dem Erzeugen einer solchen Folge kopiert $M_d$ die Eingabe von Band eins auf Band drei. Anschließend simuliert $M_d$ die Berechnung, die $M_n$ mittels dieser Anweisungsfolge durchführen würde. Befindet sich etwa $M_d$ im Zustand $z$ und liest auf Band drei das Eingabezeichen $a$ und auf Band zwei die Zahl $k$, so führt sie die $k$-te Aktion der Menge $\delta(z, a)$ aus, falls es eine Aktion dieser Nummer gibt. Andernfalls bricht $M_d$ an dieser Stelle ab und erzeugt die nächste Zahlenfolge auf Band zwei.

Akzeptiert $M_n$ das Eingabewort $w$, so gibt es eine endliche Zahlenfolge, die einer Folge von Aktionen entspricht, die in einem Endezustand terminiert. In diesem Fall wird $M_d$ diese Zahlenfolge irgendwann auf Band zwei generieren und anschließend die entsprechende akzeptierende Berechnung von $M_n$ ausführen. Akzeptiert $M_n$ das Eingabewort nicht, dann gibt es auch keine solche Zahlenfolge. In diesem Fall wird $M_d$ immer weiter Zahlenfolgen generieren und nie terminieren.

## Äquivalenz von rekursiv aufzählbaren und Typ-0-Sprachen

**5.2 SATZ**

Zu jeder Sprache $L$ vom Typ 0 über einem Alphabet $\Sigma$ gibt es eine Turing-Maschine, die $L$ akzeptiert.

Sei $G = (\Sigma, V, P, S)$ eine Typ-0-Grammatik, die die Sprache $L$ erzeugt. Im folgenden soll die Arbeitsweise einer äquivalenten (nichtdeterministischen) Turing-Maschine $A$ über dem Alphabet $\Sigma \cup V$ skizziert werden. Ist $w$ das Eingabewort, so versucht $A$ (nichtdeterministisch) die Ableitung von $w$ aus dem Startsymbol $S$ rückwärts zu durchlaufen.
Dazu wählt $A$ nichtdeterministisch eine Produktion $u \rightarrow v$ aus $P$ aus, sodass $v$ als Teilwort in $w$ vorkommt, etwa $w = xvy$. Gibt es keine solche Regel, so stoppt $A$ in einem Nicht-Endezustand, das heißt, das Eingabewort $w$ wird nicht akzeptiert. Gibt es eine solche Regel, so ersetzt $A$ das Teilwort $v$ durch das Wort $u$ (die linke Seite der Regel).
Ist $u$ kürzer als $v$, so schiebt $A$ das Teilwort $y$ rechts von $v$ um entsprechend viele Stellen nach links, sodass anschließend das Wort $xuy$ auf dem Band steht.
Ist $u$ länger als $v$, so schiebt $A$ das Teilwort $y$ rechts von $v$ um entsprechend viele Stellen nach rechts, um Platz für $u$ zu schaffen.
Anschließend wählt $A$ wieder die nächste Produktion aus $P$ aus, sodass die rechte Seite in $w$ vorkommt usw., solange bis entweder keine solche Regel mehr existiert, oder bis nur noch das Startsymbol $S$ auf dem Band steht. Im letzteren Fall stoppt die Berechnung in einem Endezustand.
Die Arbeitsweise der Turing-Maschine $A$ lässt sich mit folgendem Prolog-Programm veranschaulichen.

- `akzept(W)` ist wahr, wenn die Turing-Maschine $A$ das Wort `W` akzeptiert, das heisst, wenn die Grammatik $G$ das Wort `W` erzeugt.
- Die Regeln der Grammatik sind gegeben durch Fakten der Form `L ---> R`. (siehe auch Prolog-Programm 4.2).

**5.1 PROGRAMM** **Prolog-Programm für das Akzeptieren eines Wortes**

```
akzept(W) :-
      L ---> R,
      append3(Links,R,Rechts,W),
      append3(Links,L,Rechts,V),
      akzept(V).

akzept([S]):-
      startsymbol(S).
```

Umgekehrt gilt auch:

**5.3 SATZ**

Ist $A$ eine Turing-Maschine über $\Sigma$, dann ist $L(A)$ vom Typ 0.

Es sei $A$ eine TM mit einem einseitig unendlichen Band. Sei \$ das Symbol für den Bandanfang. Zum Beweis muss eine allgemeine Grammatik $G$ über $\Sigma$ konstruiert werden, die die Sprache $L := L(A)$ erzeugt.
Die Grammatik $G$ arbeitet folgendermaßen: Sie kann jedes mögliche Eingabewort $w$ sozusagen vorläufig erzeugen, nämlich in einer Form, die noch kein Terminalwort darstellt. Anschließend simuliert sie auf diesem Wort die Aktionen der Maschine $A$. Sind diese erfolgreich, so rekonstruiert $G$ das ursprüngliche Wort $w$ als Terminalwort.
Zunächst kann aus dem Startsymbol jedes Wort $w = a_1a_2..a_n \in \Sigma^*$ zusammen mit einer entsprechenden Startkonfiguration $\#z_0a_1a_2\ldots a_n\$$ für die Maschine $A$ abgeleitet werden. Das Paar Eingabewort/Maschinenkonfiguration wird in der folgenden Weise dargestellt:

$$(\varepsilon, \$)\, z_0\, (a_1, a_1)\, (a_2, a_2)\, \ldots\, (a_n, a_n)\, (\varepsilon, \#).$$

Die Paare $(a, b) \in \Sigma \times \Gamma$ bilden zusammen mit der Menge $Z$ der Maschinenzustände sowie $S$ und $A$ die Variablen der Grammatik $G$. Die folgenden Regeln ermöglichen die oben erwähnte Ableitung.

$$S \to (\varepsilon, \$)\, z_0\, A$$

$$A \to (a, a)\, A \mid (\varepsilon, \#) \qquad \text{für alle } a \in \Sigma$$

Während den ganzen folgenden Ableitungen bleiben die linken Komponenten der Paare, die ja zusammen das Eingabewort bilden, erhalten. Auf den rechten Komponenten simuliert $G$ die Abfolge der Maschinenkonfigurationen der Maschine $A$ bei Eingabe von $w$:

$$z\,(a, A) \to \quad (a, B)\, z' \qquad \text{für } \delta(z, A) = (z', B, R), \text{ alle } a \in \Sigma$$

$$z\,(\varepsilon,\ \#) \to \quad (\varepsilon,B)\, z'\, (\varepsilon, \#) \qquad \text{für } \delta(z, \#) = (z', B, R),$$

$$(c, C)\, z\, (a, A) \to z\, (c, C)(b,A) \qquad \text{für } \delta(z, a) = (z', b, L)\,,$$

$$\text{für alle } d, e \in \Sigma, c \in \Gamma$$

Erreicht die Berechnung der Turing-Maschine einen Endezustand $z$, so rekonstruiert die Grammatik aus dem aktuellen Wort das ursprüngliche Eingabewort $w$, indem sie jeweils die rechten Komponenten der Paare löscht. Dabei wird das Zeichen $z$ als Löschmarkierung weitergeschoben.

$$(a,A)\, z \rightarrow zaz$$
$$z\, (a, A) \rightarrow zaz \qquad \text{für alle } (a, A) \in \Sigma\times\Gamma$$
$$z \rightarrow \varepsilon$$

Zusammen ergeben die beiden letzten Sätze das folgende Resultat:

5.4 SATZ **Äquivalenz von Turing-Maschinen und Typ-0-Grammatiken**

Die Klasse der rekursiv aufzählbaren Sprachen ist gleich der Klasse der Sprachen vom Typ 0.

## 5.4 Linear beschränkte Automaten und Typ-1-Grammatiken

Ein linear beschränkter Automat (LBA) ist eine nichtdeterministische Turing-Maschine, die anstatt eines unendlichen Bandes nur den Platz auf dem Band zur Verfügung hat, auf dem die Eingabe steht. Dies kann realisiert werden durch eine Turing-Maschine mit einseitig unendlichem Band und einem zusätzlichen Symbol \$ zur Markierung des rechten Bandendes, das während der Berechnung weder nach rechts überschritten noch überschrieben werden darf. Konkret bedeutet dies, dass in einer Konfiguration $(w, z, \$)$ kein Übergang mit Zeigerbewegung nach rechts oder mit Überschreiben des \$-Symbols definiert ist.

Beispielsweise ist die TM aus Beispiel 5.1, die die Sprache $\{1^n \mid n = 2^{k,}\ k \geq 0\}$ akzeptiert, linear beschränkt, denn sie verlässt nie den Bandabschnitt, der durch die Eingabe belegt ist.

Wir wollen im Folgenden zeigen, dass die von LBA akzeptierten Sprachen im wesentlichen die Sprachen vom Typ 1 sind. Dazu konstruieren wir aus einer kontextsensitiven Grammatik $G$ einen linear beschränkten Automaten $A$. Die Konstruktion verläuft genauso wie im Beweis zu Satz 5.2, wobei zu beachten ist, dass die linke Seite jeder Regel von $G$ nie größer sein kann als die rechte Seite. Dadurch kann der aktuelle Bandinhalt des Automaten $A$ ebenfalls nie größer werden, das heißt, der Teil des Bandes, auf dem die Eingabe steht, wird niemals verlassen. Es handelt sich also um einen linear beschränkten Automaten.

Aus diesem Beweis können wir noch eine weitere Schlussfolgerung ziehen. Der LBA $A$ der die Sprache $L$ akzeptiert, verlässt niemals den Teil des Bandes, auf dem die Eingabe steht. Das heißt, dass die Menge der möglichen Konfigurationen von $A$ endlich ist, zwar sehr groß, aber trotzdem endlich. Wenn die Berechnung für ein Eingabewort $w$ nicht terminiert, dann muss in dieser Berechnung eine Konfiguration doppelt (sogar unendlich oft) durchlaufen werden. Wir können nun eine Turing-Maschine $A'$ konstruieren, die die Funktion von $A$ simuliert und zusätzlich Buch führt über die dabei durchlaufenen Konfigurationen. Wird eine Konfiguration doppelt durchlaufen, so stoppt $A'$ in einem Nicht-Endezustand. Ist dies nicht der Fall, dann muss $A$ irgendwann anhalten, und in diesem Fall hält auch $A'$ in demselben Zustand (akzeptierend bzw. nichtakzeptierend) an. Die TM $A'$ hält also in jedem Fall an und zwar in einem akzeptierenden Zustand genau dann, wenn das Eingabewort von $A$ akzeptiert wird, das heißt, wenn es in $L$ ist. Die Sprache $L$ ist daher rekursiv.

Die soeben konstruierte TM $A'$ stellt einen Algorithmus dar, der das Wortproblem für Typ-1-Sprachen löst.
Es gilt:

> Zu jeder Sprache $L$ vom Typ 1 gibt es einen LBA, der $L$ akzeptiert. Ferner gibt es eine TM, die das Wortproblem für $L$ entscheidet.
> Umgekehrt gilt auch:
> Ist $A$ ein linear beschränkter Automat mit $\varepsilon \notin L(A)$, so ist $L(A)$ vom Typ 1.

Die Einschränkung $\varepsilon \notin L(A)$ ist unumgänglich, da das leere Wort von einer kontextsensitiven Grammatik nicht erzeugt werden kann. Auch dieser Beweis verläuft ähnlich wie im Fall der Turing-Maschinen und Typ-0-Grammatiken. Es ergibt sich lediglich eine technische Komplikation, da die Regeln der zu konstruierenden Typ-1-Grammatik $G$ nicht verkürzend sein dürfen. Dies macht die Darstellung um einiges aufwendiger. Zur genauen Konstruktion von $G$ wird auf /7/ verwiesen.
Der folgende Satz fasst die obigen Ergebnisse zusammen:

**5.5 SATZ** **Äquivalenz von LBA und kontextsensitiven Grammatiken**

> Die Klasse der von linear beschränkten Automaten akzeptierten Sprachen, die das leere Wort nicht enthalten, ist gleich der Klasse der Typ-1-Sprachen.
> Das Wortproblem für Typ-1-Sprachen ist entscheidbar.

## 5.5 Die Sprachklassen der Chomsky-Hierarchie

In diesem Abschnitt stellen wir die wichtigsten Eigenschaften der Sprachklassen der Chomsky-Hierarchie in tabellarischer Form dar.
Die erste Tabelle gibt eine Übersicht über die bisher behandelten Sprachklassen und die Zusammenhänge zwischen akzeptierenden Automaten und erzeugenden Grammatiken. Zur Definition der so genannten $\mathrm{LR}(k)$-Grammatiken, die die deterministisch kontextfreien Sprachen erzeugen, wird auf die Literatur aus dem Bereich Compilerbau verwiesen (/7/).

5.1 TABELLE

**Übersicht über die Sprachklassen**

| Sprachklasse | Name | akzeptierender Automat | erzeugende Grammatik |
|---|---|---|---|
| Typ 0 | rekursiv aufzählbar | deterministische/nichtdeterministische Turing-Maschinen | beliebige Grammatik |
| Typ 1 | kontextsensitiv | linear beschränkte Turing-Maschinen | kontextsensitive Grammatik |
| Typ 2 | kontextfrei | nichtdeterministische Kellerautomaten | kontextfreie Grammatik |
| DKF | deterministisch kontextfrei | deterministische Kellerautomaten | LR($k$)-Grammatiken |
| Typ 3 | regulär | deterministische/nichtdeterministische endliche Automaten | reguläre (links-/rechtslineare) Grammatik |

Die folgende Tabelle gibt einen Überblick über die Abgeschlossenheitseigenschaften der betrachteten Sprachklassen. Der Eintrag „ja“ bedeutet, die Sprache ist unter der angegebenen Mengenoperation abgeschlossen. Die Ergebnisse für Typ 3 und für Typ 2 haben wir bereits in den Abschnitten 3.4 und 4.5 behandelt.
Der Beweis, dass die Klasse der Sprachen vom Typ 2 unter Vereinigung, Konkatenation sowie Kleene-Stern-Operation abgeschlossen ist, lässt sich direkt auf die Sprachklassen Typ 1 und Typ 0 übertragen.

5.2 TABELLE

**Abgeschlossenheitseigenschaften der Sprachklassen**

| Sprachklasse | Durchschnitt | Vereinigung | Komplement | Konkatenation | Kleene-Stern |
|---|---|---|---|---|---|
| Typ 0 | ja | ja | nein | ja | ja |
| Typ 1 | ja | ja | ja | ja | ja |
| Typ 2 | nein | ja | nein | ja | ja |
| DKF | nein | nein | ja | nein | nein |
| Typ 3 | ja | ja | ja | ja | ja |

Zum Schluss geben wir noch eine Übersicht über die Entscheidbarkeit einiger wichtiger Fragestellungen für die genannten Sprachklassen. Der Eintrag „ja“ bedeutet, das genannte Problem ist für die Sprache entscheidbar. Die Begriffe Wortproblem, Leerheitsproblem

usw. sind in Abschnitt 4.2 erläutert. Dort sind auch die in der Tabelle aufgeführten Resultate für reguläre Sprachen bewiesen.
Einige der Unentscheidbarkeitsresultate für die Sprachklassen Typ 0 und Typ 1 werden wir im folgenden Kapitel beweisen. Das Äquivalenzproblem für deterministisch kontextfreie Sprachen ist noch ungelöst.

5.3 TABELLE **Entscheidbarkeitsresultate für die Sprachklassen**

| Sprach-klasse | Wort-problem | Leerheits-problem | Endlichkeits-problem | Äquivalenz-problem |
|---|---|---|---|---|
| Typ 0 | nein | nein | nein | nein |
| Typ 1 | ja | nein | nein | nein |
| Typ 2 | ja | ja | ja | nein |
| DKF | ja | ja | ja | ? |
| Typ 3 | ja | ja | ja | ja |

## 5.6 Turing-Berechenbarkeit

Die Turing-Maschine dient nicht nur als Akzeptor für Sprachen, sondern auch zum Berechnen von Funktionen. Alan M. Turing entwickelte 1936 die nach ihm benannte Maschine als elementares Modell, um den Begriff der Berechenbarkeit zu formalisieren. Dabei ging es weniger darum, zu zeigen, dass bestimmte mathematische Funktionen berechenbar sind, sondern umgekehrt darum, die Grenzen der Berechenbarkeit zu bestimmen. Diese Fragestellung nach den Grenzen eines Konzepts hat eine Parallele in der Physik. Der Hauptsatz der Thermodynamik definiert eine solche Grenze, und seitdem dieser Satz bekannt ist, ist die Suche nach einem *perpetuum mobile* sinnlos geworden. Ebenso ist jeder Versuch, einen Algorithmus zu entwerfen, der etwa das Wortproblem für Typ-0-Grammatiken löst, von vornherein zum Scheitern verurteilt.
Die große Bedeutung der Turing-Maschine ergibt sich daraus, dass dieses Konzept sehr einfach, aber gleichzeitig so allgemein ist, dass sämtliche anderen Modelle der Berechenbarkeit sich als äquivalent dazu erwiesen haben. Mit keinem heutigen Rechner und keiner Programmiersprache können Funktionen berechnet werden, die nicht auch mit Turing-Maschinen berechnet werden können. Der grundlegende Gedanke dazu beruht auf dem Prinzip der Übersetzung bzw. Simulation, das wir in diesem Buch schon so oft benutzt haben.
Ein Algorithmus, der eine mathematische Funktion $f: M_1 \to M_2$ berechnet, hat als Eingabe ein Element $m \in M_1$ und als Ausgabe den Funktionswert $f(m)$. Wollen wir eine Turing-Maschine zur Berechnung einer Funktion benutzen, so können wir die Maschine mit der Eingabe $m$ auf dem Band starten und den Bandinhalt nach Abschluss der Berechnung als Funktionswert $f(m)$ interpretieren. Der Lese-Schreib-Zeiger steht dann auf dem ersten Zeichen der Ausgabe. Daraus ergibt sich die folgende Definition für den Fall $M_1 = M_2 = \Sigma^*$:

**5.3 DEFINITION** **Turing-Berechenbarkeit**

> Die Turing-Maschine $M$ berechnet die Funktion $f: \Sigma^* \to \Sigma^*$, falls
>
> $$f(w) = v \text{ genau dann wenn } (\#, z_0, w) \to^* (\#, z_e, v)$$
>
> mit $z_e \in E$. Die Funktion $f$ heißt in diesem Fall Turing-berechenbar. Wir schreiben $f_m$ für die von der TM $M$ berechnete Funktion.

Eine Turing-Maschine zur Berechnung der Funktion $f$ muss daher folgendes leisten: Wird sie mit der Eingabe $w$ gestartet, so geht sie nach endlich vielen Schritten in einen Endezustand und lässt die Inschrift $f(w)$ auf dem Band zurück, *vorausgesetzt*, die Funktion $f$ ist an der Stelle $w$ definiert. Ist $f(w) = \perp$, so besagt das „genau dann, wenn" in Definition 5.3, dass die Maschine $M$ bei Eingabe von $w$ nie in einen Endezustand kommt. Falls sie terminiert, so terminiert sie in einem Nicht-Endezustand, in dem für die aktuelle Konfiguration kein Übergang definiert ist. Es kann jedoch auch sein, dass sie überhaupt nicht terminiert.
Die Turing-Maschine $M = (\{z_0\}, \Sigma, \Gamma, \delta, z_0, \#, E)$ mit dem einzigen Übergang

$$\delta(z_0, a) = (z_0, a, \mathrm{R}) \text{ für alle } a \in \Gamma$$

terminiert für keinen Eingabewert. Sie berechnet trotzdem eine Funktion, nämlich die überall undefinierte Funktion.
Für die Berechnung von Funktionen auf natürlichen, ganzen, rationalen oder reellen Zahlen müssen diese zunächst auf geeignete Weise codiert werden. Wir werden uns hier auf die Menge $\mathbb{N}_0$ der natürlichen Zahlen beschränken. Eine einfache Möglichkeit zur Codierung natürlicher Zahlen ist die unäre Darstellung. Dabei wird die Zahl $n$ durch eine Reihe von $n$ Einsen, also durch das Wort $1^n$ dargestellt. Hat die zu berechnende Funktion $f$ mehrere Argumente $n_1, n_2, \ldots, n_k$, so werden die Eingabewörter nebeneinander mit dem Trennzeichen $0$ getrennt auf das Band geschrieben, also $1^{n_1}0\,1^{n_2}0\ldots0\,1^{n_k}$. Terminiert die Berechnung in einem Endezustand, so steht anschließend der Funktionswert $m := f(n_1, n_2, \ldots, n_k)$ unär codiert auf dem Band. Wir schreiben $u(n_1, n_2, \ldots, n_k)$ für die Unärcodierung von $n_1, n_2, \ldots, n_k$. Wir verwenden im Folgenden die Vektordarstellung $\vec{n} = (n_1, n_2, \ldots, n_k)$.

**5.4 DEFINITION** **Turing-Berechenbarkeit**

> Die Turing-Maschine $M$ berechnet die Funktion $f: \mathbb{N}^k \to \mathbb{N}$, falls
>
> $$(\#, z_0, u(\vec{n})) \to^* (\#, z_e, u(f(\vec{n})))$$
>
> mit $z_e \in E$, falls $f(\vec{n})$ definiert ist. Die Funktion $f$ heißt in diesem Fall Turing-berechenbar oder auch partiell rekursiv. Ist $f$ eine totale Funktion, so heißt $f$ auch rekursiv.

5.2 BEISPIEL

### Einige rekursive Funktionen

a) Zur Berechnung der Nachfolgerfunktion

$$s : \mathbb{N} \to \mathbb{N},$$
$$s(n) = n+1$$

muss die Turing-Maschine lediglich eine Eins am rechten Ende des Eingabewortes anhängen und anschließend wieder zum Wortanfang zurückkehren. Dies leistet die TM mit $\Sigma = \{1\}$, $\Gamma = \{1, \#\}$, $E = \{z_e\}$ und der Maschinentabelle

| | 1 | # |
|---|---|---|
| $z_0$ | $(z_0, 1, R)$ | $(z_1, 1, L)$ |
| $z_1$ | $(z_1, 1, L)$ | $(z_e, \#, R)$ |
| $z_e$ | – | – |

b) Zur Berechnung der Addition zweier natürlicher Zahlen

$$a : \mathbb{N} \times \mathbb{N} \to \mathbb{N},$$
$$a(n, m) = n+m$$

muss die Turing-Maschine das Trennsymbol 0 zwischen den beiden Eingabewörtern $1^n$ und $1^m$ mit einer Eins überschreiben und diese Eins anschließend am rechten Wortende wieder löschen und schließlich wieder zum Wortanfang zurückkehren. Dies leistet die TM mit $\Sigma = \{0,1\}$, $\Gamma = \{0, 1, \#\}$, $E = \{z_e\}$ und der folgenden Maschinentabelle

| | 0 | 1 | # |
|---|---|---|---|
| $z_0$ | $(z_0, 1, R)$ | $(z_0, 1, R)$ | $(z_1, \#, L)$ |
| $z_1$ | – | $(z_2, \#, L)$ | – |
| $z_2$ | – | $(z_2, 1, L)$ | $(z_e, \#, N)$ |
| $z_e$ | – | – | – |

---

Der Begriff „partiell rekursiv“ für Funktionen entspricht dem Begriff „rekursiv aufzählbar“ für Sprachen, da beide von Turing-Maschinen berechnet werden, die für bestimmte Eingaben auch nichtterminierend sein können. Dagegen entsprechen die (total) rekursiven Funktionen den rekursiven Sprachen, denn sie beziehen sich auf stets terminierende Turing-Maschinen. Es stellt sich heraus, dass sämtliche wichtigen arithmetischen Funktionen auf den natürlichen bzw. ganzen Zahlen (Addition, Multiplikation, Subtraktion, ganzzahlige Division, Restklassenbildung, usw.) rekursiv bzw. partiell rekursiv (etwa die Division und die Restklassenbildung) sind. Durch geeignete Codierung lassen sich auch andere Zahlkonzepte wie ganze Zahlen oder rationale Zahlen auf Turing-Maschinen darstellen und entsprechende Funktionen berechnen.

## 5.7 Andere Berechnungskonzepte

Das Konzept der Turing-Berechenbarkeit legt ein sehr einfaches Maschinenmodell zugrunde. Andere Begriffe der Berechenbarkeit beziehen sich auf einfache Konzepte höherer Programmiersprachen oder auf die Theorie rekursiver Funktionen. Wir wollen in diesem Abschnitt einige alternative Berechenbarkeitskonzepte untersuchen und ihre Beziehung zur Turing-Berechenbarkeit darlegen.

### LOOP-Berechenbarkeit

Die Syntax der Programmiersprache LOOP besteht aus folgenden Elementen:

- Variablen: $x_0, x_1, x_2, \ldots$
- Konstanten: $0, 1, 2, \ldots$
- Trennsymbole: := und ;
- Operatorsymbole: + und $\div$
- Schlüsselwörter: LOOP, DO, END.

LOOP-Programme sind folgendermaßen definiert:

- Jede Wertzuweisung der folgenden Form ($c$ ist eine natürliche Zahl) ist ein LOOP-Programm:

  $$x_i := x_j + c$$

  $$x_i := x_j \div c$$

  Die Operation $\div$ ist definiert durch:

  $$n \div m = \begin{cases} n - m & \text{falls } n \geq m \\ 0 & \text{falls } n < m \end{cases}$$

- Das leere Programm $\Lambda$ ist ein LOOP-Programm.
- Komposition: Sind $P_1$ und $P_2$ LOOP-Programme, so ist auch

  $$P_1 \,;\, P_2$$

  ein LOOP-Programm.
- LOOP: Ist $P$ ein LOOP-Programm, so ist auch

  $$\text{LOOP } x_i \text{ DO } P \text{ END}$$

  ein LOOP-Programm.

Ist $P$ ein LOOP-Programm, so bezeichnen wir mit $V(P) = \{x_0, x_1, x_2, \ldots, x_k, \ldots, x_r\}$ die endliche Menge der in $P$ vorkommenden Variablen. Die Variable $x_0$ wird dabei als Ausgabevariable benutzt, die Variablen $x_1, x_2, \ldots, x_k$ als Eingabevariablen und die Variablen $x_{k+1}, \ldots, x_r$ als lokale Variablen, die bei Programmstart mit dem Wert $0$ initialisiert sind.
Die $k$-fache Komposition $P;\ldots;P$ des Programms $P$ bezeichnen wir mit $P^k$; dabei ist $P^0 = \Lambda$.

5.3 BEISPIEL **Ein LOOP-Programm zur Multiplikation zweier Zahlen**

Das folgende LOOP-Programm berechnet das Produkt zweier natürlicher Zahlen $a$ und $b$. Das Programm wird mit den Startwerten $x_1 = a$ und $x_2 = b$ gestartet. Nach Beendigung steht in der Variablen $x_0$ das Ergebnis $ab$.

```
x0 := 0;
LOOP x2 DO
    LOOP x1 DO
        x0 := x0 + 1
    END
END
```

Die Anweisung $x_0 := x_0 + 1$ wird in der inneren LOOP-Schleife so oft ausgeführt, wie der Wert der Variablen $x_1$ zu Beginn der LOOP-Anweisung angibt. Nach jedem kompletten Durchlauf der inneren Schleife ist daher der Wert von $x_0$ um den Wert von $x_1$ erhöht. Dies wird in der äußeren Schleife $x_2$-mal durchgeführt, also hat $x_0$ nach Beendigung der äußeren Schleife den Wert $x_1\, x_2$.

---

Zur formalen Definition der Semantik eines LOOP-Programms $P$ verwenden wir den Speicher-Vektor $(n_0, n_1, n_2, \ldots, n_r)$, der im Folgenden auch in der Form

$$\mathbf{v} = (n_0, \mathbf{n}, \mathbf{m})$$

mit $\mathbf{n} = (n_1, n_2, \ldots, n_k)$, $\mathbf{m} = (n_{k+1}, \ldots, n_r)$, abgekürzt wird. Er bildet den Speicherinhalt des LOOP-Programms – also die Werte der Ausgabevariablen, der Eingabevariablen und der Hilfsvariablen – ab. Die Semantik von LOOP-Programmen ist durch eine Funktion $\delta$ definiert, die einem Speicher-Vektor $\mathbf{v}$ und einem LOOP-Programm $P$ einen neuen Speichervektor $\delta(\mathbf{v}, P)$ zuordnet.
Die Funktion $\delta$ ist folgendermaßen definiert:

- Wertzuweisung:

  $$\delta((n_0, n_1, n_2, \ldots, n_r), x_i := x_j \pm c) = (n_0, n_1, \ldots, n_{i-1}, n_j \pm c, n_{i+1}, \ldots, n_r)$$

  Bei der Subtraktion handelt es sich um die echte Subtraktion $n_j \div c$.
- leeres Programm:

  $$\delta(\mathbf{v}, \Lambda\ ) = \mathbf{v}$$

- Komposition:

  $$\delta(\mathbf{v}, (P_1\, ; P_2)) = \delta(\delta(\mathbf{v}, P_1), P_2)$$

- LOOP-Anweisung:

  $$\delta((n_0, n_1, n_2, \ldots, n_r), \text{LOOP } x_i \text{ DO } P \text{ END}) = \delta((n_0, n_1, n_2, \ldots, n_r), P^{n_i})$$

Beispielsweise erhalten wir

$$\delta((0,3), \text{LOOP } x_1 \text{ DO } x_0 := x_0 + 1 \text{ END}) =$$
$$\delta((0,3), (x_0 := x_0 + 1; x_0 := x_0 + 1; x_0 := x_0 + 1)) =$$
$$\delta(\delta(\delta((0,3), x_0 := x_0 + 1), x_0 := x_0 + 1), x_0 := x_0 + 1) =$$
$$\delta(\delta((1,3), x_0 := x_0 + 1), x_0 := x_0 + 1) =$$
$$\delta((2,3), x_0 := x_0 + 1) = (3,3).$$

5.5 DEFINITION **Loop-Berechenbarkeit**

Das LOOP-Programm $P$ mit $|V(P)| = r$ berechnet die Funktion $f: \mathbb{N}^k \to \mathbb{N}$, mit $k < r$ falls für alle $\mathbf{n} \in \mathbb{N}^k$

$$\delta((0, \mathbf{n}, \mathbf{0}), P) = \mathbf{v} \text{ mit } \mathbf{v}_1 = f(\mathbf{n}).$$

Die Funktion $f$ heißt in diesem Fall LOOP-berechenbar.

Da LOOP-Programme offensichtlich für alle Eingabewerte terminieren, sind LOOP-berechenbare Funktionen stets total. Die meisten totalen arithmetischen Funktionen sind LOOP-berechenbar. Partielle Funktionen wie etwa die Division oder die Restklassenbildung sind demnach nicht LOOP-berechenbar. Dies liegt jedoch nicht an der Komplexität dieser Funktionen, sondern lediglich daran, dass sie nicht total sind. Die Definitionslücken dieser partiellen Funktionen könnten nämlich behoben werden, sodass die entsprechend modifizierten Funktionen LOOP-berechenbar sind.
Es gibt jedoch eine totale Funktion, die aufgrund ihres schnellen Wachstums nicht LOOP-berechenbar ist.

## Die Ackermann-Funktion

Die Ackermann-Funktion ist ein Beispiel für eine totale Funktion auf den natürlichen Zahlen, die nicht LOOP-berechenbar ist.
Die Ackermann-Funktion $\text{ack} : \mathbb{N} \times \mathbb{N} \to \mathbb{N}$ Ist in einer später von Hermes vereinfachten Form rekursiv definiert durch:

$$\begin{aligned} \text{ack}(0, m) &= m+1 \\ \text{ack}(n,0) &= \text{ack}(n-1,1) \\ \text{ack}(n,m) &= \text{ack}(n-1,\text{ack}(n,m-1)). \end{aligned}$$

In /11/ wird eine modifizierte Form der Ackermann-Funktion angegeben. Diese ist definiert durch eine Folge von einstelligen Funktionen $a_0, a_1, a_2, a_3, \ldots$, mit $a_k : \mathbb{N}_0 \to \mathbb{N}_0$. Zunächst definieren wir die Funktion $a_0$:

$$a_0(0) = 1$$
$$a_0(1) = 2$$
$$a_0(m) = m + 2 \text{ für } m \geq 2.$$

Für $k \geq 0$ gilt:

$$a_{k+1}(m) = a_k^m(1) = a_k(a_k(\ldots a_k(1)\ldots))$$

Die (modifizierte) Ackermann-Funktion kann offenbar im intuitiven Sinne berechnet werden, also durch ein Programm in einer beliebigen Programmiersprache. Es lässt sich jedoch zeigen, dass sie nicht LOOP-berechenbar ist, das heißt, es gibt kein LOOP-Programm, das mit der Eingabe $n$ und $m$ den Wert $a(n,m)$ berechnet. Wir wollen dies nicht formal beweisen, sondern nur aufgrund der Eigenschaften der Ackermann-Funktion plausibel machen.
Es lässt sich leicht sehen, dass die Funktionen $a_k$ für $k \geq 1$ sich folgendermaßen darstellen lassen:

$$a_1(m) = 2m$$
$$a_2(m) = 2^m$$
$$a_3(m) = \left.2^{2^{\cdot^{\cdot^{2}}}}\right\} m\text{-mal}$$

Es lässt sich nun zeigen, dass jede einzelne der Funktionen $a_k$, $k = 1, 2, \ldots$ LOOP-berechenbar ist, und zwar benötigt man für jede Stufe $k$ mindestens $k$ LOOP-Anweisungen. Beispielsweise kann man nachprüfen, dass ein Programm mit nur einem LOOP höchstens lineare einstellige Funktionen berechnen kann, jedoch keine stärker wachsenden. Schon für quadratische Funktionen und erst recht für Exponentialfunktionen wie etwa $a_2$ benötigt man mindestens zwei Loops.

> Die Funktion $a_k$ lässt sich durch ein LOOP-Programm mit genau $k$ LOOP-Anweisungen berechnen, jedoch nicht durch ein LOOP-Programm mit weniger LOOP-Anweisungen.

Zum Beweis dieser Behauptung sei auf die Literatur (/9/, /11/) verwiesen.
Die LOOP-Programmiersprache enthält keine bedingte Anweisung. Eine solche IF-THEN-ELSE Konstruktion, wie sie in den meisten Programmiersprachen gebräuchlich ist, kann jedoch durch eine Folge von LOOP-Anweisungen simuliert werden. So kann etwa die Anweisung

IF $x = 0$ THEN P END;

nachgeahmt werden durch die Folge

$y = 1$;

LOOP $x$ DO $y := 0$ END;

LOOP $y$ DO P END;

Dabei ist y eine Variable, die sonst im Programm nicht vorkommt.
Der Grund, warum sich die Ackermann-Funktion nicht von einem LOOP-Programm berechnen lässt, liegt im Wesentlichen darin, dass die Anzahl der Schleifendurchläufe eines Programmes durch die Werte der entsprechenden Variablen festgelegt ist.
Wird die LOOP-Programmiersprache um ein flexibleres Schleifenkonzept erweitert, so lässt sich damit auch die Ackermann-Funktion berechnen. Diese Erweiterung ist die While-Schleife, die wir im Folgenden betrachten wollen.

## WHILE-Berechenbarkeit

WHILE-Programme sind folgendermaßen definiert:

- Jedes LOOP-Programm ist ein WHILE-Programm
- Ist $P$ ein WHILE-Programm, so ist auch

  WHILE $x_i > 0$ DO $P$ END

  ein WHILE-Programm.

Wie bei LOOP-Programmen wird die Variable $x_0$ als Ausgabevariable, die restlichen Variablen als Eingabe- bzw. lokale Variablen benutzt.
Die Semantik der WHILE-Schleife ergibt sich durch eine entsprechende Erweiterung der Funktion δ:

$$\delta(\mathbf{v}, \text{WHILE } x_i > 0 \text{ DO } P \text{ END}) = \begin{cases} \delta(\mathbf{v}, P^k), & \text{falls } k = \min M \\ \bot, & \text{falls } M = \emptyset \end{cases}$$

Dabei ist $M = \{j \mid \delta(\mathbf{v}, P^j)_i = 0, j \geq 0\}$

Das Programm $P$ wird also so lange durchgeführt, wie der Wert der Variablen $x_i$ größer als 0 ist. Ist dieser Wert vor und während des Schleifendurchlaufs stets größer als 0, so terminiert das Programm nicht und die Funktion δ ist an dieser Stelle undefiniert.
Durch Hinzunahme der WHILE-Schleife ist die LOOP-Schleife obsolet geworden, denn ein Loop der Form

LOOP $x$ DO $P$ END;

kann durch folgende WHILE-Schleife nachgebildet werden:

$y := x$;

WHILE $y > 0$ DO $P$; $y := y-1$ END;

Dabei ist $y$ eine im restlichen Programm nicht vorkommende Variable. Wir gehen im Folgenden von dieser vereinfachten Form von WHILE-Programmen aus, die nur aus Wertzuweisung, Komposition und WHILE-Schleife aufgebaut sind.

5.6 DEFINITION **While-Berechenbarkeit**

Das While-Programm $P$ mit $|V(P)| = r$ berechnet die (partielle) Funktion $f\colon \mathbb{N}^k \to \mathbb{N}$, mit $k < r$ falls

$$\delta((0, \mathbf{n}, \mathbf{0}), P) = \mathbf{v} \text{ mit } \mathbf{v}_1 = f(\mathbf{n})$$

für alle $\mathbf{n} = (n_1, \ldots, n_k) \in \mathbb{N}^k$, für die $f(\mathbf{n})$ definiert ist. Die Funktion $f$ heißt in diesem Fall *While-berechenbar.*

Im Gegensatz zur LOOP-Programmiersprache ist die WHILE-Sprache mächtig genug, um die Ackermann-Funktion berechnen zu können. Sie ist sogar genau so mächtig wie die Turing-Maschine, das heißt, jede Turing-berechenbare Funktion ist auch WHILE-berechenbar und umgekehrt. Die Kehrseite dieser größeren Mächtigkeit der WHILE-Sprache besteht offenbar in der Möglichkeit der Nichtterminierung, während LOOP-Programme sicher sind in dem Sinn, dass sie stets terminieren.
Im Folgenden soll die Äquivalenz von WHILE-Berechenbarkeit und Turing-Berechenbarkeit gezeigt werden.

Zunächst zeigen wir, dass jede WHILE-berechenbare (partielle) Funktion $f\colon \mathbb{N}^k \to \mathbb{N}$ auch Turing-berechenbar ist. Dazu skizzieren wir eine Transformation, die ein gegebenes WHILE-Programm $P$, das die Funktion $f$ berechnet, in eine Mehrband-Turing-Maschine $M(P)$ umwandelt, die dieselbe Funktion $f$ (mit Unärcodierung) berechnet. Die Maschine wird rekursiv über den Aufbau der WHILE-Anweisungen definiert.
Seien $\{x_0, x_1, x_2, \ldots, x_r\}$ die in $P$ vorkommenden Variablen. Die Turing-Maschine $M(P)$ verfügt über $r+1$ Bänder. Beim Start steht auf Band $i$ die Eingabe $u(n_i)$ für $i = 1, \ldots, k$. Auf den restlichen Bändern steht $u(0)$. Die Ausgabe steht zum Schluss der Berechnung auf Band 0. Die Anweisungen von $P$ werden folgendermaßen umgesetzt:

- Die Wertzuweisung $x_i := x_j \pm c$:
  Der Inhalt von Band $j$ wird komplett auf Band $i$ kopiert. Anschließend wird die Konstante $c$ in Unärcodierung zum Inhalt von Band $i$ addiert bzw. subtrahiert, das heißt, es werden $c$ Einsen hinzugefügt bzw. entfernt. Entsprechend wird die Zuweisung $x_i := x_j - c$ simuliert.
- Die Komposition $P_1; P_2$:
  Zunächst wird die Turing-Maschine $M(P_1)$ durchlaufen. Kommt diese in einen Endezustand, so wird von dort aus der Startzustand der Turing-Maschine $M(P_2)$ angesteuert.
- Die WHILE-Schleife WHILE $x_i > 0$ DO $P_1$ END
  Es wird eine Turing-Maschine $M_i$ konstruiert, die in den Endezustand $z_{\text{true}}$ übergeht, falls der Inhalt von Band $i$ ungleich 0 ist; und sonst in den Endezustand $z_{\text{false}}$. Endet die Berechnung von $M_i$ in $z_{\text{true}}$, so wird zum Startzustand der Maschine $M(P_1)$ gesprungen und nach Beendigung von $M(P_1)$ wieder zum Startzustand von $M_i$. Endet die Berechnung von $M_i$ in $z_{\text{false}}$, so ist auch die gesamte Berechnung beendet.

Umgekehrt lässt sich auch zeigen, dass jede Turing-berechenbare Funktion WHILE-berechenbar ist. Zum Beweis siehe /9/ oder /11/. Dadurch ergibt sich:

5.6 SATZ

**Äquivalenz von Turing-Berechenbarkeit und While-Berechenbarkeit**

Eine (partielle) Funktion ist Turing-berechenbar genau dann, wenn sie While-berechenbar ist.

Das Konzept der WHILE-Berechenbarkeit ist also genau so mächtig wie das der Turing-Berechenbarkeit, während LOOP-Berechenbarkeit schwächer als diese beiden Konzepte ist. Als weitere Programmiersprache führen wir die Sprache GOTO ein, die auf dem Konzept der bedingten bzw. unbedingten Sprünge aufbaut.

## GOTO-Berechenbarkeit

Ein GOTO-Programm besteht aus einer Folge von markierten Anweisungen der Form

$$M_1 : A_1 \,;\, M_2 : A_2 \,;\, \dots \,;\, M_n : A_n$$

Dabei ist $M_i$ eine Marke und $A_i$ eine Anweisung. Als Anweisungen sind zulässig:

- die Wertzuweisungen $x_i := x_j + c$ und $x_i := x_j - c$
- unbedingte Sprünge: GOTO $M_k$ mit $1 \leq k \leq n$
- bedingte Sprünge: IF $x_i = c$ GOTO $M_k$ mit $1 \leq k \leq n$
- die Stopp-Anweisung: STOP.

Wie bei LOOP- und WHILE-Programmen wird die Variable $x_0$ als Ausgabevariable, die restlichen Variablen als Eingabe- bzw. lokale Variablen benutzt.

5.4 BEISPIEL

**Ein GOTO-Programm**

Das folgende GOTO-Programm berechnet die totale Funktion $f(n) = 2n$.

$M_1 : x_0 := 0$

$M_2 :$ IF $x_1 = 0$ GOTO $M_6$

$M_3 : x_0 := x_0 + 2$

$M_4 : x_1 := x_1 - 1$

$M_5 :$ GOTO $M_2$

$M_6 :$ STOP

Eine Konfiguration eines GOTO-Programms ist ein Paar $(\mathbf{v}, k)$. Dabei bezeichnet $\mathbf{v}$ den aktuellen Speicherzustandsvektor und $k$ den aktuellen Markenindex.
Die Semantik von GOTO-Programmen ergibt sich durch folgende Definition der Ableitungsrelation $\rightarrow$:

$$
\begin{array}{ll}
(\mathbf{v}, k) \rightarrow (\delta(\mathbf{v}, A_k), k+1) & \text{falls } A_k = (x_i := x_j + c) \\
(\mathbf{v}, k) \rightarrow (\mathbf{v}, l) & \text{falls } A_k = \text{GOTO } M_l \\
(\mathbf{v}, k) \rightarrow (\mathbf{v}, l) & \text{falls } A_k = (\text{IF } x_i = c \text{ GOTO } M_l) \text{ und } v_i = c \\
(\mathbf{v}, k) \rightarrow (\mathbf{v}, k+1) & \text{falls } A_k = (\text{IF } x_i = c \text{ GOTO } M_l) \text{ und } v_i \neq c \\
(\mathbf{v}, k) \rightarrow (\mathbf{v}, 0) & \text{falls } A_k = \text{STOP}
\end{array}
$$

Im Beispiel ergibt sich bei Eingabe von $x_1 = 3$ folgende Berechnung:

$$
\begin{array}{lllll}
((0,3), 1) \rightarrow & ((0,3), 2) & \rightarrow ((0,3), 3) & \rightarrow ((2,3), 4) & \rightarrow ((2,2), 5) \rightarrow \\
 & ((2,2), 2) & \rightarrow ((2,2), 3) & \rightarrow ((4,2), 4) & \rightarrow ((4,1), 5) \rightarrow \\
 & ((4,1), 2) & \rightarrow ((4,1), 3) & \rightarrow ((6,1), 4) & \rightarrow ((6,0), 5) \rightarrow \\
 & ((6,0), 2) & \rightarrow ((6,0), 6) & \rightarrow ((6,0), 0) &
\end{array}
$$

### 5.7 DEFINITION Goto-Berechenbarkeit

Das GOTO-Programm $P$ mit $|V(P)| = r$ berechnet die (partielle) Funktion $f: \mathbb{N}^k \rightarrow \mathbb{N}$, mit $k < r$, falls

$$((0, \mathbf{n}, \mathbf{0}), 1) \rightarrow^* (\mathbf{v}, 0) \text{ mit } \mathbf{v}_1 = f(\mathbf{n})$$

für alle $\mathbf{n}$, für die $f(\mathbf{n})$ definiert ist. Die Funktion $f$ heißt in diesem Fall GOTO-berechenbar.

Ein WHILE-Programm der Form

$$A_1 ; A_2 ; \ldots ; A_n$$

lässt sich offenbar auf folgende Weise in ein entsprechendes GOTO-Programm umwandeln. Zunächst werden die Anweisungen mit Marken versehen und eine Stopp-Anweisung am Ende angefügt:

$$M_1 : A_1 ; M_2 : A_2 ; \ldots ; M_n : A_n ; M_{n+1} : \text{STOP}$$

Anschließend werden alle WHILE-Schleifen der Form

$$M_k : \text{WHILE } x_i > 0 \text{ DO } A \text{ END}$$

in entsprechende Folgen von GOTO-Anweisungen umgeformt. Dies geschieht nach folgendem Muster:

$M_k$ : IF $x_i = 0$ GOTO $M_{k+3}$

$M_{k+1} : A$

$M_{k+2}$ : GOTO $M_k$

$M_{k+3} : A_{k+1}$

Aufgrund des Einfügens zusätzlicher Programmzeilen müssen die Markenindizes entsprechend angepasst werden.
Umgekehrt lässt sich auch ein GOTO-Programm in ein äquivalentes WHILE-Programm übersetzen. Gegeben sei das GOTO-Programm

$$M_1 : A_1 ; M_2 : A_2 ;\ldots ; M_n : A_n$$

Zur Konstruktion eines äquivalenten WHILE-Programms führen wir zunächst eine Zählvariable (Befehlszähler) $z$ ein, die im restlichen Programm nicht vorkommt. Der Wert dieser Variablen gibt den Index der Zeile an, in dem sich die Ausführung des GOTO-Programms gerade befindet. Hat $z$ den Wert $k$, so wird als nächstes der Befehl $A_k$ ausgeführt. Die Grobstruktur des WHILE-Programms lautet:

$z := 1;$

WHILE $z > 0$ DO

IF $z = 1$ THEN $A_1{}'$ END;

IF $z = 2$ THEN $A_2{}'$ END;

…

IF $z = n$ THEN $A_n{}'$ END;

END

In jedem Durchlauf der WHILE-Schleife wird abhängig vom Wert des Befehlszählers genau eine der Anweisungen $\overline{A}_1,\ldots, \overline{A}_n$ ausgewählt und ausgeführt. Die Anweisungen $\overline{A}_k$ simulieren die Anweisungen $A_k$ und manipulieren anschließend den Befehlszähler $z$, damit beim nächsten Durchlauf der WHILE-Schleife wieder die entsprechende Anweisung ausgewählt wird.

- Ist $A_k = (x_i := x_j \pm c)$, so ist $\overline{A}_k = (x_i := x_j \pm c\ ;\ z := k + 1)$. Nach Ausführung der Wertzuweisung setzt das Programm mit dem darauf folgenden Befehl $\overline{A}_{k+1}$ fort.
- Ist $A_k$ = GOTO $M_j$, so ist $\overline{A}_k = (z := j)$. Der Befehlszähler wird auf $j$ gesetzt, das heißt, im nächsten Durchlauf wird der Befehl $\overline{A}_j$ ausgewählt.
- Ist $A_k$ = (IF $x_i = c$ GOTO $M_j$), so ist $\overline{A}_k$ = (IF $x_i = c$ THEN $z := j$ ELSE $z := k + 1$). Hat die Variable $x_i$ den Wert $c$, so wird der Befehlszähler auf $j$ gesetzt, das heißt, im nächsten Durchlauf wird der Befehl $\overline{A}_j$ ausgewählt. Ansonsten setzt das Programm mit dem auf den aktuellen Befehl folgenden Befehl $\overline{A}_{k+1}$ fort.
- Ist $A_k$ = STOP, so ist $\overline{A}_k = (z := 0)$. Nun hat der Befehlszähler den Wert 0, und im nächsten Durchlauf wird die WHILE-Schleife verlassen.

Insgesamt ergibt sich damit die Äquivalenz von WHILE-Berechenbarkeit und GOTO-Berechenbarkeit:

5.7 SATZ **Äquivalenz von While-, Goto- und Turing-Berechenbarkeit**

Eine Funktion ist While-berechenbar genau dann, wenn sie GOTO-berechenbar ist. Die Klasse der While-berechenbaren Funktionen stimmt also mit der Klasse der GOTO-berechenbaren und damit auch der Turing-berechenbaren Funktionen überein.

Aufgrund der Äquivalenz der drei bisher behandelten Begriffe der Berechenbarkeit werden wir im Folgenden einfach von Berechenbarkeit sprechen, wenn wir Turing-, WHILE-oder GOTO-Berechenbarkeit meinen.
Wir haben gesehen, dass sich jedes GOTO-Programm in ein äquivalentes WHILE-Programm mit nur einer einzigen WHILE-Schleife umwandeln lässt. Zusammen mit dem Satz von der Äquivalenz der drei Berechenbarkeitsbegriffe besagt dieses Ergebnis, dass sich jede berechenbare Funktion schon durch ein ein WHILE-Programm mit nur einer einzigen WHILE-Schleife berechnen lässt. Diese normierte Form von WHILE-Programmen heißt auch Kleenesche Normalform.

## 5.8 Die universelle Turing-Maschine

Computer wie Personalcomputer oder Workstations sind so genannte Universalrechner, das heißt, sie sind so programmierbar, dass sie jede berechenbare Funktion berechnen können. Im Gegensatz dazu berechnet eine konkrete Turing-Maschine nur eine einzelne Funktion. Man müsste also für jedes zu lösende Problem und jede zu berechnende Funktion eine neue Turing-Maschine bauen. Die universelle Turing-Maschine $U$, die in diesem Abschnitt eingeführt werden soll, ist eine programmierbare Turing-Maschine, also ein Universalrechner, der jede berechenbare Funktion berechnen kann. Sie arbeitet wie ein Interpreter, der die Anweisungen einer konkreten Turing-Maschine mit den gegebenen Eingabedaten simuliert. Soll die universelle Turing-Maschine $U$ beispielsweise ein Programm zur Addition zweier natürlicher Zahlen $n$ und $m$ ausführen, so erhält sie als Eingabe die Maschinentabelle $M$ einer Turing-Maschine, die zwei natürliche Zahlen addiert (siehe Beispiel 5.2b)) sowie die Zahlen $n$ und $m$. Diese Eingabe ist in entsprechender Form (binär) codiert. Sie liest nun die Befehle aus der Tabelle $M$ und führt diese auf den Zahlen $n$ und $m$ aus.

### Codierung von Turing-Maschinen

Damit die universelle Turing-Maschine $U$ die Maschinentabelle $M$ einer konkreten Turing-Maschine simulieren kann, muss $M$ zunächst mittels eines geeigneten Codierungsverfahrens in Binärcode codiert werden, dass sie als Eingabe von $U$ gelesen werden kann. Zur Vereinfachung treffen wir einige einschränkende Annahmen über die Parameter der Maschine $M$. Die Zeichen des Eingabe- und des Bandalphabets der Maschine $M$ lassen sich unter ausschließlicher Verwendung der drei Zeichen 0, 1 und # codieren. Weiterhin nehmen wir an, dass $Z = \{z_1, z_2,\dots, z_n\}$ die Zustandsmenge von $M$ ist mit $z_1$ als Startzustand und $z_2$ als einzigem Endezustand, denn jede Turing-Maschine mit mehreren Endezuständen lässt sich in eine äquivalente Maschine mit nur einem Endezustand transformieren. $M$ ist also eine normierte Maschine mit

- Zustandsmenge $Z = \{z_1, z_2, \ldots, z_n\}$,
- Eingabealphabet $\Sigma = \{0, 1\}$,
- Bandalphabet $\Gamma = \{0, 1, \#\}$,
- Startzustand $z_1$ und
- einzigem Endezustand $z_2$.

Wir definieren

$$X_1 = 0, X_2 = 1, X_3 = \#$$

für die Zeichen des Bandalphabets sowie

$$R_1 = \mathrm{L}, R_2 = \mathrm{R}$$

für die Richtungen links bzw. rechts. Die Turing-Anweisung

$$\delta(z_i, X_j) = (z_k, X_l, R_m)$$

wird dann durch folgendes Binärwort codiert:

$$0^i 1 0^j 1 0^k 1 0^l 1 0^m$$

Beispielsweise wird die Anweisung $\delta(z_3, 0) = (z_4, 1, \mathrm{L})$ einer nAckermann-Funktionormierten Maschine zunächst in der Form $\delta(z_3, X_1) = (z_4, X_2, R_1)$ notiert und anschließend als Binärwort 0001010000100010 codiert.

Sind nun $c_1, c_2, \ldots, c_r$ die Codierungen der Anweisungen der Maschine $M$, so wird die komplette Maschinentabelle von $M$ dargestellt durch das Binärwort

$$111c_1 11c_2 11 \ldots 11c_r 111.$$

Als Beispiel bestimmen wir die Codierung der Turing-Maschine $M$ mit den Zuständen $\{z_1, z_2, z_3\}$ und den in der folgenden Tabelle dargestellten Übergängen. Daneben sind die Codierungen der einzelnen Befehle dargestellt.

| Befehl | Codierung |
|---|---|
| $\delta(z_1,0) = (z_2, 1, \mathrm{R})$ | 010100100100 |
| $\delta(z_2,1) = (z_3, 0, \mathrm{L})$ | 0010010001010 |
| $\delta(z_3,\#) = (z_3, 0, \mathrm{R})$ | 0001000100010100 |

Somit ergibt sich als Codierung für die gesamte TM das folgende Binärwort:

**111**010100100100**11**0010010001010**11**0001000100010100**111**

Die Reihenfolge der Anweisungen spielt dabei keine Rolle, sodass eine Turing-Maschine $M$ mehrere verschiedene Codierungen haben kann. Jede solche Codierung von $M$ ist eine

Binärzahl, entspricht also einer natürlichen Zahl. Wir wählen (willkürlich) die kleinste davon und bezeichnen diese mit $\langle M\rangle$. Die Zahl $\langle M\rangle$ heißt auch *Gödelnummer* von $M$.
Ist $w$ ein Eingabewort für die Maschine $M$, so wird das Paar $(M, w)$ durch die Zeichenkette $\langle M\rangle$ gefolgt von $w$ dargestellt. Diese Zeichenkette bezeichnen wir mit $\langle M, w\rangle$.
Für jede Turing-Maschine $M$ gibt es eine Gödelnummer $\langle M\rangle$, aber umgekehrt ist nicht jede natürliche Zahl die Gödelnummer einer Turing-Maschine. Enthält das Binärwort $w$ etwa vier aufeinanderfolgende Einsen, so kann es keine Turing-Maschine codieren.

### Die universelle Turing-Maschine

Die universelle Turing-Maschine $U$ erhält als Eingabe eine Zeichenkette der Form $\langle M, w\rangle$, wobei $\langle M\rangle$ die Gödelnummer einer Turing-Maschine $M$ und $w$ ein Eingabewort für $M$ ist. Sie soll die Maschine $M$ auf der Eingabe $w$ simulieren, das heißt, sie soll am Schluss als Ausgabe genau denselben Bandinhalt haben, den auch die Maschine $M$ nach der Verarbeitung von $w$ hätte. Hält $M$ bei Eingabe von $w$ nicht an, so soll auch $U$ nicht halten.
Die universelle Turing-Maschine $U$ lässt sich am besten als Drei-Band-Maschine konstruieren. Die Eingabe $\langle M, w\rangle$ steht zunächst auf Band 1. Wir nehmen dabei an, dass die Eingabe syntaktisch korrekt ist, also von der Form $111c_1 11c_2 11 \ldots 11c_r 111w$. Als erstes wird das Wort $w$ von Band 1 gelöscht und auf Band 2 gebracht. Auf Band 1 bleibt während der gesamten Berechnung die Gödelnummer von $M$ stehen. Auf Band 3 steht jeweils der Zustand $z_i$ – codiert in der Form $0^i$ – in dem sich die Maschine $M$ bei der Bearbeitung von $w$ befinden würde. Am Anfang ist dies der Zustand $z_1$.
Damit sind die Vorarbeiten erledigt und es beginnt die Simulation der Maschine $M$ auf dem Eingabewort $w$.
Wir beschreiben die Simulation einer konkreten Befehlsausführung von $M$. Sei $z_i$ der Zustand, in dem sich $M$ befinden würde und $X_j$ das aktuelle Zeichen des Wortes $w$. Dann steht auf Band 3 der Maschine $U$ das Wort $0^i$. $U$ liest auf Band 2 das Zeichen $X_j$. Nun sucht $U$ auf Band 1 den Block $110^i10^j1$. Gibt es keinen solchen Block, so hält $U$ an, denn das würde auch $M$ in diesem Fall tun. Ist in diesem Fall $i = 2$, so wäre die Maschine $M$ im Endezustand $z_2$, also akzeptiert $U$ die Eingabe. Die Ausgabe steht dann auf Band 2. Gibt es dagegen einen Block der Form $110^i10^j11$, so geht die Berechnung weiter. $U$ liest die Fortsetzung des Blockes, die von der Form $10^k10^l10^m11$ ist und ersetzt das aktuelle Zeichen auf Band 2 durch das Zeichen $X_l$, das Wort auf Band 3 durch das Wort $0^k$ und bewegt den Lese-Schreib-Kopf auf Band 2 in Richtung $R_m$.

## 5.9 Die Churchsche These

Die Berechenbarkeitsbegriffe, die in diesem Buch behandelt wurden (WHILE, GOTO-Berechenbarkeit), stellen sich alle als äquivalent zur Turing-Berechenbarkeit heraus. Im selben Jahr, in dem Turing die Turing-Maschine als BModell der Berechenbarkeit beschrieb, entwickelte Alonzo Church das Konzept der μ-rekursiven Funktionen, das ebenfalls als formales Modell für Algorithmen dienen kann. Später wurden noch weitere solche Konzepte zur Formalisierung von Algorithmen entwickelt, unter anderem der λ-Kalkül, Post-Systeme und die RAM-Maschine. Es stellte sich jedoch heraus, dass alle äquivalent zum Konzept der Turing-Maschine sind. Dies ist ein Hinweis darauf, dass die Turing-Maschine – und damit ebenso alle anderen äquivalenten Systeme – den intuitiven Begriff des Algorithmus adäquat formalisieren. Diese Tatsache führte A. Church[1] zur Formulierung seiner berühmten These:

**Churchsche These**

> Die Klasse der Turing-berechenbaren Funktionen ist genau die Klasse der intuitiv berechenbaren Funktionen.

Diese These ist kein mathematischer Satz im strengen Sinne, denn sie bezieht sich auf den undefinierten Begriff der intuitiven Berechenbarkeit. Sie kann somit auch nicht formal bewiesen werden. Sie könnte lediglich durch die Entdeckung eines Berechenbarkeitsbegriffs widerlegt werden, der mächtiger ist als die Turing-Berechenbarkeit. Diese Möglichkeit wird jedoch als sehr unwahrscheinlich erachtet.

Die Churchsche These ist lange Zeit dahingehend missverstanden worden, dass die Turing-Maschine das grundlegende Rechnermodell darstellt. Die Turing-Berechenbarkeit beruht ebenso wie die anderen genannten Berechenbarkeitskonzepte auf der Idee der Berechnung des Wertes einer mathematischen Funktion durch einen Algorithmus. Man schreibt die Eingabedaten auf das Band, die Maschine führt die Berechnung durch und am Schluss steht der berechnete Wert auf dem Band.

Im Gegensatz dazu besitzen moderne Computer durch das Konzept der Prozessunterbrechung (Interrupt-Mechanismus) die Möglichkeit der Interaktion, das heißt, sie können dynamisch während der Verarbeitung auf weitere Eingaben oder äußere Einflüsse reagieren. Erst diese Fähigkeit ermöglicht eine Kommunikation mit der Außenwelt, die beispielsweise für autonome Roboter, die selbständig neues Gelände erforschen und dabei auf unvorhersehbare äußere Einflüsse reagieren, unabdingbar ist.

Neben der Robotik beruhen viele andere moderne Computeranwendungen auf der Möglichkeit der Interaktion, etwa graphische Oberflächen oder Internetanwendungen. Die Turing-Maschine wird daher heute auf Grund ihrer fehlenden Interaktion allgemein nicht mehr als adäquates Computermodell angesehen. Alternative Ansätze wie die Interaktionsmaschine sind dagegen noch nicht ausreichend theoretisch fundiert.

[1] Alonzo Church (1903 – 1998), amerikanischer Mathematiker

## AUFGABEN

**5.1** Führen Sie die Berechnung der Turing-Maschine aus Beispiel 5.1 mit dem Eingabewort $w = 11111$ durch.

**5.2** Konstruieren Sie eine Turing-Maschine nach dem Grundmodell, die die Sprache $\{0^n1^n0^n \mid n \geq 0\}$ akzeptiert.

**5.3** Konstruieren Sie eine Turing-Maschine nach dem Grundmodell, die den aktuellen Bandinhalt um eine Zelle nach rechts verschiebt.

**5.4** Konstruieren Sie jeweils eine Turing-Maschine nach dem Grundmodell, die folgende Funktionen auf $\mathbb{N}_0$ mit *Unärcodierung* berechnet:

$p(n) = \max(0, n - 1)$ (die Vorgängerfunktion)

$n \div m = \max(0, n - m)$ (die „echte" Subtraktion)

**5.5** Konstruieren Sie jeweils eine Turing-Maschine nach dem Grundmodell, die folgende Funktionen auf $\mathbb{N}_0$ mit *Binärcodierung* berechnet:

a) die Nachfolgerfunktion $s$,

b) die Vorgängerfunktion $p$ (siehe Aufgabe 4.2.a),

c) die Addition.

**5.6** Sei $M$ eine Turing-Maschine und $L = \mathcal{L}(M)$. Geben Sie eine Transformation an, die $M$ in eine TM $M'$ umformt mit $\mathcal{L}(M) = \overline{L} := \Sigma^* - L$.
Dies beweist folgenden Satz: Ist $L$ rekursiv, so ist auch $\overline{L}$ rekursiv.

**5.7** Die LRN-Turing-Maschine ist eine Turing-Maschie, die ihren Lese-Schreib-Kopf nach links (L) und rechts (R) bewegen kann oder auf der aktuellen Zelle stehen lassen kann (N).

a) Geben Sie eine formale Definition der LRN-Turing-Maschine.

b) Definieren Sie die Übergangsrelation für Konfigurationen für die LRN-Maschine.

c) Geben Sie eine Simulation durch das Grundmodell an.

**5.8** Eine zweidimensionale TM (2D-TM) ist eine Turing-Maschine, die statt mit einem unendlichen Band mit einem zweidimensionalen Feld arbeitet. Abhängig vom aktuellen Zustand und vom gelesenen Eingabezeichen änderts sie ihren Zustand, schreibt ein neues Zeichen und bewegt den Lese-Schreib-Kopf nach Norden, Osten, Süden oder Westen.

a) Geben Sie eine formale Definition der 2D-TM (Parameter $Z$, $\Sigma$, $\delta$, ...).

b) Beschreiben Sie, wie die 2D-TM durch eine TM simuliert werden kann.

**5.9** Schreiben Sie ein LOOP-Programm mit zwei LOOP-Anweisungen, das die Funktion $f(n) = 2^n$ berechnet.

**5.10** Begründen Sie, dass ein LOOP-Programm mit einer einzigen LOOP-Anweisung ausschließlich lineare Funktionen berechnen kann.

**5.11** Simulieren Sie die If-Then-Else-Anweisung durch eine Folge von LOOP-Anweisungen.

**5.12** Gegeben seien die Funktionen

$$f\colon \mathbb{N} \times \mathbb{N} \to \mathbb{N}, f(n, m) = n \bmod m$$

$$g\colon \mathbb{N} \to \mathbb{N}, g(n) = n! \text{ (Fakultätsfunktion)}$$

a) Schreiben Sie LOOP-Programme, die $f$ bzw. $g$ berechnen.

b) Schreiben Sie WHILE-Programme, die $f$ bzw. $g$ berechnen.

c) Schreiben Sie GOTO-Programme, die $f$ bzw. $g$ berechnen.

### Programmieraufgaben (Projekt „Prolog")

**5.13** Schreiben Sie nach dem Muster von Programm 5.1 ein Prolog-Programm, das die Berechnung einer Funktion durch eine Turing-Maschine implementiert. Realisieren Sie damit die Turing-Maschinen aus Aufgaben 5.3 bis 5.5.

**5.14** Schreiben Sie nach dem Muster von Programm 5.1 ein Prolog-Programm, das eine Zwei-Band-Turing-Maschine sowie deren Funktionsberechnung implementiert. Realisieren Sie damit eine 2-Band-Turing-Maschine, die die Addition zweier Binärzahlen berechnet.

# 6 Entscheidbarkeit

## 6.1 Entscheidbarkeit und Semi-Entscheidbarkeit

Der Begriff der Turing-Berechenbarkeit gilt allgemein als grundlegendes Modell der Berechenbarkeit, so wie dies auch die Churchsche These formuliert. Damit stellt sich die Frage nach den Grenzen dieses Modells. Gibt es Funktionen, die nicht berechenbar sind? In engem Zusammenhang damit steht die Frage nach der Entscheidbarkeit von Problemen. Entscheidungsprobleme für Sprachen – etwa das Wortproblem oder das Endlichkeitsproblem – haben wir bereits in Abschnitt 4.2 kennengelernt. Das Wortproblem lautet: Gegeben eine Sprache $L$ (z.B. durch die dazugehörige Grammatik) über $\Sigma$ und ein Wort $w \in \Sigma^*$, gilt $w \in L$? Das Endlichkeitsproblem lautet: Gegeben eine Sprache $L$ über $\Sigma$, gilt $|L| < \infty$? Allgemein sind Entscheidungsprobleme von der Art: Gegeben ein Element $x$ aus einer bestimmten Grundmenge $G$, erfüllt $x$ eine bestimmte Eigenschaft $E$? Die Antwort auf ein Entscheidungsproblem ist stets eine Ja/Nein-Antwort.
Ein weiteres Beispiel für ein Entscheidungsproblem ist die Frage, ob eine gegebene Zahl $m$ im Nachkommateil der Zahl $\pi = 3{,}14159\ldots$ vorkommt. Die Grundmenge ist die Menge $\mathbb{N}$ der natürlichen Zahlen, die Eigenschaft $E_\pi$ beschreibt das Vorkommen von $m$ im Nachkommateil von $\pi$.
Damit können wir eine erste Fassung des Begriffes der Entscheidbarkeit formulieren: Ein Problem mit der Grundmenge $G$ und der Eigenschaft $E$ heißt entscheidbar, wenn es einen Algorithmus gibt, der bei Eingabe eines Elementes $x \in G$ „ja" (bzw. 1) ausgibt, wenn die Eigenschaft $E$ auf $x$ zutrifft, und „nein" (bzw. 0), falls dies nicht gilt.
Der Begriff der Entscheidbarkeit lässt sich nun noch weiter zurückführen auf die Entscheidbarkeit einer Menge bzw. Sprache. Statt nach der Eigenschaft $E_\pi$ einer natürlichen Zahl $m$ zu fragen, kann man auch fragen, ob $m$ zur Menge der Zahlen gehört, die im Nachkommateil von $\pi$ vorkommen. Allgemein bezieht sich ein Entscheidungsproblem also auf zwei Mengen: Eine Grundmenge $G$, die die möglichen Eingaben beschreibt und eine Entscheidungsmenge $E \subseteq G$, die die gefragte Eigenschaft beschreibt.
Für das Endlichkeitsproblem für reguläre Sprachen sind dies:

- Grundmenge $G$: Menge aller regulären Sprachen über $\Sigma$
- Entscheidungsmenge $E$: Menge aller endlichen regulären Sprachen über $\Sigma$

In dieser allgemeinen Form lautet das Entscheidungsproblem für eine Grundmenge $G$ und eine Entscheidungsmenge $E \subseteq G$:

- Gegeben ein Element $w \in G$.
- Gefragt: Gilt $w \in E$?

Ein solches Problem heißt entscheidbar, wenn es einen Algorithmus gibt, der bei Eingabe eines Wortes $w \in G$ „ja" bzw. 1 ausgibt, wenn $w \in E$ gilt, und „nein" bzw. 0, falls dies nicht gilt. Da wir den Begriff des Algorithmus in Abschnitt 5.6 mit der Turing-Maschine konkretisiert haben, kommen wir zur folgenden Definition 6.1, die die Entscheidbarkeit für Sprachen definiert. Die Grundmenge $G$ ist dabei die Menge $\Sigma^*$ aller Wörter über dem gegebenen Alphabet $\Sigma$.

**6.1 DEFINITION** **Entscheidbarkeit**

Sei $\Sigma$ ein Alphabet. Die Sprache $L \subseteq \Sigma^*$ heißt *entscheidbar*, falls es eine Turing-Maschine $M$ über $\Sigma$ gibt mit :

$$f_M(w) = \begin{cases} 1 \text{ falls } w \in L \\ 0 \text{ falls } w \notin L \end{cases}$$

Die Entscheidbarkeit einer Menge $L$ lässt sich auch direkt auf die Akzeptierung der Sprache $L$ zurückführen: Eine Turing-Maschine $M$, die die Menge $L$ entscheidet, lässt sich offenbar folgendermaßen in eine Maschine $M'$ umformen, die die Sprache $L$ akzeptiert: Gibt $M$ eine 1 aus, so hält $M'$ in einem Endezustand, gibt $M$ eine 0 aus, so hält $M'$ in einem Nicht-Endezustand (dadurch, dass für die aktuelle Konstellation kein Eintrag in der Turing-Tabelle definiert ist). Umgekehrt lässt sich auch jede solche Maschine $M'$ in eine entsprechende Maschine $M$ transformieren. Dies bedeutet, dass Entscheidbarkeit und Rekursivität äquivalente Begriffe sind:

Die Sprache $L$ ist entscheidbar genau dann, wenn sie rekursiv ist, das heißt, wenn es eine Turing-Maschine gibt, die stets hält und $L$ akzeptiert.

Für Mengen bzw. Sprachen benutzt man dabei eher den Begriff *rekursiv*, für Probleme den Begriff *entscheidbar*.

Die Rückführung des Entscheidbarkeitsbegriffes auf Turing-Maschinen ist vor allem nützlich, um bestimmte Probleme als unentscheidbar nachzuweisen. Beispielsweise ist das Wortproblem für Typ-0-Sprachen nicht entscheidbar, ebensowenig wie das Problem, ob eine gegebene Zahl im Nachkommateil von $\pi$ vorkommt. Will man jedoch umgekehrt beweisen, dass ein gegebenes Problem entscheidbar ist, so müsste man ein Turing-Programm angeben, das das Problem entscheidet. Dies ist jedoch im Allgemeinen recht aufwendig, daher ist es meist sinnvoller, einen (mehr oder weniger informellen) Algorithmus (oder ein konkretes Programm in einer Programmiersprache) anzugeben, der das Problem löst.

Viele unentscheidbare Probleme lassen sich jedoch wenigstens zur Hälfte entscheiden. Betrachten wir als Beispiel das Problem, ob eine gegebene Zahl $m$ im Nachkommateil von $\pi$ vorkommt. Es gibt zwar keinen Algorithmus, der dieses Problem entscheidet, man kann jedoch ein einfaches Verfahren konstruieren, das das Problem wenigstens zur Hälfte löst. Wir betrachten $m$ als Folge von Dezimalziffern, also als Wort über $\Sigma = \{0, 1, ,...,9\}$. Ferner sei $\pi_n$ das Wort über $\Sigma = \{0, 1, ,...,9\}$, das die ersten $n$ Nachkommastellen von $\pi$ darstellt.

**6.1 PROGRAMM**

Eingabe: Eine Zahl $m$
Ausgabe: „ja", falls $m$ im Nachkommateil von $\pi$ vorkommt

**for** i = 1,2,...
    berechne $\pi_{i+k}$ = $p_1p_2...p_{i+k}$
    **if** m = $p_{i+1}...p_{i+k}$ **return** „ja"

Falls das Eingabewort $m$ im Nachkommateil von $\pi$ vorkommt, so wird der Algorithmus das bei irgendeinem Schleifenduchlauf auch feststellen und das Programm terminiert mit der Antwort „ja". Kommt $m$ jedoch nicht in einem $\pi_n$ vor, so terminiert das Programm nicht, da es ja keinen Hinweis gibt, wann man abbrechen kann.

Man nennt einen Algorithmus der obigen Art ein Semi-Entscheidungsverfahren. Auch für das Wortproblem für Typ-0-Sprachen gibt es ein Semi-Entscheidungsverfahren.

**6.2 PROGRAMM** **Semi-Entscheidungsverfahren für das Wortproblem für Typ-0-Sprachen**

Eingabe: Eine Typ-0-Grammatik $G$, ein Wort $w$
Ausgabe: „ja", falls $w \in \mathcal{L}(G)$

**for** k = 1,2,...
    berechne $M_k$ = $\{w \in \Sigma^* \mid S \Rightarrow^k w\}$
    **if** $w \in M$ **return** „ja"

Ist $w \in \mathcal{L}(G)$, so wird $w$ bei diesem Verfahren irgendwann erzeugt werden. Ist jedoch $w \notin \mathcal{L}(G)$, so wird die Prozedur in eine Endlosschleife geraten.

**6.2 DEFINITION** **Semi-Entscheidbarkeit**

Die Sprache $L \subseteq \Sigma^*$ heißt *semi-entscheidbar*, falls es eine Turing-Maschine $M$ gibt mit:

$$f_M(w) = \begin{cases} 1 & \text{falls } w \in L \\ \perp & \text{falls } w \notin L \end{cases}$$

Dies ist genau dann der Fall, wenn $L$ rekursiv aufzählbar ist.

Für das Semi-Entscheidungsverfahren für die Menge der Zahlen, die im Nachkommateil von $\pi$ vorkommen, war es offenbar nützlich, die Zahlen mit dieser Eigenschaft systematisch erzeugen, das heißt aufzählen zu können. Auch das Semi-Entscheidungsverfahren für das Wortproblem für Typ-0-Sprachen funktioniert auf ähnliche Weise.

Allgemein kann man ein Semi-Entscheidungsverfahren für eine Sprache $L$ stets dann konstruieren, wenn sich die Wörter der Sprache $L$ systematisch aufzählen lassen. Auch umgekehrt lässt sich ein Semi-Entscheidungsverfahren in ein Verfahren zur systematischen Aufzählung transformieren. Zum Beweis dieser Tatsache siehe etwa /1/.

**6.1 SATZ**

Die Sprache $L$ ist rekursiv aufzählbar genau dann, wenn $L = \emptyset$ oder wenn es eine totale berechenbare Funktion $f: \mathbb{N} \to L$ gibt, mit $L = f(\mathbb{N})$.

Der Zusammenhang zwischen Entscheidbarkeit und Semi-Entscheidbarkeit wird durch folgenden Satz gegeben:

**6.2 SATZ**

Die Sprache $L \subseteq \Sigma^*$ ist entscheidbar genau dann, wenn sowohl $L$ als auch $\overline{L} := \Sigma^* - L$ semi-entscheidbar sind.

**Beweis** Ist $L$ entscheidbar, so ist $L$ auch semi-entscheidbar, denn man braucht den Entscheidungsalgorithmus $A$ für $L$ nur so abzuwandeln, dass er in eine Endlosschleife gerät, wenn $A$ eine 0 ausgeben würde. Entsprechend erhält man ein Semi-Entscheidungsverfahren für $\overline{L}$, wenn man $A$ so modifiziert, dass er in eine Endlosschleife gerät, wenn $A$ eine 1 ausgibt, und eine 1 ausgibt, wenn $A$ eine 0 liefert.

Sind umgekehrt sowohl $L$ als auch $\overline{L}$ semi-entscheidbar, so sind sie rekursiv aufzählbar, das heißt, es gibt totale berechenbare Funktionen $f$ und $g$, die $L$ bzw. $\overline{L}$ aufzählen. Da für jedes $w \in \Sigma^*$ entweder $w \in L$ oder $w \in \overline{L}$ gilt, entscheidet der folgende Algorithmus $L$:

```
for i = 1,2,...
    if w = f(i) return „ja"
    if w = g(i) return „nein"
```

## 6.2 Unentscheidbare Probleme

### Ein Parkettierungsproblem

Bei dem folgenden Entscheidungsproblem ist eine Menge von quadratischen Fliesen mit verschiedenen Mustern gegeben, mit denen Fußböden ausgelegt werden sollen. Von jedem Muster gibt es einen unendlichen Vorrat. Die folgende Abbildung 6.1 zeigt als Beispiel links drei solche Typen.

6.1 BILD **Fliesen, die beliebige Flächen bedecken können**

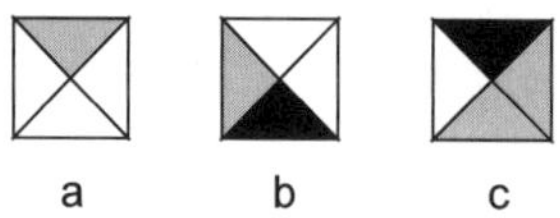


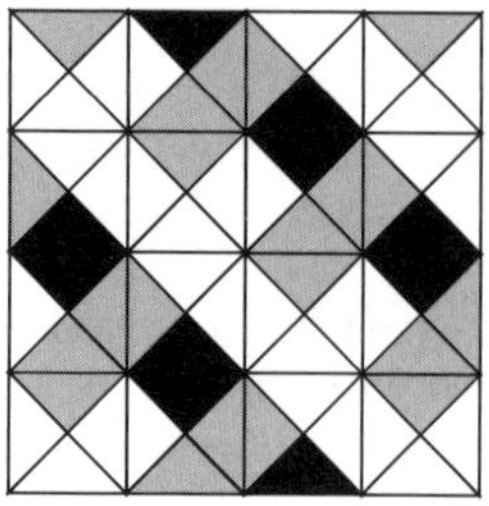

Formal kann die Aufgabe folgendermaßen formuliert werden: Gegeben ist eine endliche Menge $FM$ von *Fliesentypen* bzw. *-mustern* (im obigen Beispiel ist $FM_1 = \{a, b, c\}$), und von jedem Typ gibt es eine unendliche Zahl von Fliesen. Gefragt ist, ob jede beliebige rechteckige Fläche mit Fliesen der in $FM$ festgelegten Typen ausgelegt werden kann, sodass aneinanderstoßende Fliesen dieselbe Farbe an der gemeinsamen Kante besitzen. Es handelt sich also offenbar um ein Entscheidungsproblem.
Der rechte Teil der Abbildung 6.1 zeigt, dass eine Fläche der Größe 4×4 ausgelegt werden kann. Sie lässt auch ein 3×3-Feld erkennen, das beliebig oft wiederholt werden kann, sodass tatsächlich Flächen beliebiger Größe mit diesem Fliesentyp bedeckt werden können. Verändert man jedoch eines der Muster (siehe $FM_2$ in Bild 6.2), so lassen sich schon sehr kleine Flächen nicht mehr mit den Fliesen bedecken. Die Abbildung zeigt einen gescheiterten Versuch, eine 4×3-Fläche zu bedecken. Die Leserin oder der Leser möge alle Möglichkeiten durchprobieren, um zu erkennen, dass schon eine Fläche der Größe 3×3 mit dem gezeigten Fliesentyp nicht ausgelegt werden kann.

6.2 BILD **Fliesen, die nicht beliebige Flächen bedecken können**

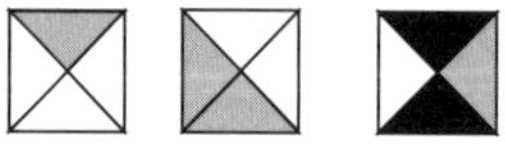

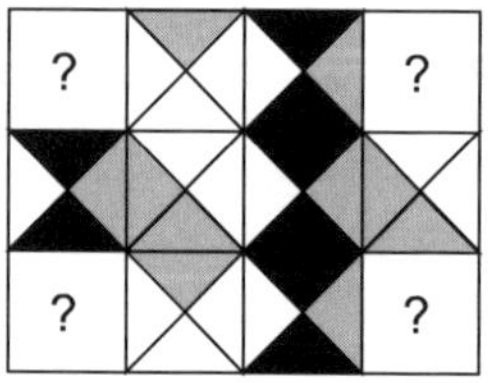

Ein Algorithmus, der das Fliesenproblem löst, müsste bei Eingabe einer Menge $FM$ von Fliesentypen „ja“ ausgeben, wenn jede beliebige Fläche damit bedeckt werden kann, etwa bei $FM_1$, und „nein“, wenn dies nicht der Fall ist, etwa bei $FM_2$.
Einen solchen Algorithmus kann es nicht geben, denn das Fliesenproblem ist unlösbar, wie wir in diesem Kapitel sehen werden. Jeder Algorithmus, den man zur Lösung des Problems entwerfen könnte, würde entweder für bestimmte Eingaben falsche Antworten liefern oder in eine Endlosschleife geraten. Man könnte versuchen, das Problem durch systematisches Probieren aller Möglichkeiten zu lösen. Ist das gegebene Fliesenmuster so, dass eine bestimmte Fläche etwa der Größe $n \times m$ nicht bedeckt werden kann, so lässt sich dies durch Probieren von Feldern wachsender Größe herausfinden, denn irgendwann wird man zur Größe $n \times m$ gelangen.
Die Schwierigkeit liegt jedoch bei denjenigen Fliesenmustern, die jede beliebige Fläche bedecken können. In diesem Fall kann das systematische Probieren endlos lang dauern.

## Das Postsche Korrespondenzproblem

Das Postsche Korrespondenzproblem[1] (PKP) ist ein weiteres unentscheidbares Problem. Es stammt aus dem Bereich der Sprachentheorie.
Zum Verschlüsseln von Nachrichten könnte man einen einfachen Code benutzen, der jedem Buchstaben des Alphabets ein Binärwort zuordnet. Klartextwörter werden dann entsprechend durch Folgen von Code-Binärwörtern verschlüsselt.

**6.1 BEISPIEL** **Eine Instanz des Postschen Korrespondenzproblems**

Die folgende Tabelle zeigt zwei solche Codes $\alpha$ und $\beta$ für die ersten drei Buchstaben des Alphabets.

| Klartext | Code $\alpha$ | Code $\beta$ |
|---|---|---|
| a | 1 | 111 |
| b | 10111 | 10 |
| c | 10 | 0 |

Die Leserin oder der Leser überlege sich, warum keiner der beiden gezeigten Codes $\alpha$ bzw. $\beta$ praktisch sinnvoll einsetzbar ist. Es geht hier jedoch nicht um die Verwendung zur Codierung, sondern lediglich um eine einfache Darstellung des Postschen Korrespondenzproblems.

Das Klartextwort cab wird in Code $\alpha$ durch das Binärwort $\alpha(\text{cab}) = 10110111$ verschlüselt, in Code $\beta$ durch das Binärwort $\beta(\text{cab}) = 011110$. Gefragt ist nun, ob es ein Klartextwort gibt, das in beiden Codes gleich verschlüsselt wird. Für die dargestellte Tabelle ist dies das Wort baac:

[1] nach Emil Post (1897 – 1954), schwedischer Mathematiker

$\alpha(\text{baac}) = 101111110 = \beta(\text{baac})$

6.2 BEISPIEL

### Ein weiteres Postsches Korrespondenzproblem

Betrachten wir nun die folgende Codetabelle:

| Klartext | Code $\alpha$ | Code $\beta$ |
|---|---|---|
| a | 10 | 101 |
| b | 011 | 11 |
| c | 101 | 011 |

Wenn es ein Wort $w$ über $\Sigma = \{a, b, c\}$ gibt, für das $\alpha(w) = \beta(w)$ gilt, so muss dieses Wort offenbar mit dem Buchstaben a anfangen:

| | |
|---|---|
| $w$ | a … |
| $\alpha(w)$ | 10 |
| $\beta(w)$ | 101 |

Der zweite Buchstabe muss in Code $\alpha$ mit 1 anfangen, kann also nur ein a oder ein c sein. Ein a kann es offenbar nicht sein, denn $\alpha(\text{aa}) = 1010$ und $\beta(\text{aa}) = 101101$, daher muss es sich um ein c handeln:

| | |
|---|---|
| $w$ | a c … |
| $\alpha(w)$ | 10101 |
| $\beta(w)$ | 101011 |

Mit der gleichen Argumentation wie im zweiten Schritt muss auch der dritte Buchstabe ein c sein:

| | |
|---|---|
| $w$ | a c c … |
| $\alpha(w)$ | 10101101 |
| $\beta(w)$ | 101011011 |

Ebenso muss auch der vierte, fünfte Buchstabe usw. ein c sein, dabei ist jedoch das Wort $\beta(w)$ stets um einen Buchstaben dem Wort $\alpha(w)$ voraus. Offensichtlich kann es also kein Wort $w$ über $\Sigma = \{a, b, c\}$ geben, für das $\alpha(w) = \beta(w)$ gilt.

Das folgende harmlos aussehende Beispiel (entnommen aus /9/) zeigt, welche Komplexität das PKP besitzt:

| Klartext | Code $\alpha$ | Code $\beta$ |
|---|---|---|
| a | 001 | 0 |
| b | 01 | 011 |
| c | 01 | 101 |
| d | 10 | 001 |

Es gibt zwar ein Wort $w$ über $\Sigma = \{a, b, c, d\}$, für das $\alpha(w) = \beta(w)$ gilt, jedoch ist dieses Wort 66 Zeichen lang!

Allgemein stellt eine solche Tabelle über einem Klartextalphabet $\Sigma$ (das Codealphabet ist stets das Binäralphabet $\{0, 1\}$) mit zwei Codes ($\alpha$, $\beta$) ein konkretes PKP dar. Wir haben jetzt zwei Probleme ($\Sigma$, $\alpha$, $\beta$) kennengelernt, für die es ein Wort $w$ mit $\alpha(w) = \beta(w)$ gibt, und ein PKP, für die es kein solches Wort gibt.

Ein Algorithmus, der das PKP löst, müsste bei Eingabe einer beliebigen Codetabelle ($\Sigma$, $\alpha$, $\beta$) „ja" ausgeben, wenn es ein Wort $w \in \Sigma^*$ mit $\alpha(w) = \beta(w)$ gibt, und „nein" sonst. Einen solchen Algorithmus gibt es jedoch nicht, das heißt, das Postsche Korrespondenzproblem ist unentscheidbar.

Es ist jedoch leicht zu sehen, dass das PKP semi-entscheidbar ist (siehe Aufgabe 6.3).

Das Postsche Korrespondenzproblem lässt sich im Kontext von Grammatiken als Hilfsmittel verwenden, um für viele konkrete Probleme nachzuweisen, dass sie unentscheidbar sind. Beispielsweise lässt sich mit seiner Hilfe die Unentscheidbarkeit des Schnittproblems und des Äquivalenzproblems für kontextfreie Sprachen nachweisen (siehe Abschnitt 6.4).

## 6.3 Das Halteproblem

Einer der häufigsten Fehler beim Programmieren, der nicht nur Anfängern unterläuft, ist die Endlosschleife. Wer kennt nicht Meldungen wie „stack overflow", die in den meisten Fällen darauf hindeuten, dass das Programm in eine Endlosschleife geraten ist.

Es gibt Programme, denen man sofort ansehen kann, für welche Eingaben sie terminieren und für welche nicht. Die folgende Java-Anweisung

```
while (x != 1) x = x-1;
```

terminiert genau dann, wenn die Eingabe $x$ eine positive ganze Zahl ist.

Es wäre sicher wünschenswert, die Terminierung von Programmen automatisch nachweisen zu können. Man könnte sich dazu einen „Terminierungsprüfer" vorstellen, ein Programm, das bei Eingabe eines Quellprogramms $Q$ in einer bestimmten Programmiersprache korrekt vorhersagt, ob $Q$ sicher ist, in dem Sinne, dass es bei jeder möglichen Eingabe terminiert. Mit einem solchen Programm ließe sich möglicherweise viel Geld verdienen.

Die Schwierigkeiten, die sich einem solchen automatischen Terminierungsprüfer jedoch in den Weg stellen, werden an folgendem einfachen Programm deutlich:

```
while (x != 1)
   x = (x % 2 == 0) ? x/2 : 3*x + 1;
```

Die möglichen Eingabewerte $x$ sind alle positiven ganzen Zahlen. In der Schleife kann der Wert von $x$ sowohl vermindert als auch erhöht werden, je nachdem, ob $x$ ungerade oder gerade ist. Startet man etwa dieses Programm mit der Eingabe $x = 7$, so durchläuft $x$ in der Schleife nacheinander die Werte 7, 22, 11, 34, 17, 52, 26, 13, 40, 20, 10, 5, 16, 8, 4, 2, 1. Das Programm wurde schon mit unzähligen Eingabewerten $x \in \mathbb{N}$ getestet, und jedesmal terminierte es schließlich. Das ist jedoch kein Beweis, dass das Programm für alle möglichen Eingabewerte terminiert und in der Tat ist bis heute ungeklärt, ob das Programm stets terminiert oder nicht. Das Beispiel zeigt, wie schwierig die Frage nach der Terminierung zu beantworten sein kann.

In der Tat kann es den oben erwähnten Terminierungsprüfer nicht geben, denn die Frage nach der Terminierung eines beliebigen Programmes ist unentscheidbar. Man nennt das Problem, ob ein gegebenes Programm $P$ bei einer bestimmten Eingabe $x$ terminiert oder nicht, das *allgemeine Halteproblem*.

Das allgemeine Halteproblem lautet:

Gegeben: ein Programm $P$ und eine Eingabe $x$ für $P$.

Gefragt: Terminiert $P$ bei Eingabe von $x$?

Wie bereits erwähnt, ist die Turing-Maschine das geeignete Hilfsmittel, um Fragen dieser Art zu beantworten. Wir können daher das allgemeine Halteproblem für Turing-Maschinen folgendermaßen formulieren:

**6.3 DEFINITION** **Allgemeines Halteproblem**

Das allgemeine Halteproblem lautet:

Gegeben: eine Turing-Maschine $M$ und ein Eingabewort $w$.

Gefragt: Terminiert $M$ bei Eingabe von $w$?

Offensichtlich ist das allgemeine Halteproblem semi-entscheidbar: Man starte einfach die Turing-Maschine $M$ mit der Eingabe $w$. Hält $M$ an, so ist dies ein Beweis für die Terminierung von $M$ bei Eingabe von $w$. Hält $M$ jedoch nicht an, so gibt es kein allgemeines algorithmisches Verfahren, um dies zu erkennen. Bevor wir das allgemeine Halteproblem näher untersuchen, diskutieren wir eine spezielle Variante, bei der $M$ selbst (bzw. dessen Gödelnummer $\langle M \rangle$) Eingabewort für $M$ ist. Die Turing-Maschine $M$ wird also auf sich selbst angewendet.

6.4 DEFINITION UND SATZ

## Spezielles Halteproblem

Das spezielle Halteproblem lautet:

Gegeben: eine Turing-Maschine $M$.

Gefragt: Terminiert $M$ bei Eingabe von $\langle M \rangle$?

Es gilt: Das spezielle Halteproblem ist unentscheidbar.

Das spezielle Halteproblem hat keine eigenständige Bedeutung, sondern dient lediglich als Zwischenschritt zum Beweis des allgemeinen Halteproblems. Die Unentscheidbarkeit des (speziellen und allgemeinen) Halteproblems ist ein fundamentales Resultat der Informatik. Sie wurde 1936 von Alan M. Turing in seiner Arbeit *„On Computable Numbers with an Application to the Entscheidungsproblem"* /10/ bewiesen.
Der Beweis dieses Satzes hat große Ähnlichkeit mit der Russelschen Antinomie der Mengenlehre. Dabei handelt es sich um ein Paradoxon, das entsteht, wenn man Mengen völlig ohne Einschränkung bilden kann. Sie wird oft mit folgendem hübschen Beispiel illustriert:

*In einem Dorf gibt es einen Barbier, der die Männer des Dorfes rasiert. In seinem Laden hängt ein Schild: „Ich rasiere genau diejenigen Männer des Dorfes, die sich nicht selbst rasieren".*
*Rasiert der Barbier sich selbst?*

Gleich ob der Barbier sich selbst rasiert oder nicht, stets erhält man einen Widerspruch.
In unserem Fall sind die „Männer, die sich selbst rasieren" diejenigen Turing-Maschinen, die sich selbst (also ihre eigene Gödelnummer) als Eingabe akzeptieren, das heißt, diejenigen Turing-Maschinen M, die mit der Eingabe $\langle M \rangle$ halten. Wir nehmen an, es gäbe eine Turing-Maschine $H_{sp}$, die das spezielle Halteproblem entscheidet, die also bei Eingabe einer Gödelnummer $\langle M \rangle$ genau dann „ja" ausgibt, wenn $M$ sich selbst akzeptiert.
Wir konstruieren nun eine Turing-Maschine $B$ (der „Barbier") auf folgende Weise: Die Eingabe für $B$ ist eine Gödelnummer $\langle M \rangle$. $B$ prüft zunächst vermittels der (hypothetischen!) Turing-Maschine $H_{sp}$, ob $M$ sich selbst akzeptiert. Ist dies der Fall, so akzeptiert $B$ die Eingabe nicht, geht also in eine Endlosschleife. Andernfalls akzeptiert $B$ die Eingabe. Mit anderen Worten:

*B akzeptiert M genau dann, wenn M sich nicht selbst akzeptiert.*

Damit entsteht genau das Barbier-Dilemma: Akzeptiert $B$ sich selbst oder nicht? Beide möglichen Antworten führen zu einem Widerspruch. Aus dem obigen Satz entsteht nämlich bei Anwendung von $B$ auf sich selbst:

*B akzeptiert B genau dann, wenn B sich nicht selbst akzeptiert.*

Dies ist ein offenkundiger Widerspruch. Dieser Widerspruch ist auf die Annahme der Existenz der Turing-Maschine $H_{sp}$ zurückzuführen. Eine solche Maschine kann es nicht geben, damit ist das spezielle Halteproblem unentscheidbar.
Aus der Unentscheidbarkeit des speziellen Halteproblems folgt sofort die Unentscheidbarkeit des allgemeinen Halteproblems, denn wenn es eine Turing-Maschine $H$ gäbe, die das

allgemeine Problem entscheidet, dann würde diese erst recht das spezielle als Spezialfall entscheiden. Daher gilt:

6.3 SATZ

Das allgemeine Halteproblem ist unentscheidbar.

## Die Diagonalisierungsmethode

Die Unentscheidbarkeit des allgemeinen Halteproblems kann noch auf eine weitere Art verdeutlicht werden. Jede Turing-Maschine $M$ lässt sich durch ihre Gödelnummer $\langle M\rangle$ als Binärzahl codieren. Umgekehrt jedoch ist nicht jede Binärzahl die Gödelnummer einer Turing-Maschine. Man kann nun die Gödelnummern aller Turing-Maschinen der Größe nach in der Form $g_1, g_2, g_3, \ldots$ anordnen. Damit wird jeder natürlichen Zahl $n$ eine Zahl $g_n$ zugeordnet, die die Gödelnummer einer Turing-Maschine $M_n$ ist und man erhält eine Aufzählung aller Turing-Maschinen in der Form $M_1, M_2, M_3, \ldots$.

Ebenso können auch alle Wörter $w \in \{0, 1\}^*$ in der Form $w_1, w_2, w_3, \ldots$ aufgezählt werden.

Wir erstellen nun eine Tabelle, in der wir die Turing-Maschinen $M_1, M_2, M_3, \ldots$ auf der vertikalen Achse und die Eingabewörter $w_1, w_2, w_3, \ldots$ auf der horizontalen Achse gegeneinander auftragen. Der Tabelleneintrag $(i, j)$ lautet „ja", falls die Turing-Maschine $M_i$ mit der Eingabe $w_j$ terminiert, ansonsten „nein". Die folgende Tabelle zeigt eine solche hypothetische Zuordnung. Der Eintrag in Zeile 4 und Spalte 3 bedeutet etwa: $M_4$ terminiert mit der Eingabe $w_3$ nicht.

6.1 TABELLE **Diagonalisierungsmethode zum Beweis der Unentscheidbarkeit des Halteproblems**

| $M_i$ \ $w_j$ | **1** | **2** | **3** | **4** | **5** | **...** |
|---|---|---|---|---|---|---|
| **1** | ja | nein | nein | ja | nein | ... |
| **2** | ja | ja | ja | ja | ja | ... |
| **3** | nein | nein | nein | nein | nein | ... |
| **4** | ja | nein | nein | nein | ja | |
| **5** | nein | ja | nein | nein | ja | ... |
| **...** | ... | ... | ... | ... | | ... |

Diese Tabelle enthält alle möglichen Turing-Maschinen $M_i$ und alle möglichen Eingabewörter $w_j$. Wir nehmen wieder an, es gäbe eine Turing-Maschine $H$, die das Halteproblem entscheidet. Diese Turing-Maschine wäre gewissermaßen eine Implementierung der obigen Tabelle: Bei Eingabe $(M_i, w_j)$ liefert sie genau den Tabelleneintrag $(i, j)$.

Wir konstruieren aus $H$ eine Turing-Maschine $B$ auf folgende Weise: Bei Eingabe des Wortes $w_j$ erzeugt sie zunächst den Tabelleneintrag $(j, j)$ durch Simulation der Maschine $H$. Dieses Ergebnis modifiziert $B$ folgendermaßen: Ist der Eintrag „nein", so terminiert sie (und liefert die Ausgabe „ja", was jedoch unerheblich ist). Ist dagegen der Eintrag "ja", gerät sie in eine Endlosschleife. Die Leserin oder der Leser möge überlegen, warum diese Maschine $B$ heißt.

Das Terminierungsverhalten der Turing-Maschine $B$ entspricht genau dem Gegenteil der Diagonale der obigen Tabelle.

| $w_j$ | 1 | 2 | 3 | 4 | 5 | ... |
|---|---|---|---|---|---|---|
| $B$ | nein | nein | ja | ja | nein | ... |

Nach Annahme enthält die Tabelle *alle* Turing-Maschinen, daher muss auch $B$ eine von diesen sein, etwa $B = M_k$. Nach Konstruktion liefert $B$ jedoch bei Eingabe des Wortes $w_k$ (entsprechend dem Diagonaleintrag $(k, k)$) ein anderes Ergebnis als $M_k$, und dies ist ein Widerspruch. Dieser Widerspruch rührt aus der Annahme der Existenz der Maschine $H$, die die obige Terminierungstabelle implementiert, das heißt, die Maschine $H$ kann es nicht geben.

### Das Halteproblem mit leerem Eingabewort

Auch die folgende Variante des Halteproblems ist unentscheidbar:

Das spezielle Halteproblem $H_\varepsilon$ lautet:

Gegeben: eine Turing-Maschine $M$.

Gefragt: Terminiert $M$ bei Eingabe von $\varepsilon$?

## 6.4 Reduktionstechniken

Im vorigen Abschnitt haben wir auf elementare Weise gezeigt, dass das allgemeine Halteproblem für Turing-Maschinen unentscheidbar ist. Die Turing-Maschine ist zwar als konkreter Rechner wenig brauchbar, jedoch als theoretisches Hilfsmittel für Beweise aller Art unersetzlich. Man kann praktisch alle Unentscheidbarkeitsresultate auf das grundlegende allgemeine Halteproblem zurückführen. Die dabei benutzte Technik der *Reduktion* lässt sich an einem einfachen Beispiel erläutern. In Abschnitt 5.1 haben wir das grundlegende

Prinzip der Übersetzbarkeit einer höheren Programmiersprache in die Basissprache der Turing-Maschine eingeführt: Jedes Programm in einer beliebigen Programmiersprache lässt sich in eine konkrete Turing-Maschine compilieren. Haben wir nun für ein konkretes Problem $P$ nachgewiesen, dass es keine Turing-Maschine gibt, die $P$ entscheidet (bzw. berechnet), so kann es auch kein Programm in irgendeiner Programmiersprache geben, das $P$ entscheidet. Denn gäbe es ein solches Programm, so ließe es sich in eine äquivalente Turing-Maschine $M$ übersetzen, die $P$ entscheidet, und eine solche Maschine $M$ gibt es nach Voraussetzung nicht.

Allgemein lässt sich die Technik der Reduktion folgendermaßen beschreiben: Es soll bewiesen werden, dass die Sprache $L \subseteq \Sigma^*$ unentscheidbar ist. Ist nun $M$ eine beliebige Turing-Maschine und $w$ ein beliebiges Eingabewort für $M$, so muss man ein Element $f(w) \in \Sigma^*$ mit der Eigenschaft konstruieren, dass $f(w) \in L$ genau dann gilt, wenn die Turing-Maschine $M$ mit Eingabe $w$ anhält. Gäbe es nun einen Algorithmus, der $L$ entscheidet, dann könnte man damit auch entscheiden, ob $M$ mit der Eingabe $w$ anhält. Da $M$ und $w$ beliebig gewählt waren, wäre damit das allgemeine Halteproblem entscheidbar, und dies ist ein Widerspruch. Man sagt, das Entscheidungsproblem $(G, E)$ wird auf das allgemeine Halteproblem reduziert.

Entsprechend können wir die Reduzierbarkeit einer Sprache $L_1$ auf eine beliebige andere Sprache $L_2$ folgendermaßen definieren:

**6.5 DEFINITION und SATZ** **Reduzierbarkeit**

Die Sprache $L_1 \subseteq \Sigma^*$ heißt reduzierbar auf die Sprache $L_2 \subseteq \Gamma^*$, falls es eine in totale berechenbare Funktion $f: \Sigma^* \to \Gamma^*$ gibt, sodass für alle $w \in \Sigma^*$ gilt:

$$w \in L_1 \text{ genau dann wenn } f(w) \in L_2.$$

Wir schreiben in diesem Fall $L_1 \leq L_2$. Es gilt:
Ist $L_1 \leq L_2$ und ist $L_2$ entscheidbar, so ist auch $L_1$ entscheidbar.

Wir wollen die Technik der Reduktion anhand von zwei Beispielen illustrieren.

## Die Unentscheidbarkeit des Parkettierungsproblems

Wir wollen in diesem Abschnitt die Unentscheidbarkeit des Parkettierungsproblems aus Abschnitt 6.2 durch Reduktion auf das allgemeine Halteproblem beweisen. Zur Vereinfachung der Darstellung begnügen wir uns mit der folgenden leicht eingeschränkten Variante des Parkettierungsproblems: In dieser Variante ist gefragt, ob mit einem bestimmten Satz $FM$ von Fliesen die obere Hälfte der unendlichen Ebene ausgelegt werden kann, mit der Maßgabe, dass der erste Fliesentyp $f$ in der untersten Reihe vorkommt.

Zur Reduktion dieses eingeschränkten Parkettierungsproblems auf das Halteproblem ist nun folgendes zu tun: Gegeben eine beliebige Turing-Maschine $M$ über $\Sigma$ und ein beliebi-

ges Eingabewort $w \in \Sigma^*$, so ist ein Fliesensatz $FM(M, w)$ mit einer speziellen Fliese $f$ zu konstruieren, sodass dieser Fliesensatz genau dann die obere Halbebene mit $f$ in der Grundreihe *nicht* auslegen kann, wenn $M$ mit Eingabe $w$ anhält.
Wir wollen diese Reduktion jedoch lediglich an einem einfachen Beispiel vorführen. Gegeben sei die Turing-Maschine $M$ über $\Sigma = \{0, 1\}$ mit $Z = \{z_0, z_1, z_2, z_3, z_4\}$, Startzustand $z_0$ und Endezustand $z_4$ und mit folgender Tabelle:

| | 0 | 1 | # |
|---|---|---|---|
| $z_0$ | $(z_0,0,R)$ | $(z_0,1,R)$ | $(z_1,\#,L)$ |
| $z_1$ | $(z_2,\#,L)$ | $(z_3,\#,L)$ | $(z_4,\#,L)$ |
| $z_2$ | $(z_2,0,L)$ | $(z_2,1,L)$ | $(z_4,0,L)$ |
| $z_3$ | $(z_3,0,L)$ | $(z_3,1,L)$ | $(z_4,1,L)$ |
| $z_3$/E | -- | -- | -- |

Folgende Berechnung lässt erkennen, dass die Maschine $M$ das letzte Zeichen des Eingabewortes $w$ entfernt und an den Anfang stellt.

$z_0$ $\underline{1}01$

$z_0$ $1\underline{0}1$

$z_0$ $10\underline{1}$

$z_0$ $101\underline{\#}$

$z_1$ $10\underline{1}\#$

$z_3$ $1\underline{0}\#\#$

$z_3$ $\underline{1}0\#\#$

$z_3$ $\underline{\#}10\#\#$

$z_4$ $\underline{\#}110\#\#$

Wir konstruieren nun einen Fliesensatz $FM$ auf folgende Weise: Für jeden Übergang $(z_i, a) \to (z_j, b, R)$ eine Fliese 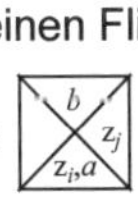

und für jeden Übergang $(z_i, a) \to (z_j, b, L)$ eine Fliese 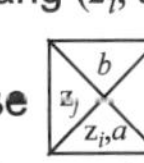

.
Weiterhin benötigen wir noch für jeden Buchstaben $a$ und für jeden Zustand $z_j$ Fliesen der Form 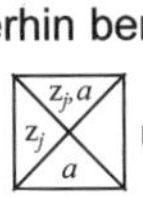

und 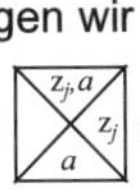

sowie Fliesen der Form 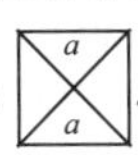

. Sei $w = a_0a_1 \ldots a_k$ das Eingabewort.

Die spezielle Fliese $f$, die in der Grundreihe platziert werden muss, hat die Form 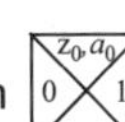

.

Schließlich benötigen wir noch Fliesen der Form 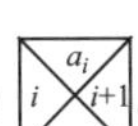

. Die folgende Abbildung zeigt die einzig mögliche Parkettierung für die obige Maschine $M$ und das Eingabewort 101. Die ein-

zelnen Reihen dieser Parkettierung entsprechen den oben dargestellten Konfigurationen der Turing-Maschine $M$.
Es ist außerdem zu erkennen, dass die Parkettierung der gesamten Halbebene nicht möglich ist, da in der linken oberen Ecke keine Fliese platziert werden kann. Dies liegt daran, dass es für Endezustände $z_e$ keine Übergänge gibt, also auch keine Fliesen der Form

oder
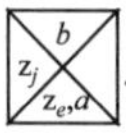

.

6.3 BILD **Parkettierung analog zur Berechnung einer TM**

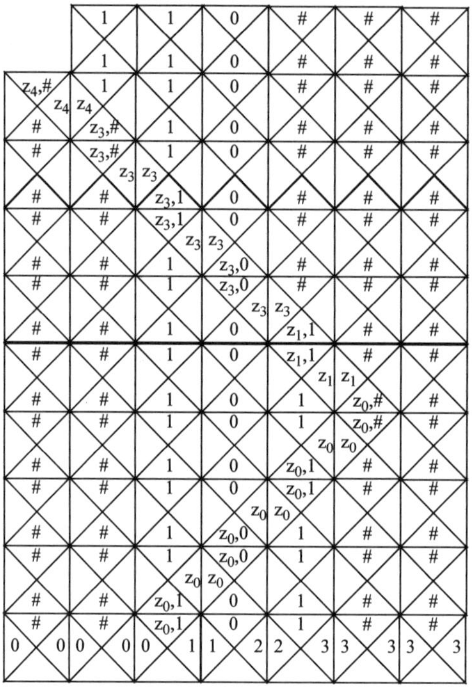

Der Fliesensatz $FM(M, w)$ ist so konstruiert, dass es zur Konfigurationsabfolge der Turing-Maschine $M$ bei Eingabe von $w$ genau eine Parkettierung gibt. Diese Parkettierung endet genau dann, wenn die Maschine $M$ in einen Endezustand gerät.
Auf ähnliche Weise lässt sich auch folgender Satz beweisen:

6.4 SATZ

Das Postsche Korrespondenzproblem ist unentscheidbar.

## Die Unentscheidbarkeit des Schnittproblems

Im folgenden wollen wir beweisen, dass das Schnittproblem für kontextfreie Sprachen unentscheidbar ist, das heißt, dass es keinen Algorithmus gibt, der entscheidet, ob zwei gegebene kontextfreie Grammatiken $G_1$ und $G_2$ ein gemeinsames Wort $w \in \mathcal{L}(G_1) \cap \mathcal{L}(G_2)$ erzeugen. Wir zeigen dies durch Reduktion auf das PKP.

**6.5 SATZ**

Das Schnittproblem für kontextfreie Sprachen ist unentscheidbar.

**Beweis** Durch Reduktion des PKP auf das Schnittproblem. Wir zeigen: Gäbe es einen Algorithmus $A$, der das Schnittproblem entscheidet, so könnte man diesen so modifizieren, dass der modifizierte Algorithmus $A'$ das PKP entscheidet. Da jedoch das PKP unentscheidbar ist, kann es auch $A$ nicht geben.
Wir führen die Modifikation an einem konkreten Beispiel vor:
Wir nehmen an, es gäbe einen Algorithmus $A$, der das Schnittproblem entscheidet. Gegeben sei das PKP aus Beispiel 6.1.
Wir konstruieren zwei kontextfreie Grammatiken $G_\alpha$ und $G_\beta$ die (im Wesentlichen) die Wörter der Codes $\alpha$ bzw. $\beta$ erzeugen. Gibt es ein Wort $w \in \Sigma^*$ mit $\alpha(w) = \beta(w)$, so ist $\alpha(w) \in \mathcal{L}(G_\alpha)$ und $\beta(w) \in \mathcal{L}(G_\beta)$, also ist $\mathcal{L}(G_\alpha) \cap \mathcal{L}(G_\beta)$ nicht leer. Wir müssen nur noch sicherstellen, dass $G_\alpha$ und $G_\beta$ die Wörter in derselben Reihenfolge aneinanderhängen.

| $\Sigma$ | Code $\alpha$ | $G_\alpha$ | Code $\beta$ | $G_\beta$ |
|---|---|---|---|---|
| a | 1 | $S_1 \to \text{a}1 \mid \text{a}S_1 1$ | 111 | $S_2 \to \text{a}S_2 111 \mid \text{a}111$ |
| b | 10111 | $S_1 \to \text{b}10111 \mid \text{b}S_1 10111$ | 10 | $S_2 \to \text{b}S_2 10 \mid \text{b}10$ |
| c | 10 | $S_1 \to \text{c}10 \mid \text{c}S_1 10$ | 0 | $S_2 \to \text{c}S_2 0 \mid \text{c}0$ |

Die Regeln von $G_\alpha$ bzw. $G_\beta$ sind in der obigen Tabelle zusammen mit den jeweiligen Codes dargestellt. Die Startsymbole von $G_\alpha$ und $G_\beta$ sind $S_1$ bzw. $S_2$.
Damit lassen sich zum Beispiel folgende Ableitungen bilden:

$$S_1 \to \text{c}S_1 10 \to \text{ca}S_1 110 \to \text{caa}S_1 1110 \to \text{caab}101111110$$

$$S_2 \to \text{c}S_2 0 \to \text{ca}S_2 1110 \to \text{caa}S_2 1111110 \to \text{caab}101111110$$

Offensichtlich erzeugt $G_\alpha$ Wörter der Form $w^T\alpha(w)$ und $G_\beta$ Wörter der Form $w^T\beta(w)$. Dabei bezeichnet $w^T$ die Spiegelung des Wortes $w$.
Die beiden Grammatiken $G_\alpha$ und $G_\beta$ sind so konstruiert, dass genau dann $w^T\alpha(w) \in \mathcal{L}(G_\alpha) \cap \mathcal{L}(G_\beta)$ gilt, wenn $\alpha(w) = \beta(w)$ gilt.

Ist nun ein beliebiges PKP $P$ gegeben, so konstruieren wir auf dieselbe Weise zwei kontextfreie Grammatiken $G_\alpha$ und $G_\beta$. Gäbe es einen Algorithmus, der das Schnittproblem entscheidet, so könnte er damit auch das PKP $P$ entscheiden. Damit ist bewiesen, dass das Schnittproblem für kontextfreie Grammatiken unentscheidbar ist.

## 6.5 Der Satz von Rice

Bezeichnen wir mit $f_M$ die von einer Turing-Maschine $M$ berechnete Funktion auf $\Sigma^*$, und ist $w \in \Sigma^*$, so ist $f_M(w)$ genau dann definiert, wenn $M$ mit der Eingabe $w$ hält. Die Unentscheidbarkeit des Halteproblems lässt sich daher auch folgendermaßen als Aussage über die Funktion $f_M$ formulieren: Gegeben eine Turing-Maschine $M$ und ein Eingabewort $w$ für $M$, so ist unentscheidbar, ob $f_M$ an der Stelle $w$ definiert ist.
Der Satz von Rice besagt, dass *jede* nichttriviale Aussage über die von einer Turing-Maschine $M$ berechnete Funktion $f_M$ – und damit natürlich ebenso für die von einem beliebigen Programm berechnete Funktion – unentscheidbar ist. Triviale Aussagen sind solche, die immer wahr oder immer falsch sind. Beispielsweise ist unentscheidbar, ob ein gegebenes Programm eine konstante Funktion berechnet, ob es eine totale Funktion berechnet, oder ob es eine bestimmte funktionale Spezifikation erfüllt. Die letzte Eigenschaft besagt im Wesentlichen, dass es eine absolut verlässliche Softwareverifikation nicht geben kann.

6.6 SATZ **Satz von Rice**

Sei $E$ irgendeine nichttriviale Eigenschaft berechenbarer Funktionen. Dann ist das folgende Problem unentscheidbar:

Gegeben: Eine Turing-Maschine $M$.

Gefragt: Hat $f_M$ die Eigenschaft $E$?

**Beweis** Sei $E$ irgendeine nichttriviale Eigenschaft berechenbarer Funktionen und sei $u$ die überall undefinierte Funktion. Wir nehmen an, die Eigenschaft $E$ trifft auf $u$ zu. Ist dies nicht der Fall, so können wir den gesamten Beweis entsprechend mit der Komplementäreigenschaft $\overline{E}$ (die ebenfalls nichttrivial ist) führen. Die Eigenschaft $E$ ist nichttrivial, das heißt, es gibt mindestens eine Turing-Maschine $P$ mit $E(f_P)$ und mindestens eine Turing-Maschine $Q$ mit $\neg E(f_Q)$.
Ist nun $M$ eine beliebige Turing-Maschine und $w$ ein Eingabewort für $M$, so modifizieren wir $M$ zu einer Turing-Maschine $M'$, die folgendermaßen arbeitet: Zunächst simuliert $M'$ die Maschine $M$ mit der Eingabe $\varepsilon$. Falls diese hält, so simuliert $M'$ anschließend die Turing-Maschine $Q$ auf der Eingabe $w$. Falls jedoch $M$ mit der Eingabe $\varepsilon$ nicht hält, so hält auch $M'$ nicht. Mit anderen Worten, $M'$ berechnet die folgende Funktion:

$$f_{M'}(w) = \begin{cases} f_Q(w) & \text{falls } M \text{ mit Eingabe } \varepsilon \text{ hält} \\ u(w) & \text{falls } M \text{ mit Eingabe } \varepsilon \text{ nicht hält} \end{cases}$$

Hält $M$ mit der Eingabe $\varepsilon$, so berechnet $M'$ die Funktion $f_Q$, auf die die Eigenschaft $E$ nicht zutrifft. Andernfalls berechnet $M'$ die Funktion $u$, auf die die Eigenschaft $E$ zutrifft. Mit anderen Worten: $E$ trifft auf $f_{M'}$ zu genau dann, wenn $M$ mit der Eingabe $\varepsilon$ nicht hält. Wäre die Eigenschaft $E$ entscheidbar, so wäre damit auch das spezielle Halteproblem mit leerem Eingabewort entscheidbar, und dies ist ein Widerspruch.

## AUFGABEN

**6.1** Zeigen Sie, dass das Postsche Korrespondenzproblem semi-entscheidbar ist.

**6.2** Beweisen Sie:

a) Die Vereinigung zweier rekursiver (das heißt entscheidbarer) Sprachen ist rekursiv.

b) Die Vereinigung zweier rekursiv aufzählbarer (das heißt semi-entscheidbarer) Sprachen ist rekursiv aufzählbar.

### Programmieraufgaben (Projekt „Prolog“)

**6.3** Schreiben Sie ein Prolog-Programm, das ein Semi-Entscheidungsverfahren für das Wortproblem für Typ-0-Grammatiken darstellt.

Hinweis: Erstellen Sie nach dem Muster von Prolog-Programm 4.2 eine Prozedur `erzeuge(W,N)`, die sukzessive alle Wörter `W` der Ableitungstiefe `N` erzeugt und realisieren Sie anschließend den in Abschnitt 6.1 beschriebenen Algorithmus.

**6.4** Schreiben Sie ein Prolog-Programm, das ein Semi-Entscheidungsverfahren für das Postsche Korrespondenzproblem darstellt.

# 7 Komplexität

## 7.1 Einführung

Im vorigen Kapitel haben wir gesehen, dass es Aufgabenstellungen wie das allgemeine Halteproblem oder das Postsche Korrespondenzproblem gibt, die grundsätzlich von keinem Algorithmus gelöst werden können. Die Unlösbarkeit dieser Probleme hängt nicht von den Ressourcen — nämlich Rechenzeit und Speicherplatz – ab, die man der Berechnung zur Verfügung stellt. Es handelt sich also um eine fundamentale Grenze aller Modelle der Berechenbarkeit, seien es Turing-Maschinen, WHILE-Programme oder Programme in einer beliebigen Programmiersprache.

Es gibt jedoch auch Probleme, die zwar theoretisch von Computern lösbar sind, für die Lösung jedoch derart viel Ressourcen verbrauchen, dass sie praktisch unlösbar sind. Dabei ist es völlig gleich, welche Computer, Programmiersprachen usw. eingesetzt werden. Ein bekanntes Problem dieser Art ist das der „Türme von Hanoi".

In der vereinfachten Version dieser Aufgabe gibt es drei Stäbe, $A$, $B$ und $C$. Auf dem ersten Stab liegen drei unterschiedlich große kreisförmige Scheiben, und zwar in aufsteigender Reihenfolge der Größe: zuunterst die größte Scheibe, zuoberst die Kleinste. Die Stäbe $B$ und $C$ sind leer. Die Aufgabe besteht darin, die Scheiben in derselben Anordnung auf $B$ zu platzieren. Die Scheiben dürfen nur einzeln bewegt werden und nie darf eine größere Scheibe auf eine kleinere gelegt werden. Legt man etwa zuerst die oberste Scheibe von $A$ auf $B$, so darf die nächste Scheibe von $A$ nicht auf $B$ gelegt werden.

7.1 BILD **Die Türme von Hanoi**

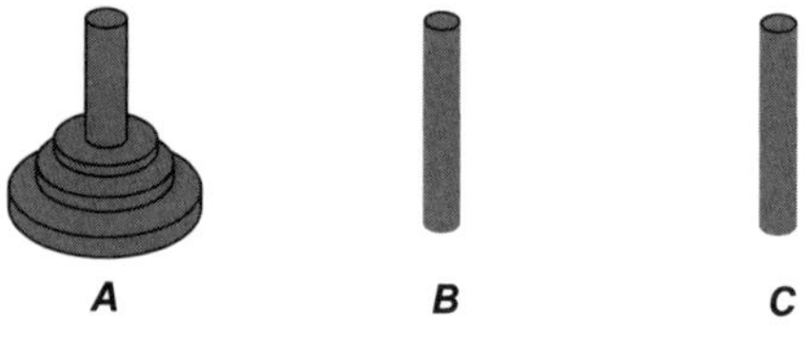


Die Lösung dieser Aufgabe ist relativ einfach:

$$A \to B,\ A \to C,\ B \to C,\ A \to B,\ C \to A,\ C \to B,\ A \to B$$

In der Originalversion gibt es ebenfalls drei Stäbe, jedoch 64 unterschiedlich große Scheiben. Die buddhistischen Mönche, die sich diesen Zeitvertreib ausdachten, prophezeiten das Ende der Welt für den Fall, dass diese Aufgabe erfolgreich gelöst würde.

Das Problem ist sicherlich lösbar, denn die obige rekursive Methode kann offenbar für drei Scheiben genauso wie für 64 Scheiben angewandt werden. Allgemein besteht eine Lösung des Problems für einen Turm mit $n$ Scheiben aus $2^n - 1$ Bewegungen einzelner Scheiben. Für 64 Scheiben braucht man also $2^{64} - 1$ Bewegungen. Wie groß diese Zahl ist, kann man daran ermessen, dass die Mönche bei einer Zeit von 10 Sekunden für die Bewegung einer einzelnen Scheibe 5,8 Billionen Jahre für die Lösung der gesamten Aufgabe bräuchten, vorausgesetzt, dass sie Tag und Nacht ununterbrochen arbeiteten.

Man könnte nun einwenden, dass zwar die oben angegebene Methode tatsächlich $2^n - 1$ Bewegungen benötigt, jedoch könnte es andere, schnellere Möglichkeiten geben, um diese Aufgabe durchzuführen. Es lässt sich aber beweisen, dass $2^n - 1$ die Mindestzahl von Bewegungen ist, die man braucht, um die Aufgabe zu lösen. Es handelt sich dabei um eine untere Schranke für das Problem, das heißt, es kann kein wie auch immer geartetes Verfahren geben, das mit weniger als $2^n - 1$ Schritten auskommt.

Die Türme von Hanoi zeigen einige grundlegende Aspekte des Themas *Komplexität.*

Zum einen ist der Zeitaufwand zur Lösung einer Aufgabe fast immer abhängig von der Größe der Eingabe. Für drei Scheiben ist der zeitliche Aufwand von sieben Bewegungen noch völlig unproblematisch, für zehn Scheiben sind es schon 1023 Bewegungen und für 64 Scheiben erhalten wir eine Zahl mit 19 Stellen. Das Problem ist also ab einer gewissen Größe $n$ aus praktischen Gründen unlösbar, weil es zuviel Zeit braucht. Die Wurzel des Übels ist das extrem starke Wachstum der Exponentialfunktion. Allgemein betrachtet man Probleme, die ein solches exponentielles Verhalten zeigen, als nicht mehr handhabbar.

Zum zweiten widerlegt das Beispiel den Einwand, schnellere Hardware könnte das Problem sicher lösen. Auch wenn die Mönche für eine Bewegung nur eine anstatt zehn Sekunden brauchen, sind sie mit der Lösung der kompletten Aufgabe immer noch 580 Milliarden Jahre beschäftigt. Betrachtet man umgekehrt die Aufgabengröße, die man mit einem bestimmten Zeitbudget noch bewältigen kann, so sieht die Sache nicht weniger aussichtslos aus. Haben die Mönche etwa einen Tag Zeit und können in dieser Zeit den Turm mit 12 Scheiben bewältigen, so können sie durch Verdoppelung ihrer Arbeitsgeschwindigkeit in derselben Zeit das Problem mit nur einer weiteren Scheibe lösen. Wollen sie an einem Tag 20 Scheiben bewältigen, so müssen sie ihre Arbeitsgeschwindigkeit auf das 256-fache erhöhen. Die Hoffnung auf neuere und schnellere Prozessoren trügt offensichtlich für solche Aufgabe von exponentieller Komplexität.

Bei den Türmen von Hanoi ist klar, dass der Zeitaufwand für eine Lösung direkt an der Zahl der nötigen Bewegungen gemessen werden kann. Wie wir eben gesehen haben, spielt es eine eher untergeordnete Rolle, wie viel Zeit die einzelne Bewegung benötigt. Außerdem könnte es sein, dass eine Bewegung von $A$ nach $C$ mehr Zeit kostet als eine solche von $A$ nach $B$, aber auch diese Unterschiede sind letztlich unerheblich. Um den Zeitaufwand von Algorithmen berechnen zu können, muss man sich auf die grundlegenden Operationen festlegen. Auf diese Weise erhält man ein Ergebnis, das von konkreten Hardwarebedingungen unabhängig ist. Damit haben wir auch eines der wichtigsten Kriterien für die komplexitätstheoretische Analyse von Algorithmen formuliert: Eine Aussage über die Komplexität von Algorithmen ist nur dann brauchbar, wenn sie von konkreter Hard- und Software unabhängig ist. Will man von konkreter Hardware abstrahieren, so bietet sich die Turing-Maschine als abstraktes Maschinenmodell an. Es liegt nahe, die Anzahl der Ableitungsschritte auf den Konfigurationen als Maß der Zeitkomplexität einer Turing-Berechnung zu wählen. Wir werden im nächsten Abschnitt dieses Maß als grundlegendes Komplexitätsmaß definieren und dabei die so genannte $O$-Notation einführen, die als Grundlage für die Klassifikation von Komplexitätsfunktionen dient.

## 7.2 Komplexität von Algorithmen

### Lineare Suche

Betrachten wir folgendes Programm, das ein gegebenes Objekt $x$ in einem Array $a$ sucht:

```
Algorithmus lineare_suche
Eingabe Ein Array a der Länge n und ein Objekt x
Ausgabe true, wenn es ein j, 1 ≤ j ≤ n gibt mit a[j]=x.

j := 1
found := (a[j] = x)
while (not found and j < n)
      j := j+1
      found := (a[j] = x)
return found
```

Der Algorithmus geht die Elemente von $a$ der Reihe nach durch und vergleicht jeweils mit dem Eingabewert $x$. Das Programm endet, sobald $x$ gefunden ist oder das Ende des Arrays erreicht ist. Zur Analyse dieses Algorithmus müssen zunächst die elementaren Rechenoperationen definiert werden. Üblicherweise werden dazu gezählt:

- Vergleiche wie `j < n` oder `a[j] = x`
- Wertzuweisungen wie `j := 1, j := j + 1 oder found := (a[j] = x)`

Eigentlich müsste man auch die logischen Operationen **not** und **and** zählen, aber diese wollen wir hier vernachlässigen. Die Zahl der benötigten Vergleiche und Wertzuweisungen ist natürlich abhängig von der Größe $n$ des Eingabearrays, aber auch davon ob und wenn ja, an welcher Stelle das gesuchte Objekt $x$ in $a$ vorkommt. Im günstigsten Fall (engl. *best case*), nämlich falls `a[1] = x`, wird die Schleife überhaupt nicht durchlaufen, im ungünstigsten Fall (engl. *worst case*), nämlich wenn $x$ in $a$ nicht vorkommt, wird sie $(n-1)$-mal durchlaufen. Interessant könnte vor allem der durchschnittliche Fall (engl. *average case*) sein, der die durchschnittliche Laufzeit über alle verschiedenen Möglichkeiten für die Eingabe $a$ unter Angabe ihrer Wahrscheinlichkeit mittelt. Mit $T(n)$ bezeichnen wir die Anzahl der Rechenoperationen in Abhängigkeit von der Länge des Eingabearrays und erhalten folgende Ergebnisse:

$$T_{\text{best}}(n) = 3 \text{ (zwei Zuweisungen und ein Vergleich)}$$

$$T_{\text{worst}}(n) = 3 + 4(n-1) = 4n - 1$$

$$T_{\text{avg}}(n) = 3 + 2(n-1) = 2n + 1$$

Die Best-Case-Laufzeit sagt im Allgemeinen wenig über das tatsächliche Verhalten des Algorithmus in der Praxis aus, denn meist ist der günstigste Fall so gelagert, dass fast nichts für den Algorithmus zu tun bleibt. Die durchschnittliche Laufzeit ist sicherlich diejenige Größe, die die präziseste und verlässlichste Information über die Komplexität eines Algorithmus liefert. Beispielsweise ist das Sortierverfahren „Quicksort“ vielen anderen Verfahren unterlegen, solange man den ungünstigsten Fall betrachtet. Trotzdem hat sich Quicksort wegen seines guten Verhaltens im durchschnittlichen Fall als Standard für Sortierverfahren etabliert. Eine Analyse der durchschnittlichen Rechenzeit ist jedoch im Allgemeinen recht aufwändig durchzuführen. Zudem ist in den meisten Fällen nicht klar, ob in der praktischen Anwendung eines Verfahrens alle Eingabedaten gleich wahrscheinlich auftreten oder ob gewisse Muster häufiger als andere auftreten. Aus diesem Grund ist die Worst-Case-Laufzeit das bevorzugte Kriterium für die Analyse von Algorithmen. Diese stellt eine obere Schranke für die Laufzeit eines Algorithmus dar: Im obigen Fall steht fest, dass der Algorithmus zur linearen Suche in keinem Fall mehr als $4n - 1$ Operationen benötigt. Wenn wir im Folgenden von Komplexität bzw. von Laufzeit reden, ist also stets die Worst-Case-Komplexität bzw. -Laufzeit gemeint. Wir schreiben daher nur noch $T(n)$ anstelle von $T_{\text{worst}}(n)$.

Bei $T(n) = 4n - 1$ handelt es sich um eine lineare Funktion. Man spricht in diesem Fall von einem linearen Laufzeitverhalten bzw. von einem linearen Algorithmus. Das Resultat für den obigen Algorithmus lässt sich jedoch noch verbessern. Bei jedem Schleifendurchlauf wird abgefragt, ob das Ende des Arrays erreicht ist. Dies lässt sich vermeiden, indem das gesuchte Element $x$ als „Dummy" an das Ende des Arrays gesetzt wird:

```
j := 1
found := (a[j] = x)
a[n+1] := x
while (not found)
        j := j+1
        found := (a[j] = x)
return (j < n+1)
```

Zwar wird dadurch die Anzahl der Zuweisungen außerhalb der Schleife um zwei erhöht, jedoch die Zahl der Operationen innerhalb der Schleife um eins vermindert. Es gilt offensichtlich für diesen verbesserten Algorithmus:

$$T_{\text{best}}(n) = 5 \text{ (drei Zuweisungen und zwei Vergleiche)}$$

$$T_{\text{worst}}(n) = 5 + 3(n - 1) = 3n + 2$$

Die Verbesserung kann sich also sogar als Verschlechterung erweisen. Auch in dem für den ursprünglichen Algorithmus ungünstigsten Fall tritt die Verbesserung erst ab $n_0 = 3$ zu Tage.

Trotzdem wird man die verbesserte Variante bevorzugen, weil die einfache Variante nur in einigen wenigen Fällen schneller ist. Im Allgemeinen kann man davon ausgehen, dass die zu durchsuchenden Arrays nur selten weniger als vier Elemente besitzen. Wir treffen also im Folgenden zwei vereinfachende Annahmen:

- Wir beschränken uns auf die Analyse des worst case.
- Wir beschränken die Analyse auf große $n$, das heißt, wir betrachten das asymptotische Verhalten von Komplexitätsfunktionen.

## Binäre (logarithmische) Suche

Den Begriff des asymptotischen Verhaltens wollen wir an einer weiteren Verbesserung des Suchalgorithmus erläutern. Dabei nehmen wir an, dass der Array $a$ nur Zahlen enthält, die der Größe nach aufsteigend sortiert sind. Entsprechendes ist natürlich auch möglich, wenn es sich bei den Elementen von $a$ etwa um alphabetische angeordnete Wörter handelt. In diesem Fall ist die „Telefonbuch-Suche" angebracht: Man schlägt zunächst das Buch in der Mitte auf und prüft anhand der aktuellen Einträge dieser Seite, ob das gesuchte Wort in der ersten oder der zweiten Hälfte vorkommt. Dieses Verfahren wiederholt man dann mit derjenigen Hälfte, in der das Wort vorkommen muss und so weiter, bis das gesuchte Wort auf der aufgeschlagenen Seite zu finden ist.
Die so genannte binäre Suche nach einem Element $x$ in einem Array $a$ geht also folgendermaßen vor sich: In jedem Schritt wird der Array in der Mitte geteilt und das Element $b$ in der Mitte (bzw. rechts von der Mitte für gerade $n$) mit dem Suchelement $x$ verglichen:

- Ist $x < b$, so suche in der linken Hälfte weiter
- Ist $x > b$, so suche in der rechten Hälfte weiter
- Ist $x = b$, so ist $x$ gefunden.

Das folgende Beispiel zeigt den Verlauf dieser nach dem Element 30 in dem Array [3, 7, 8, 11, 14, 15, 16, 18, 22, 24, 26, 30, 35, 37, 39, 40].

```
3 7 8 11 14 15 16 18|22 24 26 30 35 37 39 40

                    22 24 26 30|35 37 39 40

                    22 24|26 30

                         26|30
```

In jedem Schritt wird der zu durchsuchende Array halbiert. Es ist leicht zu sehen, dass für $n = 16$ nach spätestens vier Schritten entweder die gesuchte Zahl gefunden wurde oder Misserfolg vermeldet werden kann. Im allgemeinen Fall benötigt das Verfahren maximal $\log_2(n)$ Schleifendurchläufe (Zur Vereinfachung der Notation verwenden wir $\log_2(n)$, obwohl man eigentlich den ganzzahligen Anteil dieses Wertes nehmen müsste, da es sich bei der Schrittzahl um eine positive ganze Zahl handelt). Spätestens dann hat der Array nach fortgesetzter Halbierung nur noch ein Element. Vor Beginn der Schleife ist eine Initialisierung von Variablen nötig, die eine konstante Zahl von $K_1$ Operationen erfordert. In jedem Schleifendurchlauf wird eine konstante Zahl $K_2$ von Elementaroperationen durchgeführt, insgesamt also maximal $K_2 \log_2(n)$. Schließlich sind nach Beendigung der Schleife noch eine feste Zahl $K_3$ von Abschlussoperationen erforderlich. In Aufgabe 7.1 soll die binäre Suche implementiert und für dieses Programm die Konstanten $K_1$, $K_2$ und $K_3$ bestimmt werden.
Insgesamt erhalten wir einen Aufwand von

$$T(n) = K_1 + K_3 + K_2 \log_2(n).$$

Man nennt eine solche Funktion der Form $f(n) = a + b \log_2(n)$ eine logarithmische Funktion. Entscheidend ist nun die Beobachtung, dass für jede Wahl der Konstanten die logarithmische Funktion irgendwann, das heißt, für hinreichend große Werte von $n$, kleiner ist als jede lineare Funktion. Bild 7.2 zeigt, wie die lineare Funktion ab $n_0$ die logarithmische Funktion überholt.

7.2 BILD **Logarithmische und lineare Komplexitätsfunktion**

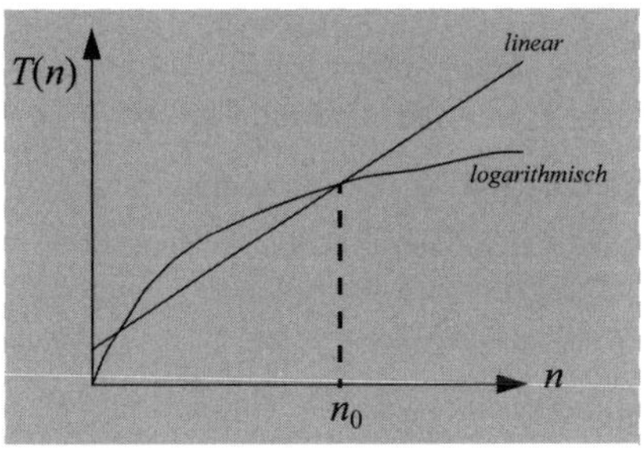


Man sagt, die logarithmische Funktion wächst asymptotisch schwächer als jede lineare Funktion. Das langsame Wachstum des Logarithmus ist aus der Tatsache ersichtlich, dass man bei der binären Suche in einem Telefonbuch von tausend Seiten nach spätestens neun Schritten auf der richtigen Seite angekommen ist. Bei linearem Durchblättern würde man im schlimmsten Fall tausendmal blättern müssen.

## Komplexitätsklassen und *O*-Notation

Das Beispiel der binären Suche verdeutlicht den Unterschied zwischen der ersten Verbesserung der linearen Suche, die die Komplexität im Wesentlichen um einen konstanten Faktor 3/4 vermindert, und der binären Suche, die die Laufzeit um eine ganze Größenordnung verbessert.

Man fasst daher alle linearen Funktionen zu einer Klasse (auch Ordnung genannt) $O(n)$, sowie die logarithmischen Funktionen zu einer Klasse $O(\log n)$ zusammen. Die folgende Definition der Komplexitätsklassen beruht auf dem Gedanken, dass zum einen konstante Faktoren und Summanden letztlich eine untergeordnete Rolle spielen, und zum anderen nur das asymptotische Verhalten, also das Verhalten für hinreichend große $n$, ins Gewicht fällt.

7.1 DEFINITION **Die O-Notation**

Seien $f, g : \mathbb{N} \rightarrow \mathbb{R}$ zwei Funktionen. Wir sagen, $f$ ist von der Ordnung $g$, falls es eine Konstante $c > 0$ und eine natürliche Zahl $n_0$ gibt, sodass gilt:

$$f(n) \leq c \cdot g(n) \text{ für alle } n \geq n_0.$$

Mit $O(g)$ bezeichnen wir die Menge aller Funktionen, der Ordnung $g$.

Anstatt $f \in O(g)$ schreibt man meist $f = O(g)$ ($f$ ist von der Ordnung $g$). Das Gleichheitszeichen drückt jedoch keine Gleichheit aus. So ist es beispielsweise nicht möglich, $O(g) = f$ zu schreiben.

**7.1 BEISPIEL**

Gegeben sei $f(n) = 5n^3 + 9n + 23$.

a) Wir wollen zeigen, dass $f$ von der Ordnung $n^3$ ist, das heißt, dass $f = O(n^3)$ gilt. Wir müssen eine Konstante $c$ und eine natürliche Zahl $n_0$ finden, sodass $f(n) \leq c \cdot n^3$ für alle $n \geq n_0$ gilt. Es gilt:

$$f(n) = 5n^3 + 9n + 23 \leq 5n^3 + 9n^3 + 23n^3 = 37n^3 \quad \text{für alle } n \geq 1$$

Mit $c = 37$ und $n_0 = 1$ erhalten wir $f = O(n^3)$.

b) Auf dieselbe Weise lässt sich auch zeigen, dass $f = O(n^4)$ gilt, denn aus $f(n) \leq 37n^3$ für alle $n \geq 1$ folgt $f(n) \leq 37n^4$ für alle $n \geq 1$.

---

Allgemein gilt:

**7.1 SATZ**

Sei

$$f(n) = a_k n^k + a_{k-1} n^{k-1} + \ldots + a_0$$

ein Polynom vom Grad $k$. Dann gilt $f = O(n^k)$.

Die $O$-Notation stellt eine Abschätzung nach oben dar. Um möglichst präzise Aussagen über das Laufzeitverhalten von Algorithmen zu erhalten, ist es natürlich sinnvoll, möglichst dichte (das heißt niedrige) obere Schranken anzugeben. Wir haben beispielsweise festgestellt, dass die Laufzeit der binären Suche in einem sortierten Array durch einen Ausdruck der Form $a + b \log_2(n)$ nach oben beschränkt ist, also in der Klasse $O(\log n)$ liegt. Wegen $\log_2(n) \leq n$ für alle $n \geq 1$ ist daher auch $n$ eine obere Schranke, das heißt, die binäre Suche ist auch von der Klasse $O(n)$. Jedoch ist der Satz „Die binäre Suche ist in $O(\log n)$" sehr viel aussagekräftiger.
Die $O$-Notation ermöglicht es, Algorithmen auf der Basis einer festgelegten Menge von Elementaroperationen in Komplexitätsklassen einzuteilen. Natürlich kann es für die konkrete Laufzeit eines Programms einen Unterschied ausmachen, wie die elementaren Operationen wie Vergleiche oder Wertzuweisungen vom Compiler in Maschinencode übersetzt

werden. Die üblichen Grundoperationen einer Programmiersprache werden durch die Übersetzung jedoch stets nur um einen konstanten Faktor in der Laufzeit verändert, und dies wirkt sich auf die Komplexitätsklasse nicht aus. Es ist also gewährleistet, dass ein linearer Algorithmus nach der Compilierung auch linear bleibt, und nicht etwa eine quadratische Laufzeit bekommt.

## Wichtige Komplexitätsklassen

In der Praxis haben sich einige Komplexitätsklassen als besonders wichtig erwiesen. Die folgende Tabelle 7.1 zeigt diese Klassen in aufsteigender Reihenfolge, das heißt, die günstigsten zuunterst, die ungünstigsten zuoberst.

7.1 TABELLE **Die wichtigsten Komplexitätsklassen**

| **Klasse** | Ordnung |
|---|---|
| *konstant* | $O(1)$ |
| *logarithmisch* | $O(\log n)$ |
| *linear* | $O(n)$ |
| *n-log-n* | $O(n \log n)$ |
| *quadratisch* | $O(n^2)$ |
| *polynomiell* | $O(n^k)$ für $k \geq 1$ |
| *exponentiell* | $O(d^n)$ für $d > 1$ |

Konstante Komplexität bedeutet, dass der Algorithmus stets eine konstante Laufzeit benötigt, unabhängig von der Größe der Eingabe, was natürlich äußerst selten vorkommt. Algorithmen von logarithmischer und von linearer Komplexität haben wir bereits im Zusammenhang mit der Suche nach einem Element in einem Array kennengelernt. Auch die Suche nach dem größten Element in einem unsortierten Array hat lineare Komplexität. Die Klassen $O(n \log n)$ und $O(n^2)$ sind im Zusammenhang mit Sortieralgorithmen wichtig. Einfache Sortierverfahren wie Sortieren durch Einfügen (*Insertsort*) sind von quadratischer Komplexität, verbesserte Verfahren wie Sortieren durch Mischen (*Mergesort*) gehören zur Klasse $O(n \log n)$. Jenseits von $O(n^2)$ unterscheidet man meist nicht mehr die Exponenten, sondern fasst die Klassen $O(n^k)$ schon ab $k \geq 2$ zur Klasse der polynomiellen Algorithmen zusammen. Polynomielle Algorithmen werden im Allgemeinen noch als gutartig angesehen, während exponentielle Algorithmen wie etwa der Algorithmus zur Bewältigung der Türme von Hanoi nur für sehr kleine $n$ überhaupt noch in angemessener Zeit durchführbar sind.

Andererseits dürfen die konstanten Faktoren, die in der Definition der Komplexitätsklassen vermittels der $O$-Notation enthalten sind, nicht gänzlich vernachlässigt werden. Man sollte sich daher nicht verleiten lassen, etwa einen Algorithmus mit linearer Laufzeit für grundsätzlich besser zu halten als einen mit quadratischer Laufzeit. Ein quadratischer Algorithmus mit kleinen konstanten Faktoren kann in der Praxis durchaus einem linearen Algorithmus mit großen Faktoren vorzuziehen sein. Beispielsweise überholt ein linearer Algorithmus mit einer Laufzeit $T_1(n) = 100n$ einen quadratischen Algorithmus mit einer Laufzeit von $T_2(n) = 2n^2$ erst ab $n = 50$.

## Komplexität von Algorithmen und Komplexität von Problemen

Wir haben gesehen, dass der ursprüngliche lineare Algorithmus zur Suche in einem Array zu einem Algorithmus von logarithmischer Laufzeit verbessert werden kann. Damit stellt sich die Frage, ob es vielleicht noch schnellere Algorithmen geben könnte, das heißt, Algorithmen einer noch besseren Komplexitätsklasse. Ähnliche Überlegungen lassen sich im Umfeld von Sortieralgorithmen anstellen. Zum Sortieren eines Zahlenarrays sind viele verschiedene Verfahren bekannt. Es gibt einfache Verfahren wie Insertsort, Selectsort und Bubblesort, die alle von quadratischer Komplexität sind, und es gibt kompliziertere Verfahren wie Mergesort, die von der Ordnung $O(n \log n)$ sind. Auch Quicksort, der vielleicht bekannteste Sortieralgorithmus, ist im durchschnittlichen Fall von der Ordnung $O(n \log n)$, im ungünstigsten Fall jedoch quadratisch. Auch hier stellt sich die Frage, ob diese Laufzeit von einem linearen Algorithmus unterboten werden kann. Es lässt sich jedoch beweisen, dass alle Sortieralgorithmen, die auf dem Vergleich zweier Arrayelemente beruhen, im ungünstigsten Eingabefall mindestens $n \log n$ Vergleiche durchführen müssen. Damit ist auch eine untere Schranke für die Komplexität von Sortierverfahren bestimmt. Mit anderen Worten, die bekannten Verfahren der Ordnung $O(n \log n)$ sind optimal in dem Sinn, dass es auf der Basis des Vergleichs zweier Arrayelemente keine schnelleren Algorithmen geben kann.

Die Angabe eines konkreten Algorithmus für ein Problem stellt eine obere Schranke für die Komplexität des Problems dar. Die Existenz eines Algorithmus der Ordnung $O(n \log n)$ für das Sortierproblem etwa beweist, dass dieses Problem selbst im ungünstigsten Eingabefall in Rechenzeit $O(n \log n)$ gelöst werden kann.

Kann man eine untere Schranke für ein konkretes Problem angeben, so besagt dies, dass es keinen Algorithmus mit besserer Komplexität geben kann. Es lohnt sich also beispielsweise nicht, nach einem linearen Sortieralgorithmus zu suchen. Es gibt zwar lineare Sortieralgorithmen, die jedoch nicht auf dem Vergleich der Arrayelemente beruhen und nur unter einschränkenden Annahmen über die Eingabedaten angewandt werden können.

Eine untere Schranke für die Komplexität eines Problems kann nur auf der Basis einer theoretischen Analyse des Problems gefunden werden. Während die Suche nach oberen Schranken, also die Entwicklung effizienter Algorithmen für bestimmte Probleme, sowie die komplexitätstheoretische Analyse konkreter Algorithmen dem eigentlichen Bereich der Algorithmik (meist unter dem Begriff *Algorithmen und Datenstrukturen*) zuzurechnen sind, befasst sich die theoretische Informatik unter dem Stichwort *Komplexität* mit der Frage nach unteren Komplexitätsgrenzen für Probleme.

## 7.3 Die Klassen P und NP

### Die Lücke zwischen polynomieller und exponentieller Laufzeit

Algorithmen von polynomieller Laufzeit werden im Allgemeinen noch als effizient angesehen, während Algorithmen von exponentieller Laufzeit für praktische Anwendungen mit realistischen Eingabedaten im Allgemeinen nicht in Frage kommen. Dies ist zwar eine pauschale Aussage, die nicht ausschließt, dass es einerseits exponentielle Algorithmen gibt, die für praktisch relevante Eingabedaten akzeptable Laufzeiten benötigen, und andererseits polynomale Algorithmen von hohem Polynomgrad oder mit großen konstanten Faktoren, die nicht mehr als effizient betrachtet werden können. Diese Fälle sind jedoch eher selten, sodass man durchaus zwischen der polynomiellen und der exponentiellen Zeitkomplexität die Grenze der praktischen Berechenbarkeit ziehen kann. Daraus ergibt sich die große Bedeutung der Klasse P derjenigen Probleme, die in polynomieller Zeit lösbar sind.
Die Klasse P fasst die Komplexitätsklassen $O(n)$, $O(n^2)$, $O(n^3)$,... zusammen, aber auch Klassen wie $O(\log n)$ und $O(n \log n)$, die nicht direkt durch ein Polynom beschränkt sind. Es gilt jedoch $\log n = O(n)$ und $n \log n = O(n^2)$. Probleme der Klasse P werden auch *effizient lösbar* genannt.
Für das Sortieren von Arrays ebenso wie für die Suche in einem sortierten Array und viele andere einfache Probleme fallen obere und untere Grenze der Komplexität zusammen. Man kann daher sagen, dass die Suche in einem sortierten Array von linearer Komplexität ist, denn es gibt einen Algorithmus mit dieser Laufzeit, aber keinen von besserer Laufzeit. Ebenso ist das Sortieren eines Arrays ohne einschränkende Annahmen über die Eingabedaten von der Komplexität $O(n \log n)$.
Es gibt jedoch eine große Klasse von Problemen, für die obere und untere Grenze (zumindest zur Zeit) nicht zusammenfallen. Es lässt sich zeigen, dass die Lösung solcher Probleme mindestens polynomiellen Zeitaufwand erfordert, aber bisher hat noch niemand einen polynomiellen Algorithmus für eines dieser Probleme entwickelt. Alle bisher bekannten Algorithmen für diese Probleme sind exponentiell. Weder ist es gelungen, die obere Schranke herunterzudrücken, also einen polynomiellen Algorithmus für eines dieser Probleme zu finden, noch war es möglich, die untere Schranke hochzuschieben und zu beweisen, dass es keine polynomiellen Algorithmen für diese Probleme geben kann. Die Klasse dieser Probleme, deren genauer Komplexitätsstatus (noch) nicht bekannt ist, nennt man die Klasse der nichtdeterministisch polynomiellen Probleme (NP). Diese Lücke zwischen unterer und oberer Schranke ist deshalb besonders bedeutsam, weil zwischen der polynomiellen und der exponentiellen Zeitkomplexität die Grenze der praktischen Berechenbarkeit verläuft.

### Polynomielle und nichtdeterministisch polynomielle Laufzeit

Wir wollen im Folgenden die Laufzeit eines Algorithmus auf der Basis der Zahl der Konfigurationsübergänge einer Turing-Maschine in Abhängigkeit von der Länge des Eingabewortes definieren.

**7.2 DEFINITION** **Laufzeitfunktion einer Turing-Maschine**

Sei $M$ eine deterministische oder nichtdeterministische (Mehrband)-Turing-Maschine.

a) Die Laufzeitfunktion $t_M : \Sigma^* \to \mathbb{N}$ ist folgendermaßen definiert:

$$t_M(w) = n,$$

falls $n$ die minimale Länge einer terminierenden Berechnung

$$(\#, z_0, w) \to^* (v, z_e, u)$$

bei Eingabe von $w$ ist. Hält $M$ bei Eingabe von $w$ nicht, so setzen wir $t_M(w) = 0$.

b) Die worst-case-Laufzeit $T_M : \mathbb{N} \to \mathbb{N}$ ist folgendermaßen definiert:

$$T_M(n) = \max\{t_M(w) \mid w \in \Sigma^*, |w| = n\}.$$

Bei der Definition der Laufzeitfunktion wird $t_M(w) = 0$ gesetzt, falls $M$ bei Eingabe von $w$ nicht hält, das heißt, es werden nur solche Eingabewörter gezählt, die von der Turing-Maschine $M$ akzeptiert werden. Dies ist eine eher willkürliche Festlegung, die für die Definition der Klassen P und NP keine Rolle spielt.

**7.3 DEFINITION** **Die Klasse P**

Eine Sprache $L$ heißt polynomiell, falls es eine *deterministische* Turing-Maschine $M$ mit $L = \mathcal{L}(M)$ gibt, sodass

$$T_M = O(n^k) \text{ für ein } k \geq 0.$$

Die Klasse der polynomiellen Sprachen wird mit $P$ bezeichnet.

Es soll betont sein, dass diese Definition der Klasse P keinerlei praktische Relevanz für die Analyse von Algorithmen besitzt. Den Nachweis, dass ein konkretes Problem in P liegt, wird man kaum dadurch führen, dass man eine Turing-Maschine für die dazugehörige Sprache konstruiert und nachweist, dass ihre Rechenzeit polynomiell beschränkt ist. Stattdessen entwirft man einen abstrakten Algorithmus (in Pseudocode oder in einer realen Programmiersprache) für das Problem und analysiert diesen durch direktes Zählen von Vergleichs- und Zuweisungsoperationen (siehe Abschnitt 7.2).
In den bisherigen Überlegungen zur Komplexität hatten wir es mit Problemen zu tun, die konkrete Werte als Lösungen erforderten. Wir werden uns im Folgenden jedoch ausschließlich mit Entscheidungsproblemen bzw. Sprachen beschäftigen. Jedoch sind Komplexitätsbetrachtungen von Entscheidungsproblemen in den meisten Fällen leicht auf andere Fragestellungen zu übertragen.

Bevor wir die Klasse NP der nichtdeterministisch polynomiellen Probleme definieren, wollen wir uns einige typische Probleme dieser Klasse anschauen.

**Das Rucksackproblem (engl. *Knapsack Problem*, KP)**

Es soll ein Rucksack für eine Bergtour gepackt werden. Zur Auswahl stehen $n$ Dinge wie Kleidung, Kartenmaterial, Verpflegung und Getränke, die jeweils unterschiedliches Gewicht $g_i$, $i = 1,\ldots,n$ und unterschiedlichen Nutzenwert $w_j$, $j = 1,\ldots,n$ besitzen.
Gesucht ist eine Liste von Dingen, die in den Rucksack gepackt werden, sodass das Maximalgewicht $G$ nicht überschritten wird und der Nutzenwert so groß wie möglich ist. Mathematisch kann das Problem folgendermaßen formuliert werden: Gegeben sind ein Gewichtsvektor $\mathbf{g} \in \mathbb{R}^n$, ein Nutzenvektor $\mathbf{w} \in \mathbb{R}^n$ und das Maximalgewicht $G \in \mathbb{R}$. Die Packliste ist ein Vektor $\mathbf{x} \in \{0, 1\}^n$, der für jeden Gegenstand angibt, ob er in den Rucksack kommt (1) oder nicht (0). Die Bepackung ist erlaubt, falls $\mathbf{x} \cdot \mathbf{g} \leq G$ gilt (Der Operator $\cdot$ bezeichnet das Skalarprodukt). Der Nutzenwert einer Bepackung errechnet sich zu $\mathbf{x} \cdot \mathbf{w}$.
Folgende Fragestellungen sind denkbar:

**Entscheidungsvariante**

Gibt es zu einem gegebenen Nutzenwert $W$ eine erlaubte Bepackung des Rucksacks mit mindestens diesem Nutzenwert?

**Zahlvariante**

Welches ist der größte Nutzenwert $W_{\max}$ einer erlaubten Bepackung?

**Optimierungsvariante**

Welche Bepackung $\mathbf{x}$ liefert den größten Nutzenwert $\mathbf{x} \cdot \mathbf{w} = W_{\max}$?

Bei der Optimierungsvariante eines Problems wird eine Lösung gesucht, deren Wert optimal ist, also je nach Problemstellung maximal oder minimal. Typischerweise sind Kosten zu minimieren und Gewinne zu maximieren. Bei der Zahlvariante ist lediglich der Wert einer optimalen Lösung zu berechnen und bei der Entscheidungsvariante ist zu prüfen, ob der Wert einer optimalen Lösung unter oder über einem gegebenen Wert $W$ liegt.
Lässt sich die Zahlvariante effizient (das heißt, in polynomieller Zeit) lösen, dann sicherlich auch die Entscheidungsvariante, denn man braucht nach der Berechnung von $W_{\max}$ diesen nur noch mit dem gegebenen Nutzenwert $W$ zu vergleichen. Lässt sich die Optimierungsvariante effizient lösen, dann braucht man nur noch den Wert dieser Lösung zu berechnen, um eine Lösung für die Zahlvariante zu erhalten.
Es stellt sich jedoch heraus, dass alle drei Varianten gleich einfach (besser gesagt, gleich schwierig) sind, denn aus der polynomiellen Lösbarkeit der Entscheidungsvariante folgt auch die polynomielle Lösbarkeit der anderen Varianten:

a) Ist die Entscheidungsvariante des Rucksackproblems effizient lösbar, dann auch die Zahlvariante.
b) Ist die Zahlvariante des Rucksackproblems effizient lösbar, dann auch die Optimierungsvariante.

**Beweis**

a) Sei `rucksack1` ein Algorithmus, der die Entscheidungsvariante polynomiell löst. Um den Wert einer optimalen Bepackung zu berechnen, kann man `rucksack1` systematisch mit verschiedenen Werten für $W$ aufrufen, bis das größte derartige $W$ gefunden ist. Offensichtlich kann der Wert einer möglichen Bepackung niemals größer als werden als $M = \sum_{i=1}^{n} w_i$. Man geht nun von diesem Wert $M$ abwärts, bis man den ersten Wert einer zulässigen Bepackung findet. Dieser muss dann der gesuchte Maximalwert sein. Der folgende Algorithmus löst die Zahlvariante:

```
Algorithmus rucksack2

berechne M
for W := M to 1
      if (rucksack1(W)) return W
return „unlösbar".
```

Im ungünstigsten Fall wird die Schleife genau $M$ mal durchlaufen, daher beträgt die Laufzeit von `rucksack2` im ungünstigsten Fall das $M$-fache der Laufzeit von `rucksack1`. Also ist auch `rucksack2` von polynomieller Laufzeit.

b) Nehmen wir nun an, es gebe einen Algorithmus `rucksack2`, der effizient den Wert $W_{max}$ einer optimalen Bepackung bestimmt. Man berechnet nun mit diesem Algorithmus den optimalen Wert $W'$, der sich ergeben würde, wenn ein bestimmter Gegenstand – etwa die Schokolade – nicht eingepackt wird. Ist $W' = W_{max}$, so lässt sich schließen, dass die Schokolade in einem optimalen Rucksack nicht enthalten sein muss. Ist dagegen $W' < W_{max}$, so muss die Schokolade unbedingt eingepackt werden. Auf diese Weise lässt sich von jedem Gegenstand bestimmen, ob er Bestandteil einer optimalen Lösung ist oder nicht. Damit ist die optimale Lösung gefunden. Der Algorithmus rucksack2 wird dabei genau $n$-mal (nämlich für alle Gegenstände) durchlaufen.

**Das Problem des Handlungsreisenden (*Traveling Salesman Problem*, TSP)**

Ein Vertreter soll Kunden in $n$ Städten besuchen, und zwar so, dass er jede Stadt genau einmal besucht und am Schluss zu seinem Ausgangspunkt zurückkehrt. Wie ist die Route zu wählen, sodass die zurückgelegte Gesamtstrecke minimal ist? Bild 7.3 zeigt, dass unterschiedliche Touren sehr unterschiedliche Gesamtstrecken ergeben können.

7.3 BILD **Das Problem des Handlungsreisenden**

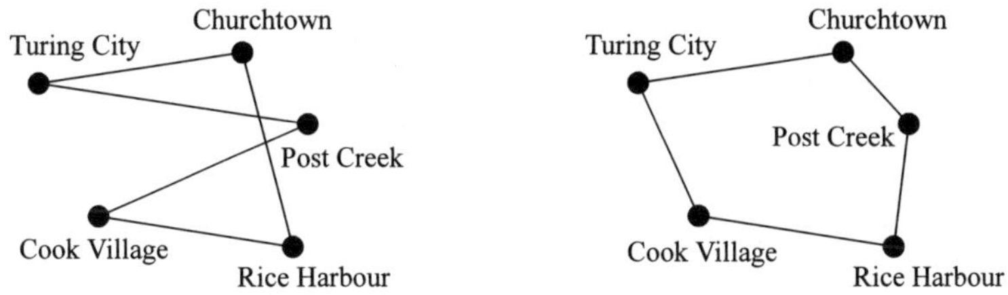


Die konkreten Problemdaten sind gegeben durch eine Entfernungstabelle, aus der man für jedes Paar von Städten deren Entfernung voneinander ablesen kann. Eine konkrete Rundreise lässt sich ebenfalls durch eine Tabelle darstellen, die nur die Werte 0 und 1 enthält, und zwar eine 1, wenn die entsprechende Verbindung Teil der Rundstrecke ist. Die linke obige Rundreise ist in folgender Tabelle dargestellt. Es ist zu erkennen, dass in jeder Zeile und in jeder Spalte *genau* eine 1 steht. Eine solche Matrix nennt man *Permutationsmatrix*.

| | TC | CT | PC | RH | CV |
|---|---|---|---|---|---|
| TC | -- | 1 | -- | -- | -- |
| CT | -- | -- | -- | 1 | -- |
| PC | 1 | -- | -- | -- | -- |
| RH | -- | -- | -- | -- | 1 |
| CV | -- | -- | 1 | -- | -- |

Etwas allgemeiner lässt sich das Problem formulieren, wenn man bedenkt, dass nicht immer die Gesamtstrecke das entscheidende Kriterium sein muss, sondern beliebige Kosten (Entfernung, Zeit, Fahrtkosten,...) für die Gesamtstrecke. Damit erhält man folgende Formulierung: Gegeben sind $n$ Städte und eine Kostenmatrix $C = (c_{ij})$, wobei $c_{ij}$ die Kosten der Fahrt von Stadt $i$ nach Stadt $j$ angibt. Eine Rundreise ist eine $n \times n$–Permutationsmatrix $\Pi = (\pi_{ij})$, und deren Kosten betragen $\Sigma_{i,j}\, \pi_{ij} \cdot c_{ij}$. Dabei ist allerdings noch zu beachten, dass die Permutation so gestaltet ist, dass die Rundreise eine einzige zusammenhängende Tour ergibt.
Wie beim Rucksackproblem gibt es auch beim TSP drei Problemvarianten:

**Entscheidungsvariante**
: Gibt es zu einem gegebenen Kostenwert $C$ eine Rundreise, deren Kosten $C$ nicht übersteigen?

**Zahlvariante**
: Wie viel kostet die billigste Rundreise?

**Optimierungsvariante**
: Berechne eine billigste Rundreise.

#### Das Verpackungsproblem (engl. *Bin Packing Problem*, BPP)

Gegeben sind $k$ Behälter einer festen Größe $B$ und $n$ Gegenstände mit den Größen $a_1,\ldots,a_n$. Gesucht ist eine Aufteilung der Gegenstände auf die Behälter, sodass kein Behälter überläuft. Eine solche Aufteilung können wir durch eine Funktion $b$ darstellen, die jedem Gegenstand $i$ einen Behälter $b(i)$ zuordnet, in den der Gegenstand verpackt wird. Der Inhalt von Behälter $j$ ist dann die Menge aller Gegenstände $i$, für die $b(i) = j$ gilt. Die Verteilung muss also die folgende Bedingung erfüllen:

$$\sum_{b(i)=j} a_i \leq B \text{, für } j = 1,\ldots,k.$$

**Entscheidungsvariante**

Gegeben sei die Anzahl $k$ der Behälter. Gibt es eine Verteilung, sodass kein Behälter überläuft?

**Zahlvariante**

Welches ist die minimale Zahl $k_{min}$ von Behältern, sodass alle Gegenstände verpackt werden können?

**Optimierungsvariante**

Berechne eine Verteilung der Gegenstände, die mit der minimalen Zahl $k_{min}$ von Behältern auskommt.

#### Das Cliquenproblem (CLIQUE)

Eine *Clique* ist eine verschworene Gemeinschaft, eine Gruppe von Menschen, in der jeder jeden kennt. Das folgende Bild zeigt einige Personen, von denen sich einige kennen und einige nicht. Personen, die sich kennen, sind durch eine Kante miteinander verbunden.

7.4 BILD **Das Cliquenproblem**

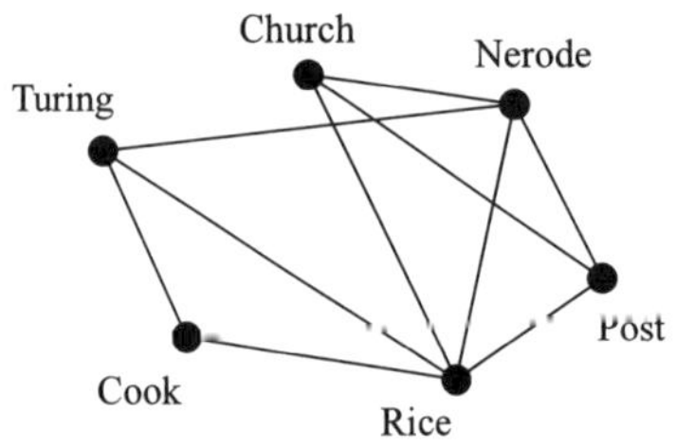


In diesem Bild gibt es sehr viele Cliquen. Jede Zweiergruppe bildet eine Clique. Es gibt jedoch auch größere Cliquen, so etwa Turing, Cook und Rice oder Church, Nerode, Post und Rice. Die letztgenannte Clique ist offenbar die größte vorhandene Clique. Formal ist eine Clique der Größe $k$ ($k$-Clique) in einem Graphen $G = (V, E)$ ein vollständiger Teilgraph der Größe $k$, das heißt, eine Menge $C$ von $k$ Knoten, sodass $\{v_1, v_2\} \in E$ gilt für alle $v_1, v_2 \in C$.

**Entscheidungsvariante**
Gegeben ein Graph $G$ und eine Zahl $k$. Gibt es in $G$ eine Clique der Größe $k$?

**Zahlvariante**
Berechne das größte $k$, sodass $G$ eine $k$-Clique enthält.

**Optimierungsvariante**
Berechne eine maximale Clique von $G$.

### Das Erfüllbarkeitsproblem der Aussagenlogik (*Satisfiability Problem*, SAT)

Gegeben ist eine aussagenlogische Formel $\varphi$ in Klauselnormalform. Gefragt ist, ob $\varphi$ erfüllbar ist.
Das Erfüllbarkeitsproblem hat eine große praktische Bedeutung unter anderem für die Hardwareverifikation. Einen Schaltkreisentwurf $\varphi$ zu verifizieren heißt, zu überprüfen, ob er dieselbe boolesche Funktion repräsentiert wie seine Spezifikation $\psi$. Dies aber ist gleichbedeutend mit dem Nachweis, dass die aussagenlogische Formel $\varphi \text{ xor } \psi$ nicht erfüllbar ist.

### Praktische Problemstellungen

Viele praktische Problemstellungen sind Varianten oder Modifikationen eines der oben dargestellten Grundformen. Folgendes Problem ist eine Variante des TSP: In eine Leiterplatte sollen sehr viele Löcher nach einem vorgegebenen Muster gebohrt werden. In welcher Reihenfolge sollen die verschiedenen Positionen vom Bohrkopf angesteuert werden, sodass die Gesamtzeit der Bewegungen des Bohrkopfs minimal ist?
Sehr viele Zuordnungs- oder Planungsprobleme lassen sich direkt auf KP oder BPP zurückführen, so etwa das bekannte Stundenplanungsproblem. Dabei sind unter Beachtung vieler Randbedingungen Lehrveranstaltungen (Vorlesungen, Praktika, Seminare) auf Raum-Zeit-Kombinationen zu verteilen. Beispielsweise erhält die Vorlesung „Theoretische Informatik" die Kombinationen (Raum: T149, Zeit: Montag, 1. Block) und (Raum: T151, Zeit: Donnerstag, 3. Block). Die Randbedingungen sind etwa von folgender Art:

- In jeder Raum-Zeit-Kombination darf nur eine Vorlesung stattfinden.
- Der Raum muss groß genug sein für die Studierenden, die zur Lehrveranstaltung erwartet werden.
- Lehrpersonen dürfen nicht gleichzeitig in verschiedenen Räumen lehren.
- Für Studierende eines Semesters dürfen nicht gleichzeitig verschiedene Vorlesungen stattfinden.
- Räume müssen möglichst gut ausgelastet sein.
- Wünsche der Lehrenden und der Studierenden sollen so gut wie möglich berücksichtigt werden.

In der Logistik werden Probleme der folgenden Art behandelt: Fuhraufträge verschiedener Größen sind auf die zur Verfügung stehenden Fahrzeuge zu verteilen, sodass die entstehenden Kosten minimal sind.

## Die Klasse NP

Was haben alle oben erwähnten Probleme gemeinsam? Alle können durch Raten und Prüfen effizient gelöst werden. Wir betrachten im Folgenden nur jeweils die Entscheidungsvarianten der genannten Probleme.

7.2 BEISPIELE **Lösen von Problemen durch „Raten"**

Wir stellen uns jeweils vor, uns steht ein Orakel zur Verfügung, das uns eine Lösung nennt. Wir sind jedoch auf Grund schlechter Erfahrungen aus der Literatur skeptisch, was Orakel betrifft und prüfen sicherheitshalber nach, ob das Orakel auch die Wahrheit spricht.

a) Bei der Entscheidungsvariante des Rucksackproblems ist eine erlaubte Bepackung gesucht, deren Nutzenwert den gegebenen Wert $W$ nicht unterschreitet. Unser Orakel nennt eine Bepackung $\mathbf{x}$ als Lösung und wir brauchen nur noch zu prüfen, ob diese Bepackung die beiden Bedingungen $\mathbf{x}\cdot\mathbf{g} \leq G$ und $\mathbf{x}\cdot\mathbf{w} \geq W$ erfüllt. Dazu müssen zwei Skalarprodukte berechnet werden, was offenbar in Linearzeit möglich ist.

b) Bei der Entscheidungsvariante des Cliquenproblems ist gefragt, ob es eine Clique der Größe $k$ im Graphen gibt. Das Orakel verrät uns eine Clique $C$ und wir prüfen, ob die Cliquenbedingung erfüllt ist. Zuerst prüfen wir, ob $C$ tatsächlich $k$ Elemente enthält. Ist dies der Fall, so müssen wir zu jedem Paar $v_1, v_2 \in C$ prüfen, ob die Bedingung $\{v_1, v_2\} \in E$ erfüllt ist. Die Anzahl der Paare von Knoten in $C$ beträgt $k(k-1)/2$, also $O(k^2)$, also ist auch in diesem Fall eine effiziente Prüfung möglich.

---

Das Problem mit dem Orakel besteht natürlich darin, dass wir nicht wissen, wie wir es effizient programmieren können. Eine sehr gute praktische Veranschaulichung des Orakel-Gedankens lässt sich mit Hilfe der Programmiersprache Prolog durchführen.

7.1 PROGRAMM **Prolog-Programm für das Rucksackproblem**

Zunächst beschreiben wir die Problemdaten für ein konkretes Beispielproblem.

```
dimension(5).
gewichte([3,5,2,1,9]).
nutzen([4,4,2,2,12]).
maxgewicht(10).
```

Das folgende Prolog-Programm `rucksack1(W)` liefert „yes", falls es eine Bepackung mit dem Nutzenwert `W` gibt.
Die Sprache Prolog simuliert nichtdeterministisches Verhalten. Die Prozedur `bepakkung(X,N)` präsentiert nichtdeterministisch einen Lösungskandidaten $X$ der Länge $N$, der

anschließend auf Einhaltung der Gewichts- und der Nutzengrenze geprüft wird. In Wirklichkeit geschieht dies natürlich doch deterministisch. Die Prozedur `bepackung(X,N)` erzeugt zunächst den ersten Lösungskandidaten $X$ (in diesem Fall die Bepackung [1,1,1,1,1]) und prüft ihn dann. Geht die Prüfung negativ aus, so führt der Prolog-Interpreter einen Backtracking-Schritt durch, erzeugt den nächsten Kandidaten (im Beispiel [1,1,1,1,0]) und prüft diesen. Dieses Verfahren wird durchgeführt, bis entweder ein Kandidat die Prüfung besteht oder bis alle Kandidaten erfolglos geprüft sind.

```
rucksack1(W) :-
      erzeuge_loesung(X),
      pruefe(X,W).

erzeuge_loesung(X) :-
      dimension(N),
      bepackung(X,N),     % Orakel nennt eine Bepackung X
      gewichte(G),        % Berechne Gewicht von X
      skalarprodukt(X,G,XG),
      maxgewicht(G),      %
      XG =< G.            % Ist X zulässig?

pruefe(X,W):-
      nutzen(W),          % Berechne Wert PW von P
      skalarprodukt(X,W,XW),
      XW >= W.            %

bepackung([],0).
bepackung([B|Rest],N) :-
      N > 0, N1 is N-1,
      member(B,[0,1]),
      bepackung(Rest,N1).
```

In anderen Programmiersprachen müsste dieses Verfahren der Tiefensuche mit Backtracking explizit implementiert werden.

Wir haben gesehen, dass das Prüfen eines Lösungskandidaten für die vorliegenden Probleme effizient (also polynomiell) durchgeführt werden kann. Die Schwierigkeit bei all den genannten Problemen liegt jedoch in der Kandidatenerzeugung. Es gibt $2^n$ Binärvektoren der Länge $n$, also hat das Rucksackproblem $2^n$ Kandidaten. Genauso sieht es beim Cliquenproblem aus: Eine Kandidat für eine Clique in einem Graphen mit $n$ Knoten kann im Prinzip eine beliebige Menge von Knoten sein. Die Menge der Kandidaten ist also $2^V$ und ihre Anzahl ist $2^n$.

Zur Definition der Klasse NP der nichtdeterministisch polynomiellen Sprachen benutzen wir das Konzept der nichtdeterministischen Turing-Maschine. Soll etwa die nichtdeterministische Turing-Maschine $M$ das Rucksackproblem lösen, so erzeugt sie (nichtdeterministisch) auf einem Arbeitsband einen Kandidaten, kopiert ihn auf ein zweites Band und prüft ihn dann (deterministisch). Dieses Prüfen findet in polynomieller Zeit statt. Das konkrete Polynom, das die Rechenzeit der Turing-Maschine für eine akzeptierende Berechnung beschränkt, ist für jedes konkrete NP-Problem bekannt. Wird bei einer konkreten Berechnung diese Zeitschranke überschritten, so ist kein Akzeptieren mehr möglich, also kann die Eingabe verworfen werden. Aus diesem Grund wurde bei der Definition der Rechenzeit $t_M(w) = 0$ gesetzt, falls $M$ bei Eingabe von $w$ nicht hält.

**7.4 DEFINITION** **Die Klasse NP**

Eine Sprache $L$ heißt *nichtdeterministisch polynomiell*, falls es eine nichtdeterministische Turing-Maschine $M$ mit $L = \mathcal{L}(M)$ gibt, sodass

$$T_M = O(n^k) \text{ für ein } k \geq 0.$$

Die Klasse der nichtdeterministisch polynomiellen Sprachen wird mit NP bezeichnet.

Die Klasse NP ist also die Klasse derjenigen Sprachen bzw. Entscheidungsprobleme, für die es eine nichtdeterministische Turing-Maschine gibt, deren Worst-Case-Rechenzeit polynomiell beschränkt ist. Es gilt:

**7.2 SATZ**

Die Entscheidungsvarianten der Probleme KP, CLIQUE, TSP, BPP und SAT sind in NP.

Wir kennen nun zwar schon einige Probleme der Klasse NP, kennen aber keine halbwegs dichten oberen bzw. unteren Schranken für diese Probleme. Für all diese Probleme sind Algorithmen von exponentieller Laufzeit bekannt. Betrachten wir etwa das Prolog-Programm `rucksack1` zur Lösung des Rucksackproblems. Es besteht im Wesentlichen aus zwei Teilen:

- die Erzeugung eines Lösungskandidaten (das „Orakel"); `bepackung(X)`
- das Prüfen eines Lösungskandidaten.

Während die Prüfungsphase jeweils in polynomieller Laufzeit absolviert wird, muss das Orakel im ungünstigsten Falle alle $2^n$ Kandidaten erzeugen, also hat das gesamte Programm exponentielle Laufzeit. Auch für die anderen genannten Entscheidungsprobleme gibt es ähnliche Algorithmen von exponentieller Laufzeit.
Bisher hat noch niemand einen polynomiellen Algorithmus für eines dieser Probleme entwickelt. Andererseits ist es aber auch noch niemandem der Beweis gelungen, dass dies nicht möglich ist, das heißt, dass die Problemklasse auch nach unten durch exponentielle Laufzeit beschränkt ist. Der genaue Status dieser Probleme ist also noch offen, und das ist umso unangenehmer, als es sich um Probleme handelt, die in der Praxis eine bedeutende Rolle spielen.

Trotzdem kann man die Struktur der Klasse NP noch etwas genauer charakterisieren. Zunächst steht fest, dass die Beziehung $P \subseteq NP$ gilt, denn jede deterministische Turing-Maschine kann auch als nichtdeterministisches Turing-Maschine aufgefasst werden. Wie wir oben gesehen haben, ist es (noch) ungeklärt, ob sogar die Beziehung $P = NP$ gilt, oder ob $P \neq NP$ ist. Diese noch offene Frage, das so genannte P-NP-Problem, wird allgemein als eines der wichtigsten Probleme der theoretischen Informatik angesehen.
Der erste Fall wäre eine gute Nachricht, denn dies würde bedeuten, dass sich alle diese wichtigen Probleme doch effizient lösen lassen, und die Suche nach polynomiellen Algorithmen irgendwann doch erfolgreich sein müsste. Dieses Resultat wäre jedoch auch eine Sensation, denn kaum jemand glaubt noch daran.

## 7.4 NP-Vollständigkeit

Die Erfahrung zeigt, dass die Probleme in NP wie etwa das Rucksackproblem oder das Cliquenproblem schwieriger (sogar bedeutend schwieriger) als das Sortierproblem zu lösen sind. Da wir jedoch nicht wissen, ob $P \neq NP$ ist, haben wir zunächst kein formales Kriterium, um diese Tatsache ausdrücken zu können.

### Polynomielle Reduzierbarkeit

Der Begriff der NP-Vollständigkeit ermöglicht eine Charakterisierung der genannten Probleme, die sie als *die schwierigsten Probleme* in der Klasse NP kennzeichnet. Dieser Begriff beruht wesentlich auf dem Begriff der polynomiellen Reduktion eines Problems auf ein anderes. Wir wollen dies an einem einfachen Beispiel klären.

#### Das Problem des Hamiltonkreises (Hamiltonian Circuit, HC)

Das Hamiltonproblem lautet: Gegeben ein Graph $G$. Besitzt $G$ einen Hamiltonkreis, das heißt, einen Kreis, der jeden Knoten genau einmal berührt?

7.5 BILD **Das Problem des Hamiltonkreises**

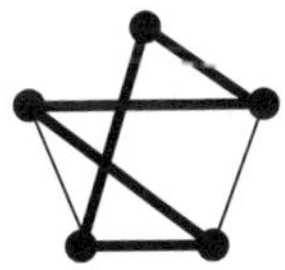

enthält einen Hamiltonkreis

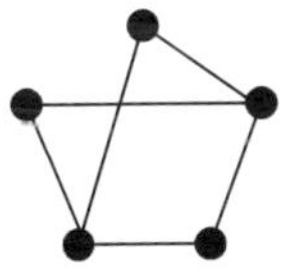

enthält keinen Hamiltonkreis

Bei näherem Hinschauen stellt sich heraus, dass das Problem des Hamiltonkreises eine spezielle Form des TSP ist. Wie beim TSP soll eine Rundreise gefunden werden, im Gegensatz dazu spielen jedoch die Kosten dieses Weges keine Rolle. Sei $A_{TSP}$ ein Algorithmus zur Lösung der Entscheidungsvariante des TSP.

Zur Lösung des Hamiltonproblems für einen Graphen $G$ mit $n$ Knoten ordnen wir nun jeder Kante des Graphen $G$ den Kostenwert 1 zu und jedem nicht verbundenen Knotenpaar den Kostenwert 2 und wenden darauf den Algorithmus $A_{\text{TSP}}$ mit dem Gesamtkostenwert $n$ an. Findet $A_{\text{TSP}}$ eine Rundreise mit einem Gesamtkostenwert kleiner oder gleich $n$, so kann diese Rundreise nur Kanten mit dem Wert 1 enthalten. Also stellt diese Rundreise einen Hamiltonkreis im Graphen $G$ dar.
Jede konkrete Instanz $T$ des $TSP$ wird in diesem Beispiel in eine Instanz $H$ des $HP$ transformiert, sodass gilt: $T$ besitzt genau dann eine Rundreise der Gesamtkosten $n$, wenn $H$ einen Hamiltonkreis besitzt. Zu beachten ist weiterhin, dass diese Transformation offensichtlich in polynomieller Zeit erfolgen kann.
Wenn es also einen polynomiellen Algorithmus $A_{\text{TSP}}$ für das TSP gibt, so können wir daraus auf einfache Weise einen polynomiellen Algorithmus $A_{\text{HP}}$ für das HP konstruieren. Zunächst transformiert $A_{\text{HP}}$ die Eingabe $H$ in polynomieller Zeit in die entsprechende Instanz $T$ des TSP und anschließend führt er für $T$ den polynomiellen Algorithmus $A_{\text{TSP}}$ durch. Damit ist gezeigt: Ist TSP in der Klasse P, so ist auch HP in der Klasse P, und ist umgekehrt HP nicht in der Klasse P, so auch TSP nicht. Man sagt dazu: HP ist im Wesentlichen nicht schwieriger als TSP bzw. HP ist polynomiell auf TSP reduzierbar.

**7.5 DEFINITION und SATZ** **Polynomielle Reduzierbarkeit**

Die Sprache $L_1 \subseteq \Sigma^*$ heißt *polynomiell reduzierbar* auf die Sprache $L_2 \subseteq \Gamma^*$, falls es eine in polynomieller Zeit berechenbare Funktion $f: \Sigma^* \to \Gamma^*$ gibt, sodass für alle $w \in \Sigma^*$ gilt:

$w \in L_1$ genau dann, wenn $f(w) \in L_2$.

Wir schreiben in diesem Fall $L_1 \leq_p L_2$. Es gilt:
Ist $L_1 \leq_p L_2$ und ist $L_2 \in$ P (bzw. NP), so ist auch $L_1 \in$ P (bzw. NP).

Die Relation $\leq_p$, ist offensichtlich transitiv, das heißt, aus $L_1 \leq_p L_2$ und $L_2 \leq_p L_3$ folgt $L_1 \leq_p L_3$.
Im Folgenden definieren wir die Klasse der NP-vollständigen Probleme als die Klasse der schwierigsten Probleme in NP.

**7.6 DEFINITION** **NP-Vollständigkeit**

a) Eine Sprache $L$ heißt *NP-hart*, falls $L \leq_p L'$ für jedes $L' \in$ NP gilt.
b) Eine Sprache $L$ heißt *NP-vollständig*, falls $L \in$ NP und $L$ NP-hart ist.

Ein Problem $L$ ist NP-vollständig, falls es in NP ist und falls sich jedes Problem in NP auf $L$ reduzieren lässt. Könnte man also für ein einziges NP-vollständiges Problem einen polynomiellen Algorithmus finden, so wäre wegen der Eigenschaft der polynomiellen Reduzierbarkeit jedes Problem in NP in polynomieller Zeit lösbar, mithin wäre also P = NP. Um zu beweisen, dass P = NP ist, reicht es also, für irgendein NP-vollständiges Problem einen polynomiellen Algorithmus zu finden. Umgekehrt reicht es natürlich auch aus, von einem einzigen Problem in NP zu zeigen, dass es nicht polynomiell lösbar ist, um die Behauptung P = NP zu widerlegen. In diesem Fall kann überhaupt kein NP-vollständiges Problem in P liegen. Entweder sind also alle NP-vollständigen Probleme polynomiell lösbar (und in diesem Falle gilt P = NP) oder kein einziges.

**7.3 SATZ**

Sei $L$ NP-vollständig.

a) Falls $L \in$ P, so ist P = NP.

b) Falls $L \notin$ P, so ist $L' \notin$ P für jedes NP-vollständige Problem $L'$.

Um nachzuweisen, dass ein bestimmtes Problem $L$ NP-vollständig ist, muss man also zum einen zeigen, dass es in der Klasse NP ist und zum anderen, dass sich jedes Problem in NP polynomiell auf $L$ reduzieren lässt. Der erste Teil dieser Aufgabe ist meist einfach zu lösen, indem man einen polynomiellen Algorithmus angibt, der den von einem Orakel präsentierten Lösungskandidaten prüft. Der zweite Teil erscheint jedoch vergleichsweise extrem schwierig, denn man kennt ja gar nicht alle konkreten Probleme in NP, sondern nur ihre gemeinsame Eigenschaft, dass sie von einer nichtdeterministischen Turing-Maschine in polynomieller Zeit gelöst werden können. Kennt man jedoch ein einziges NP-vollständiges Problem $X$, so kann man die NP-Vollständigkeit eines Problems $L$ durch polynomielle Reduktion von $X$ auf $L$ beweisen. Aus $L' \leq_p X$ für alle $L' \in$ NP und $X \leq_p L$ folgt $L' \leq_p L$ für alle für alle $L' \in$ NP , was die NP-Vollständigkeit von $L$ beweist.
Damit ergibt sich folgendes Schema zum Nachweis der NP-Vollständigkeit eines Problems $L$:

a) Gib einen polynomiellen Algorithmus zur Prüfung eines Lösungskandidaten für $L$ an. Dies zeigt, dass $L \in$ NP gilt.

b) Wähle ein geeignetes, als NP-vollständig bekanntes Problem $X$ und finde eine polynomielle Reduktion von $X$ auf $L$. Dies zeigt, dass $L$ NP-hart ist.

Mittlerweile gibt es ausführliche Listen bekannter NP-vollständiger Probleme aus verschiedensten Bereichen der Informatik (siehe z.B. /4/). Damit ist also Teil b) der Aufgabe einfacher geworden. Das allererste Problem, das als NP-vollständig nachgewiesen wurde, konnte jedoch nicht mit der Reduktionstechnik bewiesen werden, denn dazu muss ja mindestens ein NP-vollständiges Problem bekannt sein. Dieser „Urahn“ aller NP-vollständigen Probleme ist das Erfüllbarkeitsproblem der Aussagenlogik (SAT), das 1971 von Cook in seiner berühmt gewordenen Arbeit /2/ als NP-vollständig bewiesen wurde. Dieses Resultat gilt als eines der wichtigsten Ergebnisse der theoretischen Informatik.

## Der Satz von Cook

**7.4 SATZ** **Satz von Cook**

Das Erfüllbarkeitsproblem der Aussagenlogik (SAT) ist NP-vollständig.

Die Aussage dieses Satzes enthält zwei Teile: Zum einen besagt er, dass SAT in NP ist, und zum zweiten, dass sich jedes Problem in NP in polynomieller Zeit auf SAT reduzieren lässt. Die Erfüllbarkeit einer gegebenen aussagenlogischen Klauselmenge $C$ in konjunktiver Normalform lässt sich folgendermaßen überprüfen: Ein Orakel rät eine Belegung der in $C$ vorkommenden aussagenlogischen Variablen. Dann ist es in polynomieller Zeit möglich zu prüfen, ob diese Belegung die Klauselmenge $C$ erfüllt. Dies zeigt, dass SAT in NP ist.
Die Tatsache, dass sich jedes beliebige NP-Problem $L$ auf SAT reduzieren lässt, ist jedoch sehr viel schwieriger zu beweisen. Das einzige, was man von $L$ weiß, ist die Tatsache, dass eine nichtdeterministische Turing-Maschine $M_L$ zu einem Eingabewort $w$ in polynomieller Zeit entscheiden kann, ob $w \in L$ gilt oder nicht. Die Beweisidee besteht darin, eine Klauselmenge $C(L,w)$ zu konstruieren, die die Arbeitsweise von $M_L$ beschreibt, und die in polynomieller Zeit aus $w$ konstruierbar ist. Die Formel ist genau dann wahr, wenn $M_L$ das Eingabewort $w$ akzeptiert, das heißt, wenn $w \in L$ gilt. Diese Konstruktion ist sehr ausführlich in /1/, /4/ und /12/ beschrieben.
Der Satz von Cook dient als Ausgangspunkt, um die NP-Vollständigkeit wichtiger anwendungsorientierter Probleme zu beweisen.

## Weitere NP-vollständige Probleme

### 3-SAT

Zunächst beweisen wir, dass bereits der Spezialfall von SAT, in dem die Klauseln genau drei Literale enthalten, NP-vollständig ist. Dieses Resultat ist technischer Art, denn es erleichtert die polynomielle Reduktion auf andere Probleme.
Das Problem 3-SAT lautet: Gegeben ist eine Klauselmenge $C$, mit der Eigenschaft, dass jede Klausel genau drei Literale enthält. Gefragt ist, ob $C$ erfüllbar ist.

**7.5 SATZ**

Das Problem 3-SAT ist NP-vollständig.

Zunächst ist klar, dass 3-SAT in NP ist, denn SAT ist in NP. Als nächstes geben wir eine Transformation von SAT nach 3-SAT an, die jede Klauselmenge $M$ in eine logisch äquivalente Klauselmenge $M'$ transformiert, sodass jede Klausel von $M'$ genau drei Literale enthält.
Besteht die Klausel $C$ aus nur einem Literal $u$, so ersetzen wir $C$ durch die äquivalente Klausel $C' = u \vee u \vee u$.
Hat die Klausel $C$ die Form $u \vee v$, so ersetzen wir $C$ durch die äquivalente Klausel $C' = u \vee v \vee v$.
Klauseln mit drei Literalen werden unverändert übernommen.
Hat die Klausel $C$ mehr als drei Literale, so spalten wir sie in mehrere Klauseln auf. Dies soll nur an einem Beispiel demonstriert werden. Sei etwa $C = u_1 \vee u_2 \vee u_3 \vee u_4 \vee u_5 \vee u_6$.
Wir ersetzen $C$ durch die folgenden Klauseln:

$$C_1 = u_1 \vee u_2 \vee w_1$$

$$C_2 = \overline{w_1} \vee u_3 \vee w_2$$

$$C_3 = \overline{w_2} \vee u_4 \vee w_3$$

$$C_4 = \overline{w_3} \vee u_5 \vee u_6$$

Gibt es eine Interpretation $I$, die $C$ erfüllt, dann muss eines der Literale von $C$ den Wert 1 haben. Wir erweitern $I$ zu einer Interpretation $I'$, die auch die Variablen $w_i$ belegt.
Sei $I(u_k) = 1$ für ein $k \in \{1, 2, 3, 4, 5, 6\}$. Wir setzen $I'(w_i) = 0$ für alle $w_i$ mit $i \geq k-1$ und $I'(w_j) = 1$ für alle $w_i$ mit $i < k-1$. Dann lässt sich leicht nachrechnen, dass alle Klauseln $C_k$, $k = 1,\ldots,4$ erfüllt sind.
Gibt es umgekehrt eine Interpretation $I$, die die Klauseln $C_1$ bis $C_4$ erfüllt, dann gibt es folgende Möglichkeiten:
Ist $I(w_1) = 0$ so ist $I(u_1) = 1$ oder $I(u_2) = 1$. Ist $i > 1$ der kleinste Index, sodass $I(w_i) = 0$ ist, so ist $I(u_{i+1}) = 1$. Ist schließlich $I(w_1) = 1$ für alle $i = 1, 2, 3$, so ist $I(u_5) = 1$ oder $I(u_6) = 1$. In jedem Fall hat eines der Literale von $C$ den Wert 1, also wird $C$ von $I$ erfüllt.

**CLIQUE**

**7.6 SATZ**

Das Problem CLIQUE ist NP-vollständig.

In Beispiel 7.2 haben wir bereits gesehen, dass CLIQUE in NP liegt. Wir müssen also nur noch zeigen, dass 3-SAT $\leq_p$ CLIQUE ist.

Wir geben eine Transformation an, die jede Klauselmenge $C = \{c_1,\ldots,c_n\}$, die den Vorgaben von 3-SAT genügt, in einen Graphen $G = (V, E)$ transformiert, sodass $G$ genau dann eine Clique der Größe $n$ hat, wenn $C$ erfüllbar ist.
Sei $c_i = z_{i1} \vee z_{i2} \vee z_{i3}$, für $i = 1, \ldots, n$. Dann setzen wir $V = \{v_{ij} \mid i = 1, \ldots, n; j = 1, 2, 3\}$. Wir ziehen eine Kante zwischen zwei Knoten $v_{ij}$ und $v_{kl}$ genau dann, wenn

- die Knoten zu verschiedenen Klauseln gehören ($i \neq k$) und
- die Literale gleichzeitig erfüllbar sind $z_{ij} \neq \overline{z_{kl}}$.

Ist die Klauselmenge $C$ erfüllbar, so ist in jeder Klausel $c_i$ ein Literal $z_{i,j_i}$ erfüllt. Im Graphen $G$ bilden dann die entsprechenden Knoten $v_{i,j_i}$, $i = 1, \ldots, n$ eine Clique, denn für jedes Paar $(v_{i,j_i}, v_{k,j_k})$ mit $i \neq k$ gilt: $v_{i,j_i}$, $v_{k,j_k}$ gehören zu verschiedenen Klauseln und sind beide erfüllt.
Enthält $G$ umgekehrt eine Clique der Größe $n$, so müssen die Knoten dieser Clique Literale aus verschiedenen Klauseln repräsentieren, da Knoten derselben Klausel nicht verbunden sind. Außerdem ist es möglich, alle Literale gleichzeitig zu erfüllen. Also ist die Klauselmenge $C$ erfüllbar.
Wir betrachten dazu zwei Beispiele:

$$C_1 = \{a \vee b, \bar{a} \vee b, a \vee \bar{b}\}$$

$$C_2 = \{a \vee b, \bar{a} \vee b, \bar{b}\}$$

Zur Vereinfachung der Darstellung lassen wir auch Klauseln mit weniger als drei Literalen zu, was am Prinzip der Transformation nichts ändert. Die folgende Abbildung zeigt die zu $C_1$ und $C_2$ gehörenden Graphen $G_1$ bzw. $G_2$.

7.6 BILD **Reduktion von 3-SAT auf CLIQUE**

Die Klauselmenge $C_1$ ist erfüllbar vermittels der Interpretation $I$ mit $I(a) = I(b) = 1$, während $C_2$ nicht erfüllbar ist. $G_1$ enthält eine Clique der Größe drei, $G_2$ jedoch nicht.

### Das Knotenüberdeckungsproblem (Vertex Covering, VC)

Eine Knotenüberdeckung in einem Graphen $G$ ist eine Teilmenge $U$ der Knoten mit der Eigenschaft, dass jede Kante in $E$ mit mindestens einem Knoten aus $U$ inzident ist. Das Knotenüberdeckungsproblem lautet: Gegeben sei ein Graph $G$ und eine Zahl $K$. Gibt es in $G$ eine Knotenüberdeckung mit höchstens $K$ Knoten?

**7.7 SATZ**

Das Problem VC ist NP-vollständig.

In Aufgabe 7.6 soll gezeigt werden, dass VC in NP liegt. Wir müssen also nur noch zeigen, dass 3-SAT $\leq_p$ VC ist.

Wir geben eine Transformation an, die jede Klauselmenge $C = \{C_1,\dots, C_n\}$ über den Variablen $\{x_1,\dots, x_m\}$, die den Vorgaben von 3-SAT genügt, in einen Graphen $G = (V, E)$ transformiert, sodass $G$ genau dann eine Knotenüberdeckung der Größe $K = m + 2n$ hat, wenn $C$ erfüllbar ist.

Wir definieren für $k = 1,\dots, m$ jeweils zwei Knoten $u_k$ und $v_k$, welche $x_k$ bzw. $\overline{x}_k$ entsprechen. Sei ferner $C_i = z_{i1} \vee z_{i2} \vee z_{i3}$, für $i = 1, \dots, n$. Wir definieren Knoten $w_{ij}$ für $i = 1,\dots, n$ und $j = 1, 2, 3$. Nun setzen wir

$$V = \{u_k \mid k = 1, \dots, m\} \cup \{v_k \mid k = 1, \dots, m\} \cup \{w_{ij} \mid i = 1, \dots, n; j = 1,2,3\}.$$

Wir ziehen nun folgende Kanten:

- eine Kante $\{u_k, v_k\}$ für $k = 1, \dots, m$. Damit erhalten wir jeweils einen vollständigen Teilgraphen $V_k$.
- Kanten $\{w_{i1}, w_{i2}\}$, $\{w_{i2}, w_{i3}\}$, $\{w_{i3}, w_{i1}\}$, für $i = 1, \dots, n$. Damit erhalten wir jeweils einen vollständigen Teilgraphen $W_i$, der die Klausel $C_i$ repräsentiert.
- eine Kante $\{w_{ij}, u_k\}$, falls $z_{ij} = x_k$ und eine Kante $\{w_{ij}, v_k\}$, falls $z_{ij} = \overline{x}_k$.

Wir betrachten dazu folgendes Beispiel:

$$C = \{a \vee b \vee b, \bar{a} \vee \bar{a} \vee b, a \vee a \vee \bar{b}\}.$$

Die folgende Abbildung zeigt den zu $C$ gehörenden Graphen $G$.

**7.7 BILD** **Reduktion von 3-SAT auf VC**
(ausgefüllte Knoten sind in $U$)

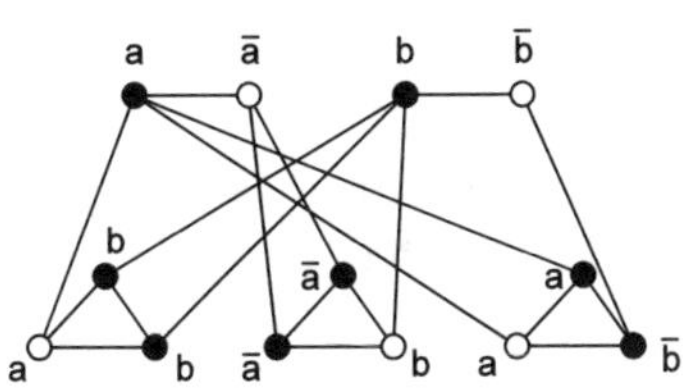

Zunächst lässt sich leicht nachprüfen, dass $|V| = 2m + 3n$ gilt. Dabei ist $2m \leq 3n$, also ist $|V| \leq 6n$ und somit ist die Größe des Graphen $G$ auf jeden Fall polynomiell in $n$.
Sei nun die Klauselmenge $C$ erfüllbar durch die Interpretation $I$. Dann gibt es in jeder Klausel $C_i$ (mindestens) ein Literal $z_{ij}$ mit $I(z_{ij}) = 1$.
Wir konstruieren die Überdeckung $U$ auf folgende Weise:

- Ist $I(x_i) = 1$, so nehmen wir $u_i$ in $U$ auf;
- Ist $I(x_i) = 0$, so nehmen wir $v_i$ in $U$ auf;
- Von dem Teilgraphen $W_i$ nehmen wir alle Knoten in $U$ auf, außer einem Knoten $w_{ij}$, für den das zugehörige $z_{ij}$ den Wert 1 hat.

Jeder Teilgraph $V_k$ hat einen Knoten in $U$, da entweder $u_i$ oder $v_i$ in $U$ ist.
Betrachten wir nun Kanten der Form $\{w_{ij}, u_k\}$ mit $z_{ij} = x_k$. Ist $I(x_k) = 1$, so ist $u_k$ in $U$, ist dagegen $I(x_k) = I(z_{ij}) = 0$, so ist $w_{ij}$ in $U$. Also hat jede Kante $\{w_{ij}, u_k\}$ einen Endpunkt in $U$. Da nur ein Knoten von $W_i$ nicht in $U$ ist, ist auch dieser Teilgraph überdeckt.
Die Menge $U$ bildet also eine Knotenüberdeckung und es gilt $|U| = m + 2n$.
Sei umgekehrt $U$ eine Knotenüberdeckung von $G$ mit $|U| = m + 2n$. Jeder Teilgraph $V_k$ muss mindestens einen Knoten in $U$ haben und jeder Teilgraphen $W_i$ muss mindestens zwei Knoten in $U$ haben. Wegen der Bedingung $|U| = m + 2n$ hat jeder Teilgraph $V_i$ genau einen Knoten in $U$ und jeder Teilgraphen $W_i$ genau zwei Knoten in $U$.
Wir konstruieren eine Interpretation $I$ durch

$$I(x_i) = \begin{cases} 1 & \text{falls } u_i \in U \\ 0 & \text{falls } v_i \in U \end{cases}$$

Es bleibt zu zeigen, dass die Interpretation $I$ jede Klausel $C_i$ aus $C$ erfüllt. In jedem Teilgraph $W_i$ gibt es ein $w_{ij} \notin U$. Die Kante $\{w_{ij}, u_k\}$ hat einen Endpunkt in $U$, dies kann also nur $u_k$ sein. Dann ist $I(x_k) = 1$ und aus $z_{ij} = x_k$ folgt $I(z_{ij}) = 1$. Die Klausel $C_i$ wird also von $I$ erfüllt.

## AUFGABEN

**7.1** Implementieren Sie die lineare und die binäre Suche nach Zahlen in einem Zahlenarray. Die Programme sollen jeweils auch die Zahl der erfolgten Schleifendurchläufe messen und ausgeben. Führen Sie vergleichende Tests mit zufällig erzeugten Eingaben durch.

**7.2** Implementieren Sie einen Algorithmus mit linearer Laufzeit, der das maximale Element in einem unsortierten Zahlenarray sucht.

**7.3** Beweisen Sie für jedes der Probleme TSP, BPP und CLIQUE: Falls es einen polynomiellen Algorithmus für die Entscheidungsvariante des Problems gibt, so gibt es auch einen polynomiellen Algorithmus für die beiden anderen Varianten.

**7.4** Implementieren Sie Prolog-Prozeduren `rucksack2` und `rucksack3`, die unter Verwendung der Prozedur `rucksack1` die Zahl- und die Optimierungsvariante des Rucksackproblems lösen.

**7.5** Implementieren Sie Prolog-Prozeduren `clique1`, `clique2` und `clique3`, die analog zur Prozedur `rucksack` alle drei Varianten des Cliquenproblems lösen.

**7.6** Zeigen Sie, dass das Knotenüberdeckungsproblem in NP ist.

**7.7** Das Dreifärbbarkeitsproblem ist folgendermaßen definiert: Gegeben ist ein Graph $G = (V, E)$. Gibt es eine Färbung der Knoten mit den drei Farben blau, rot und gelb, sodass keine zwei verbundenen Knoten gleich gefärbt sind?

a) Zeigen Sie durch Reduktion auf SAT, dass dieses Problem NP-vollständig ist.

b) Schreiben Sie ein Prolog-Programm, das dieses Problem löst.

**7.8** Konstruieren Sie den Graph $G$, der die Transformation von SAT nach VC für die (unerfüllbare) Klauselmenge $C = \{a \vee b, \bar{a} \vee b, \bar{b}\}$ darstellt.

# 8 Anhang: Mathematische Grundlagen

## 8.1 Mengen

Im Folgenden nehmen wir stets eine Grundmenge M als gegeben an. Wir benutzen die üblichen Mengenoperationen

| | | |
|---|---|---|
| $U \cup V$ | $= \{x \in M \mid x \in U \text{ oder } x \in V\}$ | (Vereinigungsmenge) |
| $U \cap V$ | $= \{x \in M \mid x \in U \text{ und } x \in V\}$ | (Schnittmenge) |
| $U - V$ | $= \{x \in M \mid x \in U \text{ und } x \notin V\}$ | (Differenzmenge) |
| $U \subseteq V,$ | *falls* $x \in U \Rightarrow x \in V$ *für alle* $x \in M$ | (Teilmenge) |
| $2^U$ | $= \{V \mid V \subseteq U\}$ | (Potenzmenge) |

Die Kardinalität $|M|$ der Menge $M$ ist definiert als die Anzahl der Elemente von $M$.
Es gelten folgende Beziehungen:

$$|U \cup V| = |U| + |V| - |U \cap V|$$
$$|2^U| = 2^{|U|}$$

In der Literatur finden sich teilweise abweichende Schreibweisen, etwa $U \backslash V$ für die Differenzmenge oder $P(U)$ für die Potenzmenge.

## 8.2 Relationen

Im Kontext dieses Buches sind vor allem zweistellige Relationen wichtig. Eine zweistellige Relation $R$ auf einer Grundmenge $M$ ist eine Menge von Paaren $(x, y)$ von Elementen aus $M$, formal ist also $R \subseteq M \times M$. Man schreibt die Beziehung $(x, y) \in R$ meist in der Form $x$ $R$ $y$, etwa $x \leq y$ anstatt $(x, y) \in \leq$.
Die Relation $R$ heißt *reflexiv*, falls $x R x$ für alle $x \in M$ gilt. Sie heißt *symmetrisch*, falls für alle $x, y \in M$ aus $x R y$ stets $y R x$ folgt. Sie heißt *transitiv*, falls für alle $x, y, z \in M$ aus $x R y$ und $y R z$ stets $x R z$ folgt. Die Relation $\leq$ auf der Grundmenge $\mathbb{R}$ ist reflexiv und transitiv, aber nicht symmetrisch. Die Relation $\neq$ ist symmetrisch, aber nicht reflexiv und nicht transitiv.
Eine *Äquivalenzrelation* ist eine reflexive, symmetrische und transitive Relation. Die Gleichheitsrelation = auf der Grundmenge $\mathbb{R}$ ist eine Äquivalenzrelation. Ein weiteres Beispiel für eine Äquivalenzrelation ist die Relation $R_2 = \{(x, y) \mid (x - y) \bmod 2 = 0\}$ auf der Grundmenge $\mathbb{Z}$.
Ist $R$ eine Äquivalenzrelation auf $M$ und $x \in M$, so ist die Äquivalenzklasse $[x]_R$ von $x$ bez. $R$ definiert durch

$$[x]_R = \{y \in M \mid yRx\}.$$

Für die obige Relation $R_2$ ist $[1]$ die Menge der ungeraden ganzen Zahlen und $[2]$ die Menge der geraden ganzen Zahlen.

Sind $K_1,\ldots,K_n$ die Äquivalenzklassen von $R$ auf $M$, so gilt: Jedes Element $x \in M$ ist in genau einer Äquivalenzklasse $K_i$. Die Äquivalenzklassen bilden also eine disjunkte Überdeckung der Menge $M$, das heißt, zwei verschiedene Klassen sind disjunkt und die Vereinigung aller Klassen bildet die gesamte Menge $M$.

Ist $f: M \rightarrow K$ eine Abbildung, so bildet die Relation

$$R = \{(x, y) \mid f(x) = f(y)\}$$

eine Äquivalenzrelation. In diesem Buch finden sich viele Beispiele für Äquivalenzrelationen, die auf diese Weise gebildet werden, etwa die Äquivalenz endlicher Automaten, die definiert ist durch $A_1 \equiv A_2$, wenn $\mathcal{L}(A_1) = \mathcal{L}(A_2)$ oder die Äquivalenz regulärer Ausdrücke, die definiert ist durch $r_1 \equiv r_2$, wenn $\mathcal{L}(r_1) = \mathcal{L}(r_2)$.

Sind $R_1$ und $R_2$ zweistellige Relationen auf $M$, so definieren wir die Komposition $R_1 \cdot R_2$ durch

$$R_1 \cdot R_2 = \{(x, y) \mid \text{es gibt ein } z \in M \text{ mit } x\, R_1\, z \text{ und } z\, R_2\, y\}.$$

Ist $R$ eine Relation, so ist $R^n$ definiert als die $n$-fache Komposition von $R$ mit sich selbst, also

$$R^0 = \{(x, x) \mid x \in M\}$$

$$R^n = R \cdot R^{n-1}, \text{ falls } n > 0.$$

Die transitive Hülle $R^+$ und die reflexive transitive Hülle $R^*$ der Relation $R$ sind definiert durch

$$R^+ = \bigcup_{n \geq 1} R^n \text{ und } R^* = \bigcup_{n \geq 0} R^n$$

Ist etwa $R$ die Relation $\{(1, 2), (2, 3), (3, 4),\ldots\}$ auf der Menge $\mathbb{N}$, so ist $R^+$ die Relation $<$ und $R^*$ ist die Relation $\leq$.

Die Relationen $R^+$ und $R^*$ lassen sich auch folgendermaßen charakterisieren. Sind $x, y \in M$, so gilt:

- $x\, R^+\, y$ falls $x\, R\, y$ gilt oder es ein $z \in M$ gibt, sodass $x\, R\, z$ und $z\, R^+\, y$.
- $x\, R^*\, y$ falls $x = y$ gilt oder es ein $z \in M$ gibt, sodass $x\, R\, z$ und $z\, R^+\, y$.

Die rekursive Definition der reflexiven transitiven Hülle lässt sich in Prolog direkt umsetzen, wie das folgende Prolog-Programm zeigt:

8.1 PROGRAMM

**Prolog-Programm zur Definition der reflexiven transitiven Hülle**

```
:- op(700,xfx,==>).                 % Deklaration als Infix-Operator
:- op(700,xfx,==>*).
K1 ==>* K1.                         % refl. trans. Hülle von ==>
K1 ==>* K2 :-
        K1 ==> K3,
        K3 ==>* K2.
```

Aufgrund der Definition (nicht nur aufgrund der Namen!) ist klar, dass für beliebiges $R$ die Relation $R^+$ stets transitiv ist und die Relation $R^*$ stets reflexiv und transitiv.
In diesem Buch finden sich viele Beispiele für Relationen, die auf diese Weise gebildet werden, etwa die Übergangsrelation für Konfigurationen $\rightarrow$ und ihre reflexive transitive Hülle $\rightarrow^*$ (Definition 2.3) oder die Ableitungsrelation für Grammatiken $\Rightarrow$ und ihre reflexive transitive Hülle $\Rightarrow^*$ (Definition 4.2).
Ist $x \in M$, so definieren wir die Menge $[x]_R^*$ der von $x$ erreichbaren Elemente von $M$ durch:

$$[x]_R^* = \{y \in M \mid x\, R^*\, y\}.$$

## 8.3 Graphen

### Graphen

8.1 DEFINITION

**Graph**

Ein Graph $G = (V, E)$ besteht aus einer endlichen Menge $V$, deren Elemente Knoten (engl. vertices) genannt werden, und einer Menge $E$ von Mengen $\{u, v\}$ mit $u, v \in V$ und $u \neq v$, die Kanten (engl. edges) genannt werden.
Ist $e = \{u, v\}$ eine Kante zwischen $u$ und $v$, so sagt man auch, $e$ ist inzident mit $u$ und $v$ oder $u$ und $v$ sind adjazent (benachbart).

8.1 BEISPIEL

Ein Beispiel für einen Graphen ist gegeben durch $G = (V, E)$ mit $V = \{a, b, c, d, e\}$ und $E = \{\{a, b\}, \{a, d\}, \{a, e\}, \{b, c\}, \{b, d\}, \{b, e\}, \{c, d\}, \{d, e\}\}$. Die folgende Abbildung zeigt zwei Diagramme, welche beide den Graphen $G$ darstellen.

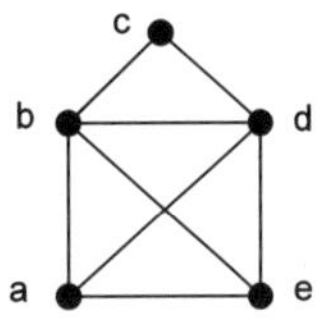


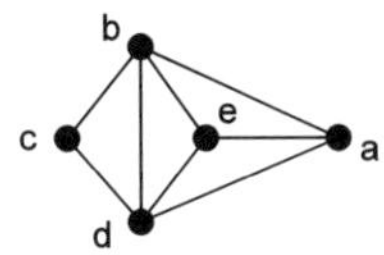


Es gibt zwei gebräuchliche Computerdarstellungen für Graphen: die *Adjazenzmatrix* und die *Adjazenzliste*. Es kann sowohl vom konkreten Graphen als auch von der Aufgabenstellung abhängen, welche Darstellung geeigneter ist.
Die Adjazenzmatrix für den Graphen $G = (V, E)$ mit $V = \{v_1,\ldots,v_n\}$ ist eine $n \times n$-Matrix, die an der Stelle $(i, j)$ eine Eins enthält, wenn die Knoten $v_i$ und $v_j$ adjazent (also durch eine Kante verbunden) sind, und sonst eine Null. Die Adjazenzmatrix eines Graphen ist stets symmetrisch und hat in der Diagonalen nur Nullen.
Die Adjazenzliste für den Graphen $G = (V, E)$ ordnet jedem Knoten $v$ die Liste der zu ihm adjazenten Knoten zu.
Adjazenzmatrix und -liste für das obige Beispiel sind in der folgenden Tabelle gezeigt.

| | a | b | c | d | e |
|---|---|---|---|---|---|
| a | 0 | 1 | 0 | 1 | 1 |
| b | 1 | 0 | 1 | 1 | 1 |
| c | 0 | 1 | 0 | 1 | 0 |
| d | 1 | 1 | 1 | 0 | 1 |
| e | 1 | 1 | 0 | 1 | 0 |

| a | b | c | d | e |
|---|---|---|---|---|
| b | a | b | a | a |
| d | c | d | b | b |
| e | d | | c | d |
| | e | | e | |

Ein Graph heißt *vollständig*, wenn jedes Paar verschiedener Knoten adjazent ist. Die Matrix eines vollständigen Graphen hat in der Diagonalen Nullen, sonst überall Einsen.
Zwei Graphen $G_1 = (V_1, E_1)$ und $G_2 = (V_2, E_2)$ heißen isomorph, falls sie bis auf Umbenennung der Knoten gleich sind, das heißt, falls es eine Abbildung $\alpha : V_1 \rightarrow V_2$ gibt mit der Eigenschaft, dass zwei Kanten $u$ und $v$ in $G_1$ genau dann adjazent sind, wenn $\alpha(u)$ und $\alpha(v)$ in $G_2$ adjazent sind.
Graphen dienen oft dazu, Situationen zu modellieren, in denen bestimmte Objekte wie Städte, Verkehrsknoten, Computer durch Straßen oder Kommunikationskanäle verbunden sind. Oftmals möchte man in diesem Zusammenhang wissen, ob zwei Knotenpunkte über einen Weg verbunden sind. Die folgende Definition drückt genau dies aus.
Ein *Weg* in einem Graphen $G = (V, E)$ ist eine Folge $(v_1, \ldots, v_n)$ von Knoten, sodass jeweils zwei aufeinander folgende Knoten $v_i$ und $v_{i+1}$ adjazent sind. Ein Weg aus lauter verschiedenen Knoten heißt *Pfad*. Ist $(v_1, \ldots, v_n)$ ein Pfad und sind $v_n$ und $v_1$ adjazent, so nennt man

die Folge $(v_1,\ldots, v_n, v_1)$ einen Kreis. Die Länge des Weges $(v_1, \ldots, v_n)$ ist die Anzahl seiner Kanten, also $n-1$.

Ein Kreis, der alle Knoten des Graphen $G$ enthält, heißt Hamilton-Kreis[1].
Im obigen Beispiel ist $(a, b, d, a, e)$ ein Weg der Länge vier, $(a, b, c, d)$ ein Pfad der Länge drei und $(a, b, c, d, e, a)$ ein Kreis der Länge fünf.
Wir schreiben $u \sim v$, ($u$ und $v$ sind verbunden oder $v$ ist erreichbar von $u$), falls es einen Pfad mit Anfangsknoten $u$ und Endknoten $v$ gibt. Es ist klar, dass die Relation eine Äquivalenzrelation darstellt. Die Äquivalenzklassen von $V$ bezüglich der Relation ~ heißen die Zusammenhangskomponenten von $G$. Graphen mit nur einer Zusamenhangskomponente nennt man zusammenhängend.
Ein gerichteter Graph $G = (V, E)$ (auch Digraph genannt, nach engl. *directed graph*) besteht aus einer endlichen Knotenmenge $V$ und einer Menge $E$ von Paaren $(u, v)$ mit $u, v \in V$, die Kanten (engl. edges) genannt werden. Gerichtete Graphen können für die Darstellung zweistelliger Relationen benutzt werden. Die meisten Konzepte für Graphen (Isomorphie, Weg, Pfad, etc) können direkt auf gerichtete Graphen übertragen werden.

## 8.4 Aussagenlogik

Grundbestandteile der klassischen aussagenlogischen Sprache sind (aussagenlogische) *Formeln*. Diese werden aus einer endlichen Menge $A$ von *Aussagenvariablen* und den folgenden logischen *Junktoren* gebildet:

| Junktor | Name | Abkürzung für |
|---|---|---|
| $\varphi \vee \psi$ | Disjunktion | |
| $\varphi \wedge \psi$ | Konjunktion | |
| $\neg\varphi$ | Negation | |
| $\varphi \Rightarrow \psi$ | Implikation | $\neg\varphi \vee \psi$ |
| $\varphi \Leftrightarrow \psi$ | Äquivalenz | $(\varphi \Rightarrow \psi) \wedge (\psi \Rightarrow \varphi)$ |
| $\varphi$ xor $\psi$ | Antivalenz | $\neg(\varphi \Leftrightarrow \psi)$ |

- Jede aussagenlogische Variable $p$ ist eine Formel;
- Sind $\varphi$ und $\psi$ Formeln, so sind auch $(\varphi \vee \psi)$, $(\varphi \wedge \psi)$, $(\varphi \Rightarrow \psi)$, $(\varphi \Leftrightarrow \psi)$, $(\varphi \text{ xor } \psi)$ sowie $\neg\varphi$ Formeln.

Üblicherweise werden überflüssige Klammern weggelassen. Für die Junktoren gelten die folgenden Prioritäten: $\neg$ bindet stärker als $\wedge$, $\wedge$ bindet stärker als $\vee$.
Mit $\Phi(A)$ bezeichnen wir die Menge aller Formeln über der Variablenmenge $A$.

---

[1] W. R. Hamilton (1805 – 1865), irischer Mathematiker

Eine *Interpretation* ist eine Abbildung $I : \Phi(A) \to \{0, 1\}$, die jeder Formel einen Wahrheitswert zuordnet und folgende Bedingung erfüllt:

$$
\begin{aligned}
I(\neg\varphi) &= 1 - I(\varphi) \\
I(\varphi \vee \psi) &= \max(I(\varphi), I(\psi)) \\
I(\varphi \wedge \psi) &= \min(I(\varphi), I(\psi))
\end{aligned}
$$

Eine Interpretation $I$ ist durch ihre Werte auf den Aussagenvariablen, also die Werte $I(a)$, $a \in A$, eindeutig festgelegt. Ist etwa $A = \{p, q\}$ und $I(p) = 1$, $I(q) = 0$, so ist $I(\neg p) = 0$, $I(\neg p \vee \neg q) = 1$ und $I(p \Rightarrow q) = 0$.
Eine Interpretation $I$ heißt *Modell einer Formel* $\varphi$, wenn $I(\varphi) = 1$ gilt. Man sagt auch, $I$ erfüllt die Formel $\varphi$. $I$ heißt *Modell der Formelmenge* $\Phi$, falls $I$ jede Formel in $\Phi$ erfüllt. Eine Formel bzw. Formelmenge heißt *erfüllbar*, wenn sie (mindestens) ein Modell besitzt, andernfalls heißt sie *unerfüllbar*.
Eine Formel, die von jeder Interpretation erfüllt wird, heißt *Tautologie* (allgemeingültig). Die Formel $p \vee \neg p$ ist eine Tautologie, während die Formel $p \wedge \neg p$ unerfüllbar ist.
Zwei Formeln $\varphi$ und $\psi$ heißen *logisch äquivalent*, geschrieben $\varphi \equiv \psi$, falls jedes Modell von $\varphi$ auch ein Modell von $\psi$ ist und umgekehrt. Es gelten folgende Gesetze:

$$
\begin{aligned}
\neg(\varphi \vee \psi) &\equiv \neg\varphi \wedge \neg\psi \text{ (De Morgansche Regeln)} \\
\neg(\varphi \wedge \psi) &\equiv \neg\varphi \vee \neg\psi \\
\neg\neg\varphi &\equiv \varphi \\
\varphi \wedge (\psi \vee \chi) &\equiv (\varphi \wedge \psi) \vee (\varphi \wedge \chi) \\
\varphi \vee (\psi \wedge \chi) &\equiv (\varphi \vee \psi) \wedge (\varphi \vee \chi)
\end{aligned}
$$

Ein Literal $L$ ist eine Aussagenvariable oder deren Negation. Ist $L$ ein Literal, so definieren wir

$$
\bar{L} = \begin{cases} \neg p & \text{falls } L = p \\ p & \text{falls } L = \neg p \end{cases}
$$

Eine Klausel $C$ ist eine Disjunktion $L_1 \vee L_2 \vee \ldots \vee L_n$ von Literalen. Eine Klauselmenge ist eine Menge $\{C_1, C_2, \ldots, C_n\}$ von Klauseln und entspricht der Konjunktion $C_1 \wedge C_2 \wedge \ldots \wedge C_n$. Jede Formel lässt sich in eine äquivalente Klauselmenge transformieren. Man spricht auch von Klauselnormalform bzw. konjunktiver Normalform.

# Literaturverzeichnis

/1/ **Asteroth, A., Baier, C.**
Theoretische Informatik. Eine Einführung in Berechenbarkeit, Komplexität und formale Sprachen mit 101 Beispielen. Pearson Studium, München 2002.

/2/ **Cook, S.A.**
The complexity of theorem proving procedures. Proc. 3rd ACM Symposium on Theory of Computing (1971), 151–158.

/3/ **Dewdney, A.K.**
Der Turing Omnibus. Eine Reise durch die Informatik mit 66 Stationen. Springer Verlag, Berlin, Heidelberg,New York 1995.

/4/ **Garey, M. R., Johnson, D.S.**
Computers and Intractability – A Guide to the Theory of NP-Completeness. Freeman, San Francisco 1979.

/5/ **Harel, D.**
Algorithmics. The Spirit of Computing. 2. Aufl. Addison-Wesley, Reading MA 1992.

/6/ **Hodges, A.**
Alan Turing, Enigma. Springer Verlag, Wien, New York 1994.

/7/ **Hopcroft, J. E., Ullman, J. D.**
Einführung in die Automatentheorie, formale Sprachen und Komplexitätstheorie, 2. Aufl. Addison-Wesley Verlag, Bonn, München 1990.

/8/ **Horn, Ch., Kerner, I. O.**
Lehr- und Übungsbuch Informatik. Band 2: Theorie der Informatik. Fachbuchverlag Leipzig, München, Wien 2000.

/9/ **Schöning, U.**
Theoretische Informatik – kurzgefasst, 2. Aufl. Spektrum Akademischer Verlag, Heidelberg, Berlin, Oxford 2000.

/10/ **Turing, A.M.**
On Computable Numbers with an Application to the Entscheidungsproblem. Proc. London Math. Soc. (1936) 42, 230–265 und 43, 544–546.

/11/ **Vossen, G., Witt, K. U.**
Grundlagen der Theoretischen Informatik mit Anwendungen. Vieweg Verlag, Braunschweig, Wiesbaden 2000.

/12/ **Wegener, I.**
Theoretische Informatik. B. G. Teubner Verlag, Stuttgart 1993.

/13/ **Wegener, I.**
Kompendium Theoretische Informatik - eine Ideensammlung. Teubner Verlag, Stuttgart 1996.

/14/ **Weizenbaum, J.**
Die Macht der Computer und die Ohnmacht der Vernunft, Suhrkamp Verlag, Frankfurt 1977

# Sachwortverzeichnis

# ZUR CD-ROM

## EIN BLICK AUF DEN INHALT

System „Machines“ zur Visualisierung von endlichen Automaten, Kellerautomaten, regulären Ausdrücken, Grammatiken und Turing-Maschinen
Prolog-Programme zu endlichen Automaten, Kellerautomaten, Grammatiken und Turing-Maschinen

## WAS WIRD BENÖTIGT?

- IBM-kompatibler PC mit Pentium Prozessor oder MacIntosh
- mind. 4 MB Arbeisspeicher
- Festplatte mit mindestens 6 MB freiem Speicherplatz
- VGA-Monitor (ab 800 * 600 Pixel)
- CD-ROM-Laufwerk (Double-speed oder besser)
- Microsoft Windows 95/98/2000 oder NT oder Linux oder MacOS

## WELCHES SIND DIE WICHTIGSTEN SCHRITTE?

Starten Sie das Programm machines_install auf der CD-ROM und folgen Sie den weiteren Anweisungen. Alle weiteren Schritte werden dort genau erklärt.

## ALLES RICHTIG GEMACHT?

Nach erfolgreicher Installation finden Sie das Icon „Machines“ auf dem Platz, den Sie bei der Installation angegeben haben (z. B. auf dem Desktop).

## WIE STARTET DAS PROGRAMM?

Doppelklick auf das Programm-Icon

## WIE ENDET DAS PROGRAMM?

Menü „Datei“, „Programm beenden“

## HOTLINE

socher@fho-emden.de